AF286323

Sönke Würdemann

Neustart

Bibliografische Information der Deutschen Nationalbibliothek:
Die Deutsche Nationalbibliothek verzeichnet diese
Publikation in der Deutschen Nationalbibliografie;
detaillierte bibliografische Daten sind im Internet
über http://dnb.dnb.de abrufbar.

Covergestaltung: Constanze Kramer, coverbou-
tique.de
Bildnachweise:
©Holund, ©Sadig Seyid-Zadeh – stock.adobe.com
elements.envato.com, freepik.com

Verlag:
BoD · Books on Demand GmbH, In de Tarpen 42,
22848 Norderstedt
Druck:
Libri Plureos GmbH, Friedensallee 273,
22763 Hamburg

ISBN: 978-3-7597-7884-0

Prolog

„Wo bin ich hier?", fragte sich Manfred Kühnert. Er sah sich um, erkannte allerdings nicht viel. Lediglich eine einzelne Glühbirne spendete ein wenig Licht. Wie lange der Glühfaden aber noch aushielt, war schwer abzuschätzen. Es sah danach aus, als ob die Birne ihre besten Zeiten lange hinter sich hatte.

Er konnte dadurch immerhin erkennen, dass er in einer Halle war, in der ein deckenhoher Käfig verbaut war, in welchem er sich wiederfand. Dem Zustand des Gebäudes nach zu urteilen, handelte es sich um eine Industriehalle, die seit einiger Zeit verlassen war. Durch die Tür zog es, wodurch Kühnert immer wieder anfing zu frieren. Warum auch nicht? Er hatte ja keine Kleidung zum Wechseln oder eine Decke hier, um sich irgendwie zu wärmen.

Aus welchem Grund war er nur hier? Wer hätte ein Interesse daran, ihn zu entführen? Kühnert hatte sich als Fleischfabrikant einen Namen gemacht und auch ein vernünftiges Vermögen erzielt. Aber wahre Feinde hatte er keine, auch wenn er nicht immer fair mit seiner Konkurrenz umgegangen war. Zumal es für den oder die Entführer auch lediglich einen wirtschaftlichen Reiz hatte, aber keinen logistischen. Mit einer Körpergröße von 1,65 Meter brachte er immerhin 150

Kilo auf die Waage. Da war es im wahrsten Sinne keine leichte Aufgabe, ihn zu entführen.

Das Letzte woran Kühnert sich erinnern konnte war, dass er auf dem Weg zum Firmensitz auf dem Parkplatz einen Schlag bekommen hatte und ihm schwarz vor Augen wurde. Danach fand er sich hier wieder und wartete gefühlt seit Tagen darauf, dass jemand kam und zumindest etwas zu Essen brachte. In seiner Zelle war Wasser das Einzige, was er hatte. Damit konnte er zumindest ein wenig das Hungergefühl unterdrücken, es war jedoch ständig da. Sobald sich jemand zeigte konnte Kühnert vielleicht daran arbeiten, zu entkommen. So wie er es kannte, wollte sich entweder jemand an ihm rächen oder Geld erpressen. Allerdings waren andere Neider bisher immer auf seine Fabrik gegangen, wenn sie ein Stück von seinem Kuchen abhaben oder ihn in Misskredit bringen wollten.

Meistens waren es Anschuldigungen, die sich um die schlechten Wohn- und Arbeitsbedingungen der Leiharbeiter in seinen Betrieben drehten. In seltenen Fällen waren es auch ehemalige Arbeiter, die sich mit Geschichten und Enthüllungen über sein Geschäftsgebaren bei ihm revanchieren wollten.

Durch ein gutes und großes Netzwerk war es Kühnert bisher immer gelungen, vor den Veröffentlichungen Kontakt zu den Personen aufzunehmen. Dabei war es in der Regel so, dass die Vorwürfe mit einer Geldzahlung aus der Welt geschafft werden konnten. Dabei verfolgte Kühnert den Ansatz, dass ein verhältnismäßig kleiner Geldbetrag besser zu verkraften war, als die finanziellen Auswirkungen von etwaigen Enthüllungen. Allerdings wurde Kühnert das Gefühl nicht los, dass sich diese Sache nicht allein mit Geld aus der Welt schaffen ließ.

Wie lange war er schon hier? Gefühlt waren es schon Wochen, aber dafür hätten die zehn Liter in dem Wassereimer nicht gereicht. Vielleicht waren es nur drei Tage, maximal fünf, wenn man bedachte, dass er seinen Wasserverbrauch in der letzten Zeit stark reduziert hatte. Durch die fehlenden Fenster konnte er sich nicht mithilfe der Sonne orientieren und abschätzen, wie viel Zeit inzwischen vergangen war.

Der Hunger war lähmend und die mittlerweile unzureichende Wasserversorgung machte ihn müde. Als er zum ersten Mal zu sich kam, tobte er und rüttelte an dem Käfig. Kühnert rief nach irgendjemandem bis er einsehen musste, dass er alleine in dieser Halle war, die sich wo auch immer befand. Er konzentrierte sich darauf, den stechenden Schmerz in seinem Magen zu ignorieren. Solange er Wasser hatte, konnte er es aushalten. Genügend Fettreserven hatte er ja. Aber würde er noch frisches Wasser bekommen? Was war, wenn sein Entführer nicht wiederkommen würde? Wie lange hatte er dann noch? Wann würde man ihn finden? Gab es irgendwelche Anhaltspunkte, die auf seinen Aufenthaltsort hinwiesen? Kühnert begann in seinem Käfig auf und ab zu laufen, um der aufkommenden Panik entgegenzuwirken.

In dem Moment hörte er ein sich öffnendes Tor. Irgendjemand war hier. Er sah sich um, ob er irgendwie auf sich aufmerksam machen konnte. Er sah den Wassereimer, der noch einen Rest Wasser beinhaltete und nahm diesen in die Hand. „Soll ich mich hiermit bemerkbar machen?", dachte Kühnert laut nach. Er entschied sich dagegen und zog stattdessen seinen Schuh aus. Er konnte besser damit gegen den Käfig hämmern, als den Rest seines Wassers zu verschwenden. Wer weiß wie lange es dauert bis hier jemand auftaucht, der ihn befreien kann? Mit dem Schuh schlug gegen die Stäbe. Gleichzeitig erhob er die Stimme und rief um Hilfe, obwohl die Stimmbänder belegt waren und er keinen lauten Ton hervorbrachte.

„Hilfe! Hört mich jemand? Ich bin hier hinten." Kühnert rief so laut er konnte, war sich aber nicht sicher, ob er gehört wurde. Als sich die Tür in den Raum öffnete, lief es ihm eiskalt den Rücken runter. In dem Schein der durch die Tür kam stand ein Schatten, der von hinten angestrahlt wurde. Durch das Dämmerlicht in dem Raum in dem sein Käfig stand, war Kühnert von dem plötzlich einstrahlenden Licht geblendet und erkannte lediglich die Silhouette der Person, die gerade zu seinem Gefängnis kam.

Seine Augen gewöhnten sich nur langsam an das grelle Licht, was von draußen kam und es dauerte, bis Kühnert den Schatten näher betrachten konnte. Erst als der Schatten an dem Käfig ankam erkannte er, dass dieser eine Maske trug, die das Gesicht komplett verdeckte. Soweit er das beurteilen konnte, war es eine

Maske aus dem asiatischen Raum, auf der keine Emotionen gemalt waren. Es handelte sich einfach um eine weiße Maske mit einem geschlossenen Mund, der aufgemalt war.

„Was wollen Sie von mir?", begann Kühnert. „Ist es Geld? Das können Sie haben, sagen Sie mir, wie viel und wo Sie es übergeben haben wollen. Es soll Ihnen gehören. Hauptsache, ich komme hier wieder heraus", erklärte Kühnert, während er seine Hände um zwei Stangen des Käfigs legte. Der Schatten verharrte ganz ruhig und regte sich nicht.

„Hören Sie, wenn Sie Geld wollen, kann ich alles veranlassen. Ich muss nur meinen Assistenten anrufen, der wird alles in die Wege leiten, bitte", versuchte Kühnert es erneut, aber weiterhin gab es keine Regung.

Kühnert spürte, wie in ihm der Zorn hochkam. Er wusste, dass er keine Forderungen stellen konnte, dennoch konnte er sich nicht gegen einen aufbrausenden Befehlston wehren: „Was glaubst du eigentlich, mit wem du es hier zu tun hast? Du bist an den falschen geraten! Man entführt nicht einfach so Manfred Kühnert! Selbst wenn du mich hier noch drei Wochen einsperrst, man wird mich finden und dann kannst du dich warm anziehen! Also sieh zu, dass du mich hier herausbekommst und du kannst dir einen anderen als Opfer aussuchen."

Während dieser Schimpftirade sammelte sich der Speichel in seinen Mundwinkel und der Schatten legte den Kopf schief und sah ihn durch die Maske an.

Kühnert wollte gerade erneut ansetzen, als er erneut einen stechenden Schmerz spürte und krampfend zu Boden ging. Kühnert konnte nur sehen, dass der Schatten den Kopf auf die andere Seite legte und erkannte, was ihn da niedergestreckt hatte: In der behandschuhten Hand hielt der Schatten einen Elektrotaser. Kühnert hörte, wie sich der Käfig öffnete und der Wassereimer getauscht wurde. Selbst wenn er an Flucht gedacht hätte, abgesehen davon, dass seine Bewegungen nicht sehr schnell gewesen wären, konnte er nichts unternehmen. Die Muskeln krampften nach wie vor unter der elektrischen Ladung die ihm verpasst wurde, wohl um ihn genau daran zu hindern.

Während er in seiner Zelle lag die wieder verschlossen wurde, ging der Schatten mit dem leeren Eimer in das Licht und drehte sich noch einmal um und sah zu Kühnert herüber. Danach schloss sich die Tür und Kühnert war wieder mit der altersschwachen Glühbirne alleine.

-1-

Anna Kramer sah auf die Uhr. Jetzt stand der IC hier schon zwanzig Minuten. Warum ging es denn nicht weiter?

„Sehr geehrte Damen und Herren, unsere Weiterfahrt verzögert sich noch um ein paar Minuten. Die vor uns liegende Klappbrücke hat einen Defekt, der eine Weiterfahrt derzeit ausschließt. Es wird mit Hochdruck daran gearbeitet, dass wir unsere Fahrt so schnell wie möglich fortsetzen können. Wir bitten um Ihr Verständnis", ertönte es aus dem Lautsprecher.

„Na toll, und wie lange dauert es jetzt?", fragte Anna sich selbst.

„Das kommt ganz darauf an, woran es dieses Mal liegt", begann ein Mann in der Reihe hinter ihr. „In der Regel ist es so, dass nur ein Mitarbeiter der Bahn die Scharniere einmal mit WD-40 bearbeiten muss, damit die Brücke wieder herunterfährt."

„Ah, okay. Dann hat sich das Problem ja hoffentlich gleich erledigt", antwortete Anna, auch wenn sie zugeben nicht wusste, was der Herr mit WD-40 meinte. Sie strich sich eine Strähne ihrer braunen Haare aus dem Gesicht und nahm ihr Smartphone noch einmal heraus und teilte die Verzögerung ihrer Freundin Kathrin Reinders mit, die am Bahnhof bereits auf sie warten musste.

Im Anschluss ging sie noch einmal die E-Mail durch, in der ihr mitgeteilt wurde, wo sie sich morgen melden sollte. Anna wurde als Kriminalkommissarin von Hannover nach Oldenburg versetzt und sollte am nächsten Tag ihren Dienst in der Polizeiinspektion Oldenburg-Stadt/Ammerland beginnen.

Nun war es also tatsächlich so weit gekommen, dass die Umsetzung durchgeführt wurde. Eigentlich hatte sich Anna auf dem Revier in Hannover-Mitte sehr wohl gefühlt. Aber aufgrund ihres letzten Tages in Hannover war es das Beste, an einem neuen Ort einen Neustart zu absolvieren. Außerdem war es deutlich besser in einer Großstadt zu arbeiten, als in irgendeinem Dorf als Polizistin zu versauern und gefühlt nur kleinere Delikte aufzuklären oder zu Ruhestörungen gerufen zu werden. Wenn man in Hannover gelebt und gearbeitet hatte, wäre das mit Abstand die größte Niederlage, die man hätte hinnehmen müssen. Nein, da war das Angebot nach Oldenburg zu kommen, deutlich angenehmer.

Glücklicherweise konnte sie schnell eine Wohnung finden, in die sie einziehen konnte. Das kam durch Kathrin, die ebenfalls seit ein paar Monaten in Oldenburg lebte und in ihrer Wohnung genügend Platz hatte, sodass Anna ebenfalls einziehen konnte. Kathrin hatte ihr im Vorfeld schon vorgeschwärmt, wie toll doch alles passen würde: Die Wohnung liegt in einer der alten Oldenburger Hundehütten im Dobbenviertel, wodurch es für Anna auch nicht so weit zur Dienststelle wäre. Gleichzeitig würden die Wohnung und die Umgebung einen unglaublichen Charme versprühen, den man sonst nur selten findet. Was solche Angaben anging, machte Kathrin gerne mal die eine oder andere Übertreibung, aber Anna war froh, dass sie verhältnismäßig reibungslos eine Unterkunft in Oldenburg gefunden hatte, nachdem sie überraschend eine neue Wohnung finden musste. Die Stadt kennenlernen konnte sie dann auch noch an ihren freien Tagen. Außerdem kannte sie Kathrin bereits von Kindesbeinen an, was die erste Eingewöhnung einfacher machte.

Kathrin kam wie Anna gebürtig aus Hannover. Beide waren dort gemeinsam zur Schule gegangen. Während dieser Zeit sind Anna und Kathrin durch dick und dünn gegangen und es hatte sich eine Freundschaft entwickelt, die auch nach der Schule noch anhielt, auch wenn man sich aus den Augen verloren hatte. Auch wenn es wie in jeder Freundschaft, die so lange bestand, immer mal wieder Verstimmungen und auch längeren Streit gab, zum Beispiel wegen eines Jungen, hatten Anna und Kathrin immer wieder zueinandergefunden. Nach dem Abitur hatten sich die Wege der beiden Frauen zwar getrennt, aber ein regelmäßiger Kontakt war bestehen geblieben: Anna hatte ein Studium an der Polizeihochschule begonnen und Kathrin war Anfang der 2000er-Jahre als eine der ersten freiwilligen Frauen zur Bundeswehr gegangen, um dort ein Studium beim Heer zu absolvieren.

In dieser Zeit hatten sich Anna und Kathrin regelmäßig gesehen, bis Kathrin 2010 mit nach Afghanistan einberufen wurde und bis zum Abzug der Truppen dort auch stationiert war. Es vergingen elf Jahre, in denen sich Anna und Kathrin nur äußerst selten gesehen hatten. Allerdings war es nach Kathrins Rückkehr so, als wäre sie nie weg gewesen. Anna hatte zunächst ihre Bedenken, wie sehr sie sich wohl in der Zeit verändert hatten, aber Kathrin hatte es mit ihrer bloßen Anwesenheit geschafft wieder da anzuknüpfen, wo sie 2010 aufgehört hatten.

Als Anna dann vor zwei Monaten ihren letzten Tag in Hannover hatte, konnte sie sich zum Glück auf Kathrin verlassen, die ihr sofort anbot, sie in der Wohnung mit aufzunehmen. Eine Arbeit würde sich in Oldenburg schon finden, zunächst sollte Anna aus Hannover raus, um einmal Abstand zu haben. Zum Glück musste Anna sich keinen neuen Beruf suchen, sondern lediglich den Arbeitsplatz wechseln. Durch die Freizeit die sich Anna verschafft hatte, konnte sie sich bereits die Wohnung ansehen und die größeren Möbel für ihr Zimmer besorgen und aufbauen. Kathrin hatte, was die

Wohnung und die Umgebung anging, nicht übertrieben. Durch die hohen Decken waren die Räume eine schöne Abwechslung zu den klassischen Mietwohnungen, die in den letzten Jahrzehnten gebaut wurden. Außerdem war die Natur nur einen Katzensprung von der Wohnung entfernt, sodass Anna den einen oder anderen Spaziergang nach Feierabend oder an freien Tagen machen konnte.

Mit dem was sie bisher gesehen hatte, konnte Anna sich gut vorstellen, dass sie die letzten Wochen schnell vergessen konnte. Zumindest in dem Maß, dass sie ihr kein allzu schlechtes Gefühl mehr vermitteln sollten. Vielleicht würde sie sich auch noch einmal bei Tim melden.

Anna schüttelte sich, um die Gedanken daran zu beenden. Nein, dafür war nun wirklich nicht die Zeit, ausgerechnet daran zu denken. Tim hatte mit der ganzen Sache nichts zu tun. Die Versetzung nach Oldenburg war angesichts ihres Ziels beim LKA in Hannover als Fallanalytikerin anzufangen, zwar ein Dämpfer, aber schließlich wusste man ja nie, was noch auf einen zukommt. Immerhin konnte sie sich in Oldenburg auch einen Namen machen. Solange sie sich mit den neuen Kollegen versteht, sollten ihre Qualifikation und Motivation für sie sprechen.

Als sich der Zug wieder in Bewegung setzte und an dem Schrottplatz, an einer Straße und einen

Fahrradweg vorbeiführte, sah Anna gelangweilt aus dem Fenster. Der Zug rumpelte über die Eisenbahnbrücke, welche für die Verzögerung verantwortlich war und Anna packte ihre Sachen zusammen, nachdem der Zugführer mitteilte, dass sie nun endlich in den Bahnhof einfuhren. Am Bahnsteig musste Anna sich umschauen und es dauerte einen Moment, bis sie Kathrin entdeckte. Wobei Kathrin eigentlich nicht schwer zu erkennen war. Mit ihren pechschwarzen, schulterlangen Haaren konnte man Kathrin leicht in der Menge ausmachen. Die Tatsache, dass sie ein wenig größer als Anna war, machte es Anna ebenfalls leicht, nach Kathrin Ausschau zu halten.

„Ah, da bist du ja!", rief Kathrin, während sie auf Anna zulief.

„Hallo! Ja, es hat zwar etwas länger gedauert, aber irgendwann hatten sie das Problem an der Brücke im Griff", entgegnete Anna, während sie Kathrin in den Arm nahm.

„Diese Brücke, ich glaube, es wird nur besser, wenn sie irgendwann getauscht wird. Aber das wird wohl noch einige Zeit dauern. Hattest du sonst eine schöne Reise?"

„Ja, die hatte ich, danke. Bis auf dass wir eine halbe Stunde warten mussten, bis die Fahrt weitergeht, war der Rest ziemlich unspektakulär."

„Das freut mich. Genauso sehr wie die Tatsache, dass du endlich hier bist. Komm, ich bring dich zum Auto und dann zur Wohnung", strahlte Kathrin und ging voraus in den Tunnel des Bahnhofs hinaus zum ZOB, wo die Kurzzeitparkplätze waren.

„Jetzt geht es ja erst mal los, dass ich mich hier zurechtfinden muss", stöhnte Anna, als sie den Koffer in Kathrins hellblauen Opel Corsa legte.

„Ach, das wird ganz schnell gehen. Steig ein, dann erkläre ich dir schon einmal den Weg vom Bahnhof zu deinem neuen Zuhause", sagte Kathrin, während sie Anna die Beifahrertür aufhielt.

Kathrin stieg auf der Fahrerseite ein und startete das Auto. Während sie fuhr, erklärte sie Anna, was der schnellste Weg vom Bahnhof zur Wohnung war. Sie fuhren vom ZOB in Richtung Pferdemarkt.

„Ist das hier der Pferdemarkt, von dem du mir schon mal erzählt hast? Der sieht schwierig aus", fragte Anna, während sie sich die Gegend ansah.

„Ja, wenn man ihn das erste Mal sieht, ist er scheinbar schwierig zu fahren, aber viel schlimmer als in Hannover ist er auch nicht. Eigentlich ist das nur ein großer Kreisverkehr, der mehrere Spuren hat. Das hast du schnell drauf", erklärte Kathrin. „Und da musst du hin, wenn du dich hier anmelden willst. In das große gelbe Gebäude."

„In das da?", fragte Anna nach, während sie am großen Parkplatz vorbeifuhren.

„Nein das nicht, da ist das Standesamt drin. Außer du

hast schon jemanden, mit dem du hinmöchtest?" Kathrin warf Anna einen zweideutigen Blick zu. Sie zeigte auf das Gebäude daneben.

„Hier musst du hin", setzte Kathrin an und zeigte auf das Gebäude an der anderen Stirnseite des Platzes.

„Ach so, ja stimmt, das Gebäude ist auch wirklich größer. Das passt ja, dass ich den großen Bau geflissentlich übersehe", antwortete Anna und wurde rot.

Es kam immer mal wieder vor, dass sie in ungewohnten Situationen die offensichtlichen Dinge nicht direkt sah. Das geschah auch bei ihrer Arbeit. Anna konnte sich auf die kleinsten Details konzentrieren, was bei der ersten Fallanalyse helfen konnte. Aber das Offensichtliche blendete Anna in solchen Fällen ganz gerne aus. In solchen Fällen war es gut, wenn ihre Kollegen sich auf diese Eigenart einstellen konnten und die offensichtlichen Punkte zusammenfassten.

Kathrin fing an zu lachen. „So warst du schon immer. Für Menschen wie dich sind Navigationsgeräte entwickelt worden."

Anna musste grinsen. Es stimmte, dass sie einen schlechten Orientierungssinn hatte. Keine Orientierung und das Offensichtliche sah sie immer erst auf dem zweiten Blick. Manchmal fragte sie sich, wie sie es überhaupt zur Polizei geschafft hatte. Vielleicht lag es daran, dass sie in schwierigen Fällen die entscheidenden Details erfasste und diese anbringen konnte, wenn es darauf ankam. Aus diesem Grund war sie in

Hannover auch in der Kriminalpolizei eine geschätzte Kollegin.

Der Corsa bog in die nächste Straße ab.

„Das hier", erklärte Kathrin, während sie nach rechts zeigte, „ist das PFL. Das Peter-Friedrich-Ludwigs-Hospital. Das ist heute aber ein Kulturzentrum. Hier sind zum Beispiel eine Bücherei untergebracht und Veranstaltungssäle."

„Hmhm. Entschuldige bitte, ich glaube die Tour durch Oldenburg müssen wir auf einen anderen Tag verlegen. Ich merke, dass ich versuche dir zuzuhören, aber die Worte bleiben nicht hängen."

„Ach, das ist kein Problem. Dann laden wir gleich deine Sachen aus und machen uns einen gemütlichen Abend."

„Danke. Die Stadt erkundigen wir dann in den nächsten Tagen gemeinsam, okay?", bot Anna an.

„Klar. Wir nehmen uns die nächsten Tage immer etwas anderes vor."

Es dauerte nicht lange, bis Anna und Kathrin an der Wohnung ankamen. Diese lag im Dobbenviertel und war im Obergeschoss einer Oldenburger Hundehütte untergebracht. Anna kannte Kathrins Wohnung bereits, war aber immer wieder von dem Charme begeistert, den das alte Gebäude versprühte. Die Wohnung hatte bis auf die Schrägen immer noch vergleichsweise hohe Decken und war von Kathrin, wie Anna befand, sehr gemütlich eingerichtet worden. Aber auch die Schrägen wurden in der Wohnung gut genutzt. Auf der einen Seite war die Küche untergebracht und auf der anderen Seite hatte man das Duschbad eingebaut. Die anderen Räume sahen ein großzügiges Wohnzimmer vor, sowie drei weitere kleinere Zimmer von denen zwei Schlafzimmer waren und ein weiteres als Büro diente.

Als Anna damals von ihrer Versetzung nach Oldenburg berichtete, hatte Kathrin ihr ohne zu zögern angeboten, dass sie bei ihrer Vermieterin nachfragte, ob Anna mit einziehen konnte. Da die Nebenkosten über die Mieter liefen, war die Anzahl der Personen kein Problem. Zumal die Vermieterin sich freute, dass eine Polizistin ebenfalls in ihrem Haus leben würde. Diese Tatsache ließ ihre Entscheidung rasch positiv ausfallen.

„Danke Kathrin, ich freue mich, dass ich hier wohnen kann. Die Wohnung ist herrlich."

„Das ist schön, ich freue mich auch über deine Gesellschaft."

Anna ging in ihr Zimmer und stellte ihren Koffer mit den nötigsten Utensilien ab. Ihren eigentlichen Umzug hatten die beiden vor zwei Wochen bereits hinter sich gebracht. Allerdings hatte Anna in Hannover noch etwas zu erledigen gehabt, weshalb sie zwei Wochen aus dem Koffer lebte, ehe sie sich ganz nach Oldenburg begab.

„Wann musst du bei der Polizei in Oldenburg

anfangen?", fragte Kathrin, während sie in die Küchen gingen, um ein Abendessen zuzubereiten.

„Ich muss morgen schon anfangen. Wie sagt man so schön, es gibt einen nahtlosen Übergang."

„Oh, dann schon? Dann bin ich ja mal gespannt, was du abends erzählen wirst. Bist du wieder bei der Kriminalpolizei eingesetzt?"

„Ja genau, ich wurde lediglich in eine andere Dienststelle versetzt. Ich schätze, dass es nicht sehr viel zu berichten gibt, da ich erst mal die Dienststelle kennenlernen werde. Dann geht es darum, meinen Arbeitsplatz einzurichten und mich den Kolleginnen und Kollegen vorzustellen. Es wird wohl eher ein ruhiger Tag."

„Es sei dir auch gegönnt, dass du nach den letzten Monaten auch mal etwas Ruhe bekommst. Es reicht vollkommen, wenn du die ersten Tage gemächlich einsteigst", erklärte Kathrin. „Was waren denn die genauen Konsequenzen aus Hannover, dass du gerade hierher versetzt wurdest?"

„Das ist eine längere Geschichte für einen anderen Abend. Kurz gesagt: Ich habe mich im wörtlichen Sinne mit dem falschen Kollegen angelegt. Da war die Versetzung nach Oldenburg eine für beide Seiten akzeptable Lösung. Dass ich ausgerechnet hierher versetzt wurde, war wohl auch Glück", antwortete Anna und zuckte mit den Schultern.

Wobei mit dem falschen Kollegen angelegt etwas

untertrieben war. Anna musste feststellen, dass der Unterschied zwischen Recht haben und Recht bekommen, auch bei ihrem Dienstherrn der Polizei, vorkommt. Zumindest, wenn derjenige mit dem man sich anlegt, der stellvertretende Dienststellenleiter ist und dieser seit beinahe 30 Jahren bei der Polizei arbeitet und ein großes Netzwerk bis in die höchsten polizeilichen und auch politischen Kreise aufgebaut hat. Dann ist man, wie Anna herausfand, vor fast jeglichen Strafen sicher. Da konnte Anna mit ihrer Berufserfahrung von knapp zehn Jahren noch so sehr im Recht sein. Wenn man die richtigen Freunde und Bekannten hat, hat man auch einen guten Schutz vor Repressionen. Immerhin war Anna nicht die Einzige, die in diesem Verfahren eine Versetzung hinnehmen musste. Ihr Vorgesetzter war in dem Anhörungsverfahren als nicht mehr tragbar in der Führungsebene eingeschätzt und entsprechend innerhalb der Dienststelle in Hannover versetzt worden.

Anna schüttelte den Kopf. „Ich wurde hierher versetzt, weil es für den Dienstbetrieb besser war. Ich hoffe, dass die Versetzung nicht allzu großen Wellen in Oldenburg schlägt."

„Das wünsche ich dir. Aber ich gehe mal davon aus, dass man dir hier mit nicht allzu großen Vorurteilen begegnen wird."

Das hoffte Anna auch. Eine solche Versetzung war immer mit Klatsch und Tratsch in der Dienststelle verbunden. Für Anna bedeutete das, dass sie sich in ihrer neuen Dienststelle erst mal beweisen und sich ihren Stand erst erarbeiten musste. Je nachdem, wie ihre neuen Vorgesetzten gestellt waren und welche Aufgaben sie bekommen würde, könnte dies eine Weile dauern. Aber Anna war bereit sich zu beweisen. Sie hatte sich in Hannover durchsetzen können, dann würde sie es überall in Niedersachsen schaffen, als Kriminalkommissarin zu arbeiten.

„Wir schauen mal, wie sich alles entwickelt. Ich glaube, für heute reicht es. Ich gehe ins Bett. Ich hoffe, du bist nicht böse, weil ich jetzt schon ins Bett gehe?", fragte Anna zögerlich, nachdem sie gegessen hatten.

„Quatsch, du bist den ganzen Nachmittag über gereist und musst morgen wieder früh raus. Hau dich hin und schlaf gut."

„Danke, du nachher auch."

Anna ging in ihr Zimmer und dachte an den nächsten Tag. Wie würde es wohl werden? Wie waren ihre Kollegen? Wie lange war die Versetzung Thema in der Dienststelle? Anna bereitete ihre Sachen für den kommenden Tag vor und fiel ins Bett. „Im Endeffekt bringt es jetzt auch nichts, sich den Kopf zu zerbrechen", dachte sich Anna, um sich selbst Mut zuzusprechen. „Es kommt ja doch so, wie es kommt."

Mit diesem Gedanken beruhigte sie sich und schlief nach kurzer Zeit ein.

-2-

Der Regen der eingesetzt hatte, wurde immer stärker und die Sicht auf die Fahrbahn entsprechend schwieriger. Allerdings war das auch egal, da mitten in der Nacht sowieso kaum Fahrzeuge auf der Autobahn unterwegs waren. Lediglich ein Transporter mit einer ganz besonderen Fracht, wie der Schatten fand. Ein Lächeln zeichnete sich auf dem Gesicht ab, während er daran dachte, was die nächsten Tage bringen würden. Seine persönlichen Festspiele würden in Kürze beginnen. Bei dem Gedanken an das was bevorstand, wurde der Transporter immer schneller. Der Schatten musste sich zügeln, dass er nicht zu schnell über die menschenleere A27 in Richtung Bremen fuhr. Auch wenn niemand da war hieß das nicht, dass er ungezügelt fahren konnte. Eine plötzliche Kontrolle wäre das Letzte, was er gebrauchen konnte. Wobei, dann wären es eben zwei weitere Opfer, die er mitnehmen würde. Die endgültige Anzahl würde sich in dem Fall zwar noch erhöhen, was allerdings nichts ändern würde. Auf der anderen Seite würde diese Abweichung vom Plan zu viel Aufsehen erregen und Ermittlungen einleiten, wenn er sie nicht gebrauchen konnte. Nein, das galt es zu vermeiden.

Schließlich waren die kommenden Tage nur einer Person vorbehalten: Anna Kramer. Sie sollte einen gebührenden Einstand in Oldenburg bekommen. Nachdem er endlich herausgefunden hatte wohin sie versetzt wurde, konnten die Vorbereitungen in die entscheidende Phase gehen. Wobei es auch egal gewesen war, da die grundlegenden Entscheidungen bereits getroffen wurden und die Dienststelle lediglich Kür war. Die Pflicht hatte er bereits erledigt. Hoffentlich wurde er nicht enttäuscht und die von ihm vorbereitete Schnitzeljagd würde erfolgreich sein. Am Ende stand für ihn der ultimative Preis: eine gebrochene Kriminalkommissarin, die niemanden mehr mit ihrer hochnäsigen Art verprellen konnte. Der Gedanke an Anna Kramer ließ in ihm die Wut aufsteigen. Er fasste kräftiger um das Lenkrad, bis die Knöchel weiß hervortraten. Der Schatten mahnte sich zur Ruhe und atmete laut aus. Seine Rache würde kommen, das wusste er. Die kommenden Tage würde er in aller Ruhe auskosten. Auch wenn er noch einige Arbeiten zu erledigen hatte, freute er sich auf das Ergebnis.

Ein Poltern im Laderaum riss ihn aus seinen Gedanken. Wie kam der Versager denn so schnell wieder zu Bewusstsein? Scheinbar war dieser Tim widerstandsfähiger, als er dachte. Es konnte aber auch sein, dass er einfach nur versucht auf sich aufmerksam zu machen.

Wieder ein Poltern. Es schien, als ob Tim mit ihm kommunizieren wollte. Ob er eine neue Abreibung haben möchte? Die Fahrt wäre auf alle Fälle ruhiger. Allerdings würde es keine Probleme während der Fahrt geben. Schwieriger wäre es, wenn dieses Poltern an einer Ampel von irgendeinem zu aufmerksamen Bürger mit Schlafstörungen bei seinem nächtlichen Kontrollspaziergang durch die Nachbarschaft gehört werden würde. Die Wahrscheinlichkeit, dass dieser Fall eintritt war sehr gering. Allerdings tippen immer wieder Spieler die richtigen Lottozahlen, obwohl die Wahrscheinlichkeitsrechnung jedem davon abrät zu spielen.

Sein Blick fiel auf den Beifahrersitz: Dort lagen eine Guy-Fawkes-Maske und ein Taser. Sollte er Tim noch einen Besuch im Lagerraum abstatten und ihn erneut betäuben? Bevor er in Oldenburg ankam, wäre es wohl die richtige Entscheidung um Ruhe zu haben. Aber noch war es zu früh. Er fuhr gerade an dem Bremer Kreuz auf die A1 an Vitakraft vorbei. Das bedeutete, sein Ziel war schon in greifbarer Nähe. Trotzdem brauchte er noch mindestens eine Stunde, bis er angekommen war. Nein, noch war es nicht an der Zeit, Tim eine Pause zu geben. Sollte er sich doch ruhig ein wenig austoben, so wurde er zumindest müde. Viel bewegen konnte er sich mit den gefesselten Armen und Beinen sowieso nicht. Sein Schicksal war besiegelt. In dem Moment, in dem Tim das erste Mal betäubt wurde und in den Transporter geladen wurde, konnte es keine andere Wendung mehr geben, als dass er als Ouvertüre in dem eigens von dem Schatten komponierten Orchester auftrat. Einem Orchester, um Anna Kramer dazu zu bringen, an ihren Grundsätzen, ihrem Glauben und ihrer Existenz zu zweifeln. Auch wenn dieser Auftritt sein Letzter sein würde. Der Schatten sinnierte über Tims Einsatz in den kommenden Tagen. Tim war grundsätzlich das richtige Opfer, um die Aufmerksamkeit auf das Bevorstehende zu lenken. Es hatte sogar etwas von einer Verschwendung, dass Tim nur das erste Opfer sein sollte, aber der erste Schlag war in diesem Fall besonders treffend. Und genau das sollte er sein. Jeder andere Auftakt würde sie nicht ausreichend erschüttern. Es musste eine persönliche Ebene getroffen werden.

Wie lange die Kramer doch um ihn herumgetanzt war. Für jeden war es lange ersichtlich, dass sich die beiden näherstanden als normale Kollegen. Dann sollte dies der Beginn einer besonderen Reise für Anna Kramer sein. Auch oder gerade weil sie ihn nicht mehr wie gewohnt sehen würde. Bei dem Gedanken musst der Schatten grinsen. Die Vorfreude hatte nun die Führung übernommen. Es stellte sich aber die Frage, wie lange sie durchhalten würde. Wie langweilig wäre es, wenn sie bereits nach der Ouvertüre sagen würde, dass es reicht und sie den Verstand verliert?

Nein, das wäre nicht in seinem Sinne. Sie sollte leiden, ja, aber sie sollte ihm und allen zeigen, wie toll sie doch war und schlussendlich dabei versagen. Wenn sie auch nur im Ansatz das draufhat, was sie immer vorgab, dann wäre der Schatten schnell am Ende. Wahrscheinlich würde sie dann bereits in Oldenburg auf ihn warten und ihn direkt verhaften. Allerdings wusste der Schatten, dass Anna Kramer nicht so toll war wie sie dachte und er würde dafür sorgen, dass jeder andere das ebenfalls sehen würde.

Das Poltern im Laderaum ging unverändert weiter und mittlerweile näherte sich der Transporter auf der A28 Oldenburg. Beim nächsten Rastplatz, der nicht bewirtschaftet wurde, würde er sich um seinen Gast kümmern müssen. Der Transporter fuhr noch ein ganzes Stück, bis hinter der Ausfahrt Altmoorhausen der Rastplatz Hemmelsberg auftauchte. Dieser Platz sollte es dann wohl sein, entschied der Schatten und fuhr von der Autobahn ab. Er verlangsamte den Transporter und suchte mit den Scheinwerfern den Parkplatz ab, um zu überprüfen, ob er wirklich alleine war. Einen Zeugen brauchte er nicht. Das würde nur mehr Arbeit für ihn bedeuten.

Nachdem er sich vergewisserte, dass er mit Tim alleine war, stellte er den Transporter ab, zog seine Handschuhe an, setzte sich die Maske auf und nahm den Taser in die Hand. Langsam stieg er aus und ging nach hinten an die Tür zum Laderaum. Wieso war es auf einmal so ruhig? Hatte Tim sich so verausgabt? Gerade da sie nicht mehr fuhren, könnte man seinen Krach jetzt besonders gut hören. Er stand vor der Tür und öffnete diese vorsichtig. Er sah Tim, diesen hünenhaften Mann in dem Laderaum liegen. Es sah aus, als ob er apathisch vor sich hinsah. Den Taser im Anschlag öffnete der Schatten die zweite Tür und war im Begriff, in den Laderaum zu steigen.

Als er den ersten Fuß auf die Laderaumkante setzte, schoss ihm einer der Kartons die vor Tim lagen, damit dieser nicht beim ersten Blick in den Laderaum entdeckt wurde, entgegen. Er traf ihn an den Beinen, woraufhin der Schatten nach draußen taumelte. Im nächsten Moment wurde er aus dem Transporter heraus auf den Boden gerissen: Tim hatte es irgendwie geschafft, seine Fesseln zu lösen und ihn frontal angegriffen. Nun saß Tim auf dem Schatten und legte seine Hände um dessen Hals.

Ohne zu zögern rammte der Schatten den Taser in Tims Seite und verpasste ihm den ersten Schlag. Hierdurch konnte er sich Tim entledigen und stand nun über ihm, während Tim versuchte, zu sich zu kommen. Drohend hielt er den Taser über ihn und verpasste ihm weitere Elektroschocks. Bereits nach dem nächsten Stromstoß verlor Tim das Bewusstsein.

„Du darfst dich hier jetzt nicht verlieren", mahnte sich der Schatten flüsternd und verstaute den Taser, damit er Tim erneut in den Transporter laden konnte. Dieser Mistkerl wird seine Quittung für diese Aktion schon noch bekommen. Allerdings konnte der Schatten Tim verstehen, der wohl ahnte, was ihn erwartete. Da wäre er auch nicht nett und regungslos liegen geblieben. Schade, es war wirklich eine Verschwendung, dass er sterben musste. Wo er sich doch eigentlich zu wehren wusste. Dieser Wille imponierte dem Schatten, auch wenn es nichts an seinem Schicksal änderte. Er wuchtete Tim zurück in den Transporter und fesselte ihn erneut. Dieses Mal verstärkte er die Fesseln allerdings und durchsuchte den bewusstlosen Tim nach allem, was die Fesseln durchtrennen konnte.

In einer seiner Taschen fand der Schatten ein kleines Taschenmesser, welches er an sich nahm. Es sollte ja schließlich nicht noch einmal zu so einem Zwischenfall kommen. Hier hatte er die Möglichkeit, darauf zu reagieren. In Oldenburg hätte das wieder ganz anders ausgehen können. Er rieb sich den Hals und staunte, dass Tim in einer solchen Situation in der Lage war, so zu reagieren. Allerdings war Tim Polizist und für solche Fälle trainiert worden.

Der Schatten stieg wieder in den Transporter und startete den letzten Abschnitt seiner Tour von Hannover nach Oldenburg. Schließlich hatte er ja noch mehr mit Tim vor. Er sollte seine dunkle Seite aus nächster Nähe kennenlernen. Durch Tims kleinen Ausbruch war der Jähzorn des Schattens geweckt worden. Er würde Tim zeigen, was es bedeutete, sich mit ihm anzulegen.

Der Transporter fuhr weiter über die A28 nach Oldenburg und verließ die am Autobahnkreuz Oldenburg-Ost ab, um in das Gewerbegebiet Tweelbäke zu fahren. Hier hatte der Schatten eine Lagerhalle gemietet, die ihm nahezu freies Handeln ermöglichte. Gerade nachts war hier so gut wie nichts los, sodass er ungestört war. Er fuhr auf das Gelände der abgelegenen Halle und stieg erneut maskiert in den Laderaum des Transporters.

Nachdem er sich vergewissert hatte, dass Tim nach wie vor bewusstlos war, verpackte er Tim in einen großen, stabilen Karton. Auch wenn die Tarnung nicht die beste war reichte sie aus, um eventuell vorbeikommenden Passanten zu begegnen, ohne dass diese direkt einen Verdacht schöpften. Mit der Aussage, dass die Ware nicht ordentlich gesichert war und deshalb im Karton umherflog, ließen sich die meisten Fragesteller schon wieder abwimmeln.

Der Schatten vergewisserte sich trotz der Tarnung, dass ihn niemand sah, als er den im Karton liegenden Tim mithilfe einer Sackkarre in die Lagerhalle schaffte und hinter sich den Zugang verriegelte. Hier war er in seinem eigenen Reich angekommen. Es hatte einige Zeit gedauert, die verschiedenen Räume zu bauen und schalldicht zu isolieren, sodass man selbst ein startendes Flugzeug nicht mehr hörte. Aber das war die Mühe wert. All das, um ein Ziel zu verfolgen: Anna Kramer. Der Schatten musste sich immer wieder vor Augen halten, wie viel Leid er Anna Kramer zufügen würde.

Die Lagerhalle war in drei Teile aufgeteilt. Die erste Hälfte, in der auch der Eingang war, sah wie eine ganz normale Lagerfläche aus. Erst im hinteren Teil wurde die Halle durch eine durchgängige Wand getrennt. Hinter dieser Wand lagen zwei Räume. In dem einen hatte er in mühevoller Kleinarbeit einen Käfig errichtet, in welchem der Fettsack Kühnert sein Dasein fristete. Der zweite Teil war für andere Zwecke vorgesehen. In diesem Abschnitt hatte der Schatten einen voll funktionsfähigen Operationssaal eingebaut. Hierfür hatte er über die verschiedensten ausländischen Firmen das Interieur bestellt. Das allein hatte ihn ein kleines Vermögen gekostet. Aber um sein Ziel zu erreichen, war ihm diese Investition ganz recht.

Dieser OP diente allerdings nicht dazu, Menschen zu retten. Er diente eher dazu, dem Leben der Opfer ein Ende zu bereiten und das auf unterschiedlichste Weisen.

Der Schatten begab sich mit seinem Paket in den OP, wo er das Licht einschaltete und ein vollends gefliester Raum erschien. Er wuchtete Tim auf einen Stuhl, der in der Mitte des Raumes stand. Den Operationstisch mit den Schnallen um jemanden zu fixieren, brauchte der Schatten heute nicht. Heute reichte es, die groben Operationsbestecke auszupacken.

Diese sahen im Detail folgendermaßen aus: Hammer und Baseballschläger. Tim diente lediglich dazu die Aufmerksamkeit zu erregen, da musste er keine medizinische Meisterleistung vollbringen. Allerdings musste noch eine Sache erledigt werden, bevor Tim aufgeweckt wurde. Er sollte doch schließlich miterleben, was mit ihm geschieht.

Der Schatten verließ den OP-Raum und kam kurze Zeit später mit einem Stativ und einer Videokamera wieder. Er baute die Kamera und das Stativ auf und nahm sich einen weiteren Stuhl, den er zwischen der Kamera und Tim platzierte. Der Schatten betrachtete die Szene noch einmal aus der Entfernung und überprüfte, ob alles zu erkennen war. War die Kamera bereit für die Aufnahme? War die Tür verschlossen? Nur so konnte er sicher sein, dass weder Kühnert noch sonst irgendjemand Tim hören konnte.

Nachdem diese Vorarbeiten erledigt waren, schaltete er die Kamera ein und setzte sich davor. Er würde im Nachgang noch einmal alles schneiden müssen. Aber das war egal, die Mühe war es wert, solange nur die Inszenierung am Ende stimmte.

Mit der Guy-Fawkes-Maske in die Kamera blickend, begann der Schatten mit der Aufnahme des Videos: „Meine sehr geehrten Damen und Herren von der Kriminalpolizei. Dieses Video ist für Ihren Neuzugang bestimmt, Kriminalkommissarin Anna Kramer."

„Herzlich willkommen, Frau Kramer. Wir freuen uns, dass Sie heute bei uns anfangen. Ich bin Klaus Müller, ihr Vorgesetzter." Ein älterer Mann empfing Anna. Sie schätze ihn auf Anfang fünfzig.

„Hallo Herr Müller, danke", entgegnete Anna, während Sie ihm die Hand zur Begrüßung gab.

„Wenn Sie mögen, können Sie Ihre Sachen hier ablegen. Ich würde Ihnen zunächst gerne Ihren zukünftigen Aufgabenbereich erläutern und Sie im Anschluss daran in der Dienststelle herumführen", erklärte Müller, während er auf einen Schreibtisch zeigte, auf dem Anna ihre Tasche ablegte und Herrn Müller in dessen Büro folgte.

„Ich muss zugeben, dass ich erstaunt war, als eine Kriminalkommissarin aus Hannover zu uns versetzt wurde", begann Müller, während beide Platz nahmen. „Allerdings wird es dafür einen Grund geben. Den Bericht habe ich natürlich erhalten und gelesen."

Anna wurde heiß. Das ging ja gut los. Auf welcher Seite stand Müller? Hatte er sich bereits abschließend sein Urteil gebildet? Konnte sie überhaupt noch etwas machen? Die Zweifel machten sich in ihren Gedanken breit.

„Frau Kramer?", riss Müller Anna aus ihren Gedanken.

„Wie bitte?", bekam Anna heraus.

„Ich sagte: Seien Sie unbesorgt. Die Kolleginnen und Kollegen wissen nicht, was in Hannover geschehen ist. Sie haben lediglich die Information erhalten, dass Sie versetzt wurden und das Team verstärken werden."

Anna atmete hörbar aus und die Anspannung wich aus ihrem Körper. „Vielen Dank, das weiß ich zu schätzen", antwortete sie erleichtert.

„Solange Sie selbst es nicht erzählen, haben Ihre Kollegen nicht das Recht in der Sache herumzuschnüffeln", fuhr Müller fort. „Allerdings würde ich gerne Ihre Version erfahren. Der Bericht scheint mir etwas einseitig diktiert worden zu sein."

Müller sah Anna an. Sie spürte, dass er eine Antwort erwartete.

„Also ich. Das war", begann Anna.

„Damit Sie es wissen. Sie brauchen es mir nicht jetzt zu erzählen", unterbrach Müller. „Allerdings wäre es schön, wenn Sie sich mir anvertrauen. Alleine schon darum, damit ich so die Einsätze mit den Kollegen vielleicht ein wenig koordinieren kann."

„Vielen Dank. Ich werde Ihnen rechtzeitig mitteilen, was in Hannover vorgefallen ist."

„Gut, da wir den Elefanten im Raum nun beim Namen genannt haben: Ich schlage vor, dass wir uns Duzen, wenn es in Ordnung ist. Das erleichtert die Arbeit hier ungemein."

„Ja, natürlich."

„Sehr gut. Ich bin Klaus."

„Anna".

„Sehr gut. Anna, wir sind natürlich nicht ganz so groß aufgestellt wie in Hannover, allerdings heißt es nicht, dass wir deshalb unbedingt schlechter arbeiten. Aber ich glaube, das wirst du schnell herausfinden."

„Das ist mir durchaus bewusst. Soviel ich weiß, ist Oldenburg immerhin die drittgrößte Stadt in Niedersachsen. Warum sollte die Arbeit sich hier also grundsätzlich von der in Hannover unterscheiden?", entgegnete Anna offen.

Klaus lächelte. „Das ist eine gute Einstellung. Ich schätze, dass du dich hier gut einleben wirst. Wir haben deinen Arbeitsplatz soweit es geht eingerichtet. Wegen deines Zugangs zum Gebäude und allem anderen: Darum kümmern wir uns später, das ist noch in Arbeit. Ich würde dich jetzt einmal herumführen und dich deinen Kollegen vorstellen."

„Alles klar", antwortete Anna und stand aus dem Besucherstuhl auf.

Klaus und Anna gingen zurück zu den Büros, in welchem Anna auch bereits ihre Tasche abgestellt hatte. Wo vorhin, als Anna gekommen war, noch niemand anderes anwesend war, waren jetzt zwei Herren zu sehen.

38

„Guten Morgen meine Herren", begrüßte Klaus Annas Kollegen. „Darf ich vorstellen: Eure neue Kollegin Anna Kramer. Sie ist heute den ersten Tag aus Hannover bei uns."

„Guten Morgen. Ich bin Peter. Peter Raul. Und hier haben wir Hendrik Schütz", erklärte Peter. Hendrik grüßte mit einem Nicken in Annas Richtung.

Anna musterte die Beiden. Sie stellte fest, dass Peter seine dunklen Haare zur rechten Seite gekämmt hatte, allerdings nicht ganz die längliche, kahle Stelle knapp über der rechten Schläfe verdecken konnte. Wenn sie es richtig sehen konnte, lag unter den Haaren eine Narbe, die wahrscheinlich für die fehlenden Haare verantwortlich war.

Hendrik war ein jüngerer Kollege. Während Peter vom Alter her wie Klaus um die fünfzig Jahre herumliegen dürfte, war Hendrik eher Mitte bis Ende dreißig und somit in Annas Alter. Ansonsten waren beide Männer von normaler Statur und überragten Anna um einen bis anderthalb Köpfe. Als Anna Hendriks Blick streifte wurde ihr warm. Was war es, dass er nur durch seine Anwesenheit ausstrahlte?

„Hallo, es freut mich, euch kennenzulernen. Ich bin Anna Kramer. Ich hoffe, ich kann eine Verstärkung sein."

Klaus schaltete sich ein. „Na, da gehen wir doch alle von aus. Wo ist denn Yvonne?"

„Yvonne ist gerade bei der Obduktion eines Toten. Heute Morgen gefunden und in die Rechtsmedizin gebracht. Es wird wohl davon ausgegangen, dass es kein natürlicher Tod war. Von dem was ich mitbekommen habe, ist Fremdeinwirkung nicht auszuschließen. Sie müsste aber in ein bis zwei Stunden wieder da sein", erklärte Hendrik.

„Wo wurde der Tote gefunden?", hakte Klaus nach.

„Das können wir noch nicht sagen, die Anforderung an der Obduktion teilzunehmen kam vor fünfzehn Minuten. Yvonne war gerade angekommen, als wir die Nachricht erhielten", fuhr Peter fort.

„Da scheint es ja schon deinen ersten Fall zu geben. Anna, fühlst du dich bereit, mit einzusteigen?" Klaus wandte sich fragend an Anna.

„Selbstverständlich. Dafür bin ich doch hier."

„Sehr gut, das ist die richtige Einstellung. Aber bis Yvonne wieder da ist, würde ich dich noch mitnehmen und weiter herumführen."

Klaus zeigte Anna den Rest der Dienststelle. Während das Team auf die Rückkehr von Yvonne wartete, erhielt Anna die Schlüssel und Zugangsdaten für ihren Arbeitsplatz und richtete diesen ein. Entgegen ihren anfänglichen Bedenken hatten weder Peter noch Hendrik sich in irgendeiner Art zu ihrer Versetzung geäußert. Wie es den Anschein hatte, war die Geschichte mit der regulären Versetzung hier nicht weiter hinterfragt worden.

„Wie lange bist du jetzt schon bei der Kripo?", hörte Anna Hendrik fragen. Hendrik und Anna teilten sich ein Büro, welches über eine Durchgangstür mit dem Büro von Yvonne und Peter verbunden war.

„Ich bin seit zehn Jahren bei der Kripo. Ich habe 2006 nach dem Studium im Streifendienst angefangen und mich irgendwann auf eine Stelle bei der Kripo beworben."

„Ah, das war in Hannover bestimmt spannend, oder?"

„Ja klar, aber ich glaube, bei euch wird es auch nicht schlecht werden. Wie es mir scheint, ist es hier immerhin etwas ruhiger", gab Anna zu.

Das war tatsächlich einer der Vorteile, nach Oldenburg versetzt worden zu sein. In Hannover war mit mehr als einer halben Millionen Einwohnern natürlich eine ganz andere Kriminalität vorhanden als in einer Stadt mit knapp hundertfünfundsiebzigtausend Einwohnern.

„Aber das heißt nicht, dass ich keine Verbrechen erwarte. Die kann es sogar in einem kleinen Dorf ausreichend geben. Da ist die Größe alleine nicht ausschlaggebend", fügte Anna hinzu. „Wenn man sich überlegt: Yvonne ist bereits zu einer Obduktion unterwegs, was ja zeigt, dass es auch in einer kleineren Großstadt solche Verbrechen gibt."

„Das stimmt, aber meistens sind es bei uns nicht ganz so große Fälle, die wir bearbeiten", gab Hendrik zurück.

„Na ja, große Fälle habt ihr auch, wenn man nur mal an die Dimension des Krankenhausfalls aus den letzten Jahren denkt. Wie gesagt: ich glaube, die Größe der Stadt macht nicht die Art der Fälle aus. Es kann auch das Schlimmste in einem Dorf oder sogar nur einer Siedlung begangen werden."

„Ja, da hast du recht. Aber in Hannover gibt es doch bestimmt immer wieder neue Fälle, die auf einen warten, oder? Ich stelle mir das schon interessanter als hier vor."

„Das kommt ganz darauf an, was du als spannend oder interessant erachtest. Natürlich sind die Fälle vielschichtiger, da es eine Vielzahl an Menschen auf kleinem Raum betrifft. Das birgt das Potenzial, dass sich in gleicher Zeit mehrere Verbrechen ereignen. Gleichzeitig ist es ja aber auch so, dass die Stadt Hannover nicht die gleiche Anzahl an Polizisten wie Oldenburg hat. Ich würde sagen, wenn man das vergleicht, ist es ähnlich", erklärte Anna.

„Wow, so habe ich das tatsächlich gar nicht gesehen", gab Hendrik zu. Anna musste lächeln. Hendrik hatte einen jungenhaften Charme, dem sie nicht abgeneigt war.

Es klopfte an der Tür und Klaus kam in Begleitung einer blonden, schlanken Frau, ungefähr in den Vierzigern, in das Büro.

„Darf ich kurz stören? Zunächst Anna, das hier ist

Yvonne Gruber", begann Klaus und zeigte auf die Dame.

„Yvonne, das ist unsere neue Kollegin, Anna Kramer."

„Freut mich." Anna stand auf und gab Yvonne die Hand.

„Ah, das ist die neue Kollegin. Das trifft sich ja gut."

„Wieso genau?", fragte Anna verwirrt. Sie sah zu Klaus und merkte, dass etwas nicht stimmte. „Was ist passiert?"

„Anna, wir brauchen dich gleich oben. So schnell wie möglich."

„Das ist kein Problem, ich kann direkt mitkommen."

„Der Rest kommt bitte auch mit. Hendrik, kannst du Peter Bescheid geben, dass wir uns in fünf Minuten im Konferenzraum treffen? Anna, komm. Wir gehen schon einmal vor", teilte Klaus die Aufgaben ein.

Anna folgte Klaus mit dem Gefühl, dass Etwas großes, bedrohliches im Konferenzraum wartete.

„Darf ich erfahren, worum es geht? Hat es etwas mit dem Toten zu tun, bei dessen Obduktion Yvonne war?", fragte Anna, während sie mit Klaus und Yvonne nach oben lief.

„Tatsächlich hat es mit dem Fall, mit dem sich die Rechtsmedizin gerade befasst, zu tun", begann Yvonne.

„Sie haben etwas gefunden, dass sie für gewöhnlich nicht finden", schloss Klaus.

„Und was hat das mit mir zu tun? So wie die Stimmung hier gerade umgeschlagen ist, habe ich das Gefühl, dass ich direkt damit zu tun habe." Anna wusste, dass sie sich auf ihr Bauchgefühl verlassen konnte. Gerade schrie es sie geradezu an, dass die Situation völlig aus dem Ruder laufen würde. Allerdings konnte Anna nicht einordnen, warum genau sie dieses Gefühl hatte. Immerhin war es ihr erster Tag in Oldenburg. Wer hat denn schon an seinem ersten Tag gleich einen solchen Fall vor sich, dass das gesamte Team alles stehen und liegen lassen muss?

Als sie im Konferenzraum ankamen, war bereits der Beamer eingeschaltet.

„Was ist hier los?", fragte Anna erneut.

Klaus ging um den Tisch herum und stütze sich auf einer Stuhllehne ab.

„Yvonne teilte mir mit, dass bei der Obduktion im linken Unterarm des Toten eine Speicherkarte gefunden wurde."

„Und auf der Hülle, in der die Karte lag stand ‚Zustellen an Anna Kramer, Polizei Oldenburg'", erklärte Yvonne, während im Hintergrund Peter und Hendrik den Konferenzraum betraten.

Anna spürte erneut, wie ihr heiß wurde. „Bitte was? Ihr habt in einem Toten eine Speicherkarte gefunden, die an mich adressiert ist? Was ist auf der Karte gespeichert?"

„Das wissen wir noch nicht, da sie an dich adressiert

ist, wollten wir sie mit dir untersuchen", erläuterte Klaus. „Ich habe mir die Karte selbst auch noch nicht weiter angeschaut. Ich weiß nur, dass ein Video abgespeichert wurde, welches ich mir aber nicht angesehen habe. Ich muss euch warnen. Wenn wir solche ‚Geschenke' bekommen, ist das nichts für schwache Nerven. Sollte jemandem komisch oder übel werden, sagt sofort Bescheid. Dann kann ich das Video unterbrechen." Von der freundlichen Stimmung von heute Morgen spürte Anna nichts mehr. Ihr ging es nicht anders, aber sie wusste, dass sie sich das Video ansehen musste.

„Seid ihr bereit? Nehmt alle Informationen auf, die ihr in dem Video mitbekommt. Ich weiß nicht, ob wir im Anschluss erneut in der Lage sind, das Video abzuspielen", mahnte Klaus.

Anna, Hendrik, Peter und Yvonne legten sich Stifte und Papier bereit und nickten Klaus zu um zu signalisieren, dass sie bereit waren.

Daraufhin startete er das Video.

-4-

Das Video startete und zeigte eine dunkel gekleidete, maskierte Person, die sich frontal vor der Kamera aufgebaut hatte. *„Meine sehr geehrten Damen und Herren von der Kriminalpolizei. Dieses Video ist für Ihren Neuzugang bestimmt, Kriminalkommissarin Anna Kramer",* tönte es aus den Lautsprechern des Konferenzraums. Anna studierte das Video und versuchte Details aufzunehmen, die ihr die Person näherbrachten. Ohne dass sie es selbst bemerkte, versteifte sie sich auf ihrem Sitz. Durch die direkte Ansprache wurde dieser Fall vermeintlich auf eine persönliche Ebene gehoben. Die Stimme der Person wurde elektronisch verändert, sodass sie roboterhaft klang. Ohne ein erkennbares Stimmprofil, was die Tonlage und Melodie betraf. Dadurch hatte Anna keine Möglichkeit auf eine Person zu schließen, welche die Nachricht an sie aufgezeichnet hatte.

„Ich gratuliere Ihnen zu Ihrer neuen Stelle. Ich hoffe, Sie wurden von Ihren neuen Kollegen gut aufgenommen. Fühlen Sie sich wohl? Das freut mich, aber ich mahne sie auch: Fühlen Sie sich nicht zu wohl. Sie sind auserkoren worden, an einer ganz besonderen Schnitzeljagd

teilzunehmen.

Frau Kramer, wir werden ein Spiel spielen: Ich nenne es Neustart. Der Spielort ist die wunderschöne Stadt Oldenburg mit ihren verschiedenen Sehenswürdigkeiten und Orten! Was sagen Sie? Sie kennen den Spielort nicht? Das ist kein Problem. Sie werden im Laufe unseres Spiels Oldenburg kennenlernen! Das Thema des Spiels soll der Klimawandel sein.

Damit Sie im Bilde sind: Sie spielen um die Leben der Menschen, die ich als Mitspieler auserkoren habe. Sie können nur dann überleben, wenn Sie mich aufhalten. Sie spielen also gegen mich, um das Leben von Menschen, die jeder für eine andere Folge der Klimakatastrophe steht. Können Sie die Hinweise entschlüsseln und so das Leid des nächsten Opfers abwenden? Oder werden Sie hilflos mitansehen, wie ein Mensch nach dem anderen an den vorgezogenen Folgen der Klimakatastrophe zugrunde geht? Vergessen Sie dabei nicht, dass die Menschen mit ihrem Tod einen Vorgeschmack auf die Folgen des Klimawandels darstellen.

Aber ich möchte kein Unmensch sein. Eine weitere Möglichkeit, die Menschen zu retten, besteht darin, dass die Politik endlich aufwacht und sich gegen das bisherige Wirtschaften entscheidet. Sofern die Politik es schafft, aus der Kohle auszusteigen, die Verkehrswende zu vollziehen und eine Ernährung aufzusetzen, die keine Klimaschäden verursacht, können die Tribute ebenfalls gerettet werden.

Was wird als Erstes eintreten? Werden Sie, Frau Kramer, es schaffen und mich zur Strecke bringen? Oder schaffen Sie es eher, die Politik zu einem Kurswechsel zu bewegen? Es liegt an Ihnen, wie Sie vorgehen. Vielleicht verfolgen Sie am Ende eine Doppelstrategie? Bedenken Sie aber bitte, dass es mitunter Jahre dauern kann, die entscheidenden Politiker auf eine Idee aufmerksam zu machen. Bis diese dann umgesetzt wird, vergeht mindestens das Doppelte an Zeit.

Und um ehrlich zu sein, ich gehe davon aus, dass der Spieleinsatz diese Zeit leider nicht hat. Bevor ich es vergesse: Sie sollten diese Mahnung ernst nehmen. Ich kann leider sehr überzeugend sein, wenn ich etwas durchsetzen möchte.

Oh, Sie glauben mir immer noch nicht? Nun, dann sagen Sie bitte Hallo zu einem alten Bekannten von Ihnen: Tim."

Die Person ging für einen Moment aus dem Bild und hinter ihr erschien ein an einen Stuhl gefesselter Mann im Bild.

Anna erkannte ihn sofort: Es handelte sich um Tim Hane, einen ehemaligen Kollegen aus Hannover, mit dem sie gerade in den letzten Monaten viel Zeit verbracht hatte. Im selben Augenblick wusste Anna, wer der Tote war, zu dessen Obduktion Yvonne heute früh gefahren war.

Yvonne gab Klaus ein Zeichen, die Wiedergabe zu

unterbrechen.

„Anna, ich sollte dich warnen. Wenn der Leichnam, der heute Morgen gefunden wurde, der Leichnam dieses Tim ist und das Video bis in das letzte Detail aufgezeichnet hat, was mit ihm geschehen ist... Dann solltest du dir bitte genau überlegen, ob du das weiter ansehen möchtest. Der Leichnam war übersät mit Hämatomen und der allgemeine Zustand war nicht als normal zu bezeichnen. Der Rechtsmediziner hatte festgestellt, dass der Körper einer Tortur unterzogen wurde, die auf eine Übertötung hinweist."

Anna sah Yvonne an und musste schlucken. Sie merkte, dass etwas in ihr zerbrach. Scheinbar wurde ihr der erhoffte Neubeginn verwehrt. Warum ausgerechnet sie? Warum ausgerechnet Tim? Es machte im Moment keinen Sinn. Wollte sie sich ansehen, wie Tim starb? Aber sie musste es sich antun. Sie musste wissen, was passiert war. Sie musste wissen, was Tim angetan wurde.

„Bitte, wir müssen uns das ganze Video ansehen", begann Anna. „Ich habe sowieso keine Ruhe mehr, nachdem ich gesehen habe, dass Tim dort sitzt. Also kann ich mir das ganze Material auch jetzt ansehen."

Klaus sah Anna eine Zeit lang an. Anna erschien es, als ob er abwog, sie des Raumes zu verweisen. Nach einer Weile atmete er hörbar aus und wandte sich an Anna: „Wir sehen uns das Video gemeinsam weiter an. Aber sobald ich merke, dass du den folgenden Bildern nicht gewachsen bist, muss ich dich herausnehmen und den Fall an ein anderes Team abgeben."

„In Ordnung. Ich verspreche, wenn es nicht mehr geht, verlasse ich freiwillig den Raum", entgegnete Anna.

Das Video wurde mit dem Blick auf Tim fortgesetzt. Die Person trat mit der Maske wieder vor die Kamera. *„Wissen Sie, Tim war so nett mich zu begleiten und sich für mein Projekt zur Verfügung zu stellen. Leider hat er mitten in den Vorbereitungen seine Meinung geändert und wollte nicht mehr Teil der Aufführung sein. Das konnte ich ihm allerdings nicht durchgehen lassen.*

Zu seinem Pech hat er sich sehr zur Wehr gesetzt, was meine Stimmung nicht unbedingt gehoben hat. Nun, wie dem auch sei. Genießen Sie diesen besonderen Gruß von ihm. Ich befürchte, es wird sein Letzter sein."

Die Person verließ erneut die Position vor der Kamera und ging hinter die Kamera, um diese näher an den auf dem Stuhl gefesselten Tim zu bringen. Anna konnte erkennen, was nun kommen musste: neben Tim lagen auf einem Rollwagen bereits ein Hammer und ein Baseballschläger. Kurz kam in ihr der Impuls hoch den Raum zu verlassen, allerdings musste sie sich diesen Teil ansehen. Für Tim. Auch wenn sie ihm nicht mehr helfen konnte hatte sie die Möglichkeit, sich das Bewegungsmuster der Person anzusehen. Das war in diesem Moment die einzige Möglichkeit, sich dem Täter zu nähern.

Die folgende halbe Stunde war für das Team schwer zu ertragen. Tim wurde von dem Täter systematisch zunächst mit dem Baseballschläger von den Füßen herauf bis zu den Schultern zusammengeschlagen. Man konnte auf dem Video erkennen, wie einzelne Knochen brachen und Tim immer wieder aus der Bewusstlosigkeit gerissen wurde und wieder hineinfiel.

Als besonderes Merkmal fiel auf, dass die Tonspur des Videos getauscht wurde. Als besonderer Hohn wurde die Originalspur gegen den „Marsch Einzug der Gladiatoren" getauscht, welcher früher häufig in Zirkuszelten eingesetzt wurde. Der Unterschied hierzu war allerdings, dass es sich nicht um einen Schaukampf handelte, sondern ein abgekartetes Spiel war, um Anna zu Ermittlungen zu bewegen.

Nachdem der Täter mit dem Baseballschläger fertig war, nahm er sich mit dem Hammer die bereits gebrochenen Knochen vor und malträtierte diese weiter. Mit dem filigraneren Hammer nahm sich der Täter jedes einzelne Gelenk der Finger vor und tat so, als ob er Tims Fingergelenke mit einem Nagel in der Wand verwechselte. Daraufhin schien es so, dass der Täter auf Tims Unterarm Xylophon spielte. An einer Stelle tat er so, als ob er einen anderen Ton erwartete und zur Sicherheit noch einmal auf die Stelle schlug. Anna konnte erkennen, dass es sich bei der Stelle um eine Bruchstelle aus der Behandlung mit dem

Baseballschläger handelte. Bei dem Anblick lief ihr ein Schauer über den Rücken.

Dieses Vorgehen ging über den anderen Arm weiter, bis Tim in einem finalen Akt der Schädel eingeschlagen wurde, was in seiner reinen Brutalität ungefiltert durch das Video festgehalten wurde. Nachdem dies geschehen war, kam der Täter erneut ins Bild, die Maske voll mit Blutspritzern. Während die Marschmusik langsam ausklang, wandte der Täter sich erneut der Kamera zu.

„Meine sehr verehrten Damen und Herren, ich hoffe, Sie haben die Vorstellung genossen. Außerdem freue ich mich Sie bald wieder in meinem Spielhaus begrüßen zu können. Und an Frau Kramer: Ich schätze, ich habe Ihre ungeteilte Aufmerksamkeit erhalten. Lassen Sie sich entführen in die wunderbare Spielwelt von Oldenburg und werden Sie zur Hauptattraktion. Halten Sie mich auf."

Damit endete die Aufnahme auf der Speicherkarte. Das Team saß stumm in dem Konferenzraum und alle blickten zu Anna, die sprachlos auf ihrem Platz saß und ins Leere starrte.

Klaus übernahm das Wort: „Anna, wie geht es dir? Kannst du uns sagen, welche Verbindung du zu diesem Tim hattest? Ich weiß, es ist nicht einfach, aber wir müssen jetzt mit den Ermittlungen anfangen. Ansonsten verlieren wir zu viel Zeit."

Annas Blick wanderte von Hendrik zu Peter zu Yvonne

und schlussendlich zu Klaus. „Das Opfer ist Tim Hane. Ein Kollege aus Hannover. Wir kamen uns in den letzten Monaten etwas näher."

Anna schloss die Augen und sammelte sich. „Wir waren mehr als Kollegen, das war in Hannover auch bekannt. Auch wenn es nie zu mehr als einer guten Freundschaft gereicht hat, waren wir uns doch näher, als andere Kollegen miteinander umgingen. Das heißt aber nicht, dass da etwas gelaufen ist. Wir verstanden uns einfach nur sehr gut."

„Das heißt, er wurde ermordet, weil ihr euch gut verstanden habt?", hakte Peter nach.

„Ich kann mir auch nicht erklären, warum Tim entführt wurde und vor allem: wie. Tim ist ein Schrank von Mensch gewesen. Ihn zu überwältigen musste schon einiges an Anstrengung gekostet haben", überlegte Anna. „Aber warum? Weshalb Tim und weshalb ich?"

„Hast du Feinde? Irgendjemandem, dem du auf den Schlips getreten bist?", fragte Peter.

„Feinde? Nein, zumindest sind mir keine bekannt. Soweit ich es weiß, bin ich auch mit niemandem aneinandergeraten." Anna wusste, dass sie eine Geschichte mit den Kollegen aus Hannover hatte, aber eine solche Reaktion würde es nicht auslösen.

„Aber was ist mit dem Video? Wieso macht er solche Ankündigungen? Was genau ist das Motiv des Täters?"

Hendrik brachte sich in die Überlegungen ein.

„Also soweit ich das beurteilen kann, passt das Video zu den Verletzungen. So wie es aussieht, ist der Leichnam, der in der Rechtsmedizin liegt tatsächlich Tim Hane", teilte Yvonne mit. „Nach dem Video können wir definitiv von einer Übertötung reden."

„Wurde dir mitgeteilt, wo Tim gefunden wurde? Gab es dort irgendwelche verwertbaren Spuren?", wollte Klaus wissen.

„Laut Rechtsmedizin wurde der Leichnam im Schlossgarten gefunden. Tims Leiche lehnte zwischen dem Eingang gegenüber dem alten Pulverturm und dem Gärtnerhaus an einem Baum. Die ersten Passanten hatten ihn für einen Obdachlosen gehalten. Einer der Gärtner hat ihn schlussendlich entdeckt. Er muss in der vergangenen Nacht dort abgelegt worden sein. Als die Tore gestern Abend verschlossen wurden, war an der entsprechenden Stelle nichts."

Anna sah zu Yvonne, während diese Bericht erstattete, wie Tim gefunden wurde. Sie musste sich konzentrieren, Yvonne zuzuhören. Das Video von Tims Ermordung hatte seine Spuren hinterlassen. Allerdings versuchte Anna sich nicht allzu viel anmerken zu lassen.

„Kann ich zu ihm?", fragte sie in die Runde hinein. „Bitte, ich möchte mir selbst ein Bild machen. Es gibt noch einige Dinge, die ich einfach nicht verstehe."

„Meinst du, es ist eine gute Idee, dass du ihn siehst?", fragte Hendrik. „Aber wenn du unbedingt hin möchtest, solltest du nicht alleine hin. Ich begleite dich."

„Ja, ich muss ihn sehen. Ich habe sonst keine ruhige Minute. Dass jemand mitkommt, ist gut, ich habe keine Ahnung, wo ich hin muss."

„Hendrik begleite Anna bitte, der Vorschlag ist gut", forderte Klaus Hendrik auf und gab ihm zu verstehen, dass er Anna im Auge behalten sollte.

„Komm, ich fahre dich in die Rechtsmedizin." Hendrik stand auf und nahm Anna mit, die nicht wusste, was sie als Nächstes machen sollte.

Sie wusste einzig, dass sie Tim ein letztes Mal sehen wollte. Alleine schon, da sie ihn so auf seinem letzten Weg begleiten konnte. Außerdem war das eine Möglichkeit, nach Indizien zu schauen, die den Täter eingrenzen konnten.

Während Anna mit Hendrik auf dem Weg zur Rechtsmedizin war, wurde ihr flau im Magen. Sie wusste, was sie erwarten würde und trotzdem war es für sie noch unbegreiflich. War Tim tatsächlich das Opfer eines Irren geworden, der es sich zum Ziel gesetzt hatte mit der größtmöglichen Wirkung ihr den Fall unter die Nase zu reiben und sie zur Ermittlung zu zwingen? Oder hatte Tim sich mit den falschen Personen angelegt und war Anna nur aufgrund der gemeinsamen Zeit in den letzten Monaten in den Fokus des Täters gekommen?

Es ergab im Augenblick keinen Sinn. Wer hatte gerade jetzt ein Interesse daran, sie herauszufordern? Und warum? Was war das eigentliche Motiv? Nach der Brutalität im Video zu urteilen, war dem Täter mit Rationalität nicht beizukommen. Wenn es stimmte, dass Tim sich gewehrt hat und vielleicht versucht hatte zu entkommen, dann erklärte das vielleicht die Übertötung, die der Täter vollzogen hatte. Anna war gleichzeitig aber auch bewusst, dass die Brutalität sich auch gegen sie richten konnte und nicht zwangsläufig mit dem Handeln von Tim zusammenhing.

Der Täter schien bereits von den „normalen" gesellschaftlichen Normen abgekoppelt zu sein, was ihn für die Bevölkerung extrem gefährlich machen konnte. Die entscheidende Frage war, was mit dem Mord und der Ankündigung bezweckt werden sollte. War das Motiv auf den Klimawandel hinzuweisen das tatsächliche, oder gab es eine tiefer liegende Motivation, einen Menschen brutal aus dem Leben zu reißen?

„So, da sind wir", sagte Hendrik, als er den Wagen auf den Parkplatz der Rechtsmedizin lenkte.

„Danke, dass du mich begleitest. Ich wäre ja auch alleine gefahren, aber ich kenne mich hier noch gar nicht aus."

„Kein Problem, außerdem sind wir als Partner eingeteilt, da ist selbstverständlich, dass es ich dich begleite."

Anna folgte Hendrik in die Rechtsmedizin. Nachdem

sie an der Anmeldung ihr Anliegen mitgeteilt hatten, wurden sie von einem Mitarbeiter abgeholt.

„Hallo Herr Schütz, danke, dass Sie gewartet haben. Und Sie sind?", fragte ein untersetzter Mann mit Hornbrille.

„Hallo, ich bin Anna Kramer. Ich bin seit heute die neue Kollegin von Herrn Schütz."

„Freut mich, ich bin Dr. Hochmann", erklärte Hochmann, während er Anna die Hand gab. „Darf ich fragen, weshalb Sie hier sind? Frau Gruber hat doch bereits die Obduktion begleitet."

„Wir sind hier, da Frau Kramer eine Bekannte des Opfers ist. Sie kann ihn identifizieren und kann uns bei der Lösung des Falls weiterhelfen."

„Oh, das tut mir leid, niemand sollte so etwas miterleben. Dann kommen Sie bitte, ich zeige Ihnen den Verstorbenen."

„Danke", fügte Anna leise dem Gespräch hinzu, wissend, dass dieser Gang einer der schwersten ihres Lebens sein würde.

Hochmann führte Anna und Hendrik in den Kühlraum, in dem die Leichen aufbewahrt wurden. Er ging mit ihnen zu dem Fach, in dem Tim lag.

„In welcher Verbindung standen Sie zu dem Toten Frau Kramer?", fragte er, als sie bei dem geschlossenen Fach ankamen.

„Wir waren Kollegen bei der Polizei in Hannover",

erklärte Anna.

„Verstehe. Gehe ich richtig davon aus, dass Sie ebenfalls bei der Kriminalpolizei arbeiten? Ich frage, da ich zwar schon einiges gesehen habe, aber selbst für mich dieser Anblick ungewöhnlich ist."

„Ja genau, ich bin ebenfalls bei der Kriminalpolizei. Ich habe heute meinen ersten Arbeitstag bei der Polizei hier in Oldenburg." Anna sah zu Hendrik rüber.

„Ich bilde mit Herrn Schütz hier ein Duo, das die Ermittlungen übernehmen wird. Zumindest nach dem momentanen Stand."

„Ah, ich sehe schon, Sie sind also ebenfalls vom Fach. Erschrecken Sie bitte trotzdem nicht. Der Anblick ist verstörend." Hochmann öffnete die Kammer und zog den Schlitten auf dem Tim lag hervor, sodass sein Leichnam in Augenschein genommen werden konnte. Im Anschluss nahm er das Tuch vom Kopf, an dem deutlich die Verletzung durch den Hammer zu erkennen war. Die Szene aus dem Video flammte vor Annas innerem Auge auf. Sie zuckte zurück und atmete tief ein und aus.

„Das ist Tim. Tim Hane eindeutig. Entschuldigen Sie, ich brauche einen kleinen Augenblick", erklärte sie Hochmann, während Anna sich vom Leichnam abwendete. Ihre Ausbilder hatten ihr einmal den Tipp gegeben, wenn Anna drohte, die Fassung zu verlieren, sich hinzustellen und ein- und auszuatmen. Anna stand in dem Raum und sammelte sich, um ihren Puls zu beruhigen und ihren Geist auf die kommende Aufgabe vorzubereiten. Sie musste das Grauen, das über Tim gekommen war, inspizieren und nach Hinweisen auf dessen Mörder suchen.

„Danke für Ihre Geduld. Können Sie mir den weiteren Körper zeigen?"

Hochmann zog das Laken bis zum Bauch zurück. An den Schultern, Armen und Händen zeichneten sich die Knochenbrüche ab, welche Anna und Hendrik bereits auf dem Video sehen konnten.

„Wenn ich etwas dazu sagen darf", begann Hochmann, als Hendrik und Anna an die Bahre herantraten. „Es hat den Anschein, dass die Gewalteinwirkungen willkürlich gewählt wurden. Erst bei näherer Betrachtung sieht man, dass gezielt erst die großen Knochen und im Anschluss die kleineren zertrümmert wurden."

Anna sah zu Hochmann herüber. „Das konnten wir in einem Video von der Tat ebenfalls sehen. Um die Schmerzen konstant zu halten. Sobald der Täter sich den kleineren Knochen zuwendet werden die Muskeln aktiviert, was dafür sorgt, dass die bereits gebrochenen Knochen ebenfalls wieder bewegt werden."

„Das klingt nach einer Foltermethode", warf Hendrik ein.

„Man kann es durchaus als Folter einsetzen, um dem Opfer den größtmöglichen Schmerz zuzufügen", stimmte Hochmann zu. „Konnten Sie bereits den

Inhalt der Speicherkarte analysieren? Sie sagten etwas von einem Video?"

Hendrik sah von dem Leichnam auf. „Analysieren noch nicht. Allerdings konnten wir den Inhalt sichten. Es ist in der Tat eine Videoaufzeichnung der Misshandlungen des Opfers, Tim Hane."

„Können Sie uns mitteilen, wo die Speicherkarte platziert wurde?", fragte Anna nach.

„Das kann ich", antwortete Hochmann und hob Tims linken Arm. „Die Speicherkarte war an der Bruchstelle von Elle und Speiche im linken Unterarm platziert. Nach meiner Einschätzung muss der Täter in irgendeiner Art und Weise medizinische Kenntnisse haben."

„Wie genau meinen Sie das?", hakte Anna nach. Diese Einschätzung konnte bereits einen erster Anhaltspunkt auf den Täter liefern.

„Nun ja, das Muskelgewebe um die Knochen wurde mit hoher Präzision entfernt. Da liegt ein medizinischer Hintergrund nahe. Zumal der Täter wusste was er tat. So leid es mir tut, vielleicht eine Illusion zu zerstören, aber die Knochenbrüche haben Herrn Hane nicht getötet. Das geschah erst durch die Fraktur am Schädel."

„Das habe ich befürchtet", erklärte Anna, die während der Leichenschau mit den Tränen zu kämpfen hatte. „Danke Dr. Hochmann, dass ich Tim noch einmal sehen konnte. Das bedeutet mir sehr viel."

„Selbstverständlich Frau Kramer. Auch wenn der

Anlass alles andere als angenehm ist. Ich hoffe, dass Sie den Täter schnell finden können. Ich werde meinen Bericht heute anfertigen und Ihnen zukommen lassen. Allerdings, eine Sache wäre da noch, die Sie wissen sollten", teilte Hochmann mit und winkte Anna und Hendrik zu sich auf seine Seite.

„Sehen Sie diese Narbe? Hierbei handelt es sich aller Voraussicht nach um eine Narbe, die von einem sogenannten Taser, einer Elektroschockpistole, stammt. Ich gehe davon aus, dass Herr Hane damit betäubt wurde, bevor er entführt wurde."

„Und als er zu sich kam, hat er sich gewehrt und wahrscheinlich erneut einen Stromschock verpasst bekommen. Das passt zumindest zu der Andeutung aus dem Video", fügte Hendrik hinzu.

„Wir haben in der Tat festgestellt, dass es eine weitere solche Narbe im Nacken des Opfers gibt. Ich schätze, dass die Narbe im Nacken zeitlich vor der in der Seite entstand."

„Vielen Dank für die Information. Wir wissen dann zumindest, wie es dem Täter gelingen konnte Tim zu betäuben und zu überwältigen. Er muss sich von hinten an Tim angeschlichen haben und ihm dann mit dem Taser im Nacken das Bewusstsein geraubt haben. Nur stellt sich eine Frage: Wie ist es dem Täter gelungen, ihn von Hannover nach Oldenburg zu transportieren?", fasste Anna die Erkenntnisse zusammen.

Sie verabschiedeten sich und machten sich auf den Weg zur Dienststelle.

„Was wollen wir jetzt machen?"; fragte Hendrik etwas unbeholfen. Anna kämpfte immer noch mit den Tränen und musste darauf achten, ihre Trauer und ihre Wut nicht an Hendrik auszulassen.

„Na was schon, wir jagen einen Mörder. Dafür sind wir schließlich da", gab Anna zurück, während sie sich in den Wagen setzten. „Sag mal ist dir diese Entwicklung spannend genug?"

-5-

In der Dienststelle angekommen, begannen die Ermittlungsarbeit für das Team. Während Anna und Hendrik in der Rechtsmedizin waren, um sich Tim anzusehen, hatten Peter und Yvonne bereits begonnen, Tims Hintergrund zu durchleuchten. Allerdings brachte die erste Überprüfung keine neuen Erkenntnisse. Tim war, genau wie Anna im Vorfeld auch, bei der Kriminalpolizei Hannover tätig und hatte dort mit kleineren Delikten zu tun. Ab und an kam es zu größeren Fällen, allerdings nichts, dass auf eine Tötung aus Rache schließen ließ.

Es hatte sich bereits bei den ersten Kollegen herumgesprochen, dass die neue Kollegin mit einem Mordfall aufgetaucht war. Klaus hatte aus diesem Grund alle Hände voll zu tun, den Fall bei dem Team zu belassen. Er wollte verhindern, dass dem Team die Ermittlungen entzogen wurden.

„Willkommen zurück, ihr zwei. Konntest du den Leichnam sehen?", fragte Klaus, als er sah, dass Anna und Hendrik zurückkommen.

„Ja, das konnte ich. Es ist noch schlimmer, als man auf

dem Video erahnt. Dr. Hochmann erklärte uns auch, dass der Täter einen medizinischen Hintergrund haben muss", entgegnete Anna, die sich wieder ein wenig gefangen hatte. Klaus sah sie fragend an.

„Die Speicherkarte", brachte Hendrik sich ein. „Sie war zwischen den Brüchen der linken Elle und Speicher platziert. Laut Hochmann wurden die Schnitte im Gewebe von einer Person durchgeführt, die medizinische Kenntnisse hat."

„Das bringt uns zwar nicht entscheidend weiter, aber es ist immerhin ein erster Anhaltspunkt. Anna, Hendrik, habt ihr einen Augenblick?" Klaus deutete auf das Büro der beiden, damit sie ein Gespräch unter sechs Augen führen konnten. Anna und Hendrik nahmen an ihren Schreibtischen Platz, während Klaus sich auf die Lehne eines Besucherstuhls abstützte.

„Wir haben ein Problem", begann er. „Ich musste die letzte Stunde wie ein Wasserfall auf die Dienststellenleitung einreden, dass der Fall in diesem Team bleibt. Sie sehen es als nicht zielführend an, dass eine neue Kollegin, die das Opfer auch noch persönlich kannte, in dem Fall ermittelt. Sie fürchten, dass es hierbei eher ein persönlicher Rachefeldzug werden kann, anstatt eines Ermittlungsverfahrens."

Hendrik sah zu Anna und dann zu Klaus. „Das heißt, wir sind raus?"

„Nein, wir sind drin. Aber alle. Du, Hendrik, zusammen mit Anna. Als Verstärkung sollen Peter und Yvonne

64

ebenfalls ermitteln. Ich soll das Ganze koordinieren und darauf achten, dass du, Anna, keine Dummheiten machst."

„Also werden ich und Hendrik unter Beobachtung und Bewährung gestellt", fasste Anna zusammen. Das war ja ein hervorragender Start in die neue Karriere am neuen Arbeitsplatz.

Klaus nickte zustimmend. „Hört zu. Wir dürfen uns hier keinen Fehler erlauben. Das wir noch in dem Fall ermitteln, liegt nur daran, dass ich das Video gezeigt habe und Anna darin direkt angesprochen wurde. Wir haben hier einen Fall, der so ziemlich alles bisher Dagewesene in den Schatten stellen kann."

Anna sah gedankenverloren aus dem Fenster. „Verstehe. Ja, so ein Fall ist alles andere als alltäglich. Wie sollen wir weiter vorgehen?"

„Wir müssen uns taktisch verhalten. Ihr werdet daher im Hintergrund arbeiten. Anna, du musst unbedingt herausfinden, ob es irgendjemanden gibt, der mit dir noch eine Rechnung offen hat. Außerdem", Klaus blickte gequält in den Raum. „Werden uns Fallanalytiker vom Landeskriminalamt aus Hannover bei den Ermittlungen helfen."

„Ist das etwas Schlechtes?"; warf Anna ein. „Du siehst nicht sehr begeistert aus."

„Die Frage ist ja, wie lange es dauert, bis die Beamten vom LKA sich unsere Ermittlungen ansehen, bis sie uns ausboten", erklärte Hendrik daraufhin.

„Na ja, das muss man sehen. In Hannover hatten wir dahingehend keine großen Probleme."

„Das ist gut zu hören. Wir schauen dann erst mal, wie sich die Zusammenarbeit gestaltet. Nach meinen Informationen, werden morgen im Laufe des Tages die Kollegen aus Hannover eintreffen", teilte Klaus mit.

„Bis dahin müssen wir selbst schauen, was wir aus dem bisherigen Material herausbekommen. Es ist immerhin gelungen, jeweils eine Kopie der Videodatei an alle aus dem Team zu senden. Auch wenn es schwerfällt: Seht euch bitte das Video noch einmal an und achtet auf Kleinigkeiten. Vielleicht ist irgendetwas in dem Video, was das nächste Puzzleteil in diesem Fall darstellt."

Klaus sah zu Anna herüber. „Aber bitte: übertreibt es nicht. Wenn ihr merkt, dass ihr es nicht mehr ansehen könnt, lasst es bleiben und probiert etwas anderes, um voranzukommen. Das gilt vor allem für dich, Anna."

Anna nickte stumm und gab Klaus und Hendrik zu verstehen, dass sie im Rahmen ihrer Möglichkeiten arbeiten würde.

„Wenn ich etwas vorschlagen darf, sofern es noch nicht in Betracht gezogen wurde", warf Anna ein.

Klaus blickte sie aufmunternd an. „Die Speicherkarte mit dem Originalvideo ist unverändert, richtig?"

„Ja, die Datei wurde lediglich kopiert."

„Dann muss die Speicherkarte so schnell wie möglich

nach Hannover gebracht werden. Am besten heute noch."

Hendrik sah zu Klaus herüber. „Aber würden wir dann nicht unseren einzigen Beweis aus der Hand geben?"

„Nein, das Video haben wir ja nach wie vor noch", gab Klaus zurück. „Anna, ich schätze, du möchtest auf die forensische Untersuchung der Speicherkarte hinaus?"

„Nicht nur der Speicherkarte. Es geht auch um das Video selbst. Die Audiospur wurde verändert, dass der Täter nicht anhand des Sprachbildes beziehungsweise der Sprachmelodie erkennungsdienstlich verfolgt werden kann. Dazu wurde die Tonspur während der Misshandlung und der letztendlichen Tötung durch eine Marschmelodie ersetzt. Ich bin mir sicher, dass die Kollegen in Hannover dort die Originaldatei wiederherstellen können, sprich die Datei, die aus der Kamera entnommen wurde. Mit der richtigen Tonspur. Wenn wir diese Tonspur haben, kann ich vielleicht anhand der Stimme erkennen, um wen es sich handeln kann."

„Da hast du recht, daran habe ich ebenfalls gedacht. Ich habe bereits alles Notwendige veranlasst, dass die Speicherkarte noch heute in Hannover ankommt", schloss sich Klaus dem Vorschlag von Anna an.

Im Anschluss an dieses Gespräch nahmen sich alle vier erneut das Video vom Vormittag vor. Auf Annas Vorschlag hin versuchten sie sich auf jeweils unterschiedliche Dinge zu konzentrieren. Hendrik und Anna achteten darauf, ob sich aus dem Hintergrund irgendetwas ergab. Yvonne und Peter sahen sich die Bewegungsmuster des Täters an, um herauszufinden, ob es dort Auffälligkeiten gab. In der gleichen Zeit wurde die Speicherkarte mit dem Original des Videos per Boten nach Hannover gebracht.

Anna sah sich das Video noch zweimal an, um den Hintergrund zu analysieren. Jedes Mal war es schwieriger, Tim bei seinem Leiden zuzusehen und in ihr stieg eine Wut an, die klares Sehen und Denken verhinderte. Wenn zunächst der Verlust nicht greifbar war, wurde es nun immer klarer, dass Anna Tim nie wiedersehen oder sprechen konnte. Ohne es zu bemerken, rannen ihr die Tränen die Wangen herunter.

„Anna?", fragte Hendrik vorsichtig von der Seite. „Hörst du mir zu? Ich glaube, wir sollten es für heute dabei belassen."

„Hm? Was hast du gesagt?", Anna versuchte sich auf Hendrik zu konzentrieren. Als sie ihn ansah, spürte sie die Tränen in ihrem Gesicht und versuchte sie hektisch wegzuwischen. Sie wollte nicht, dass er sie so sah.

„Komm, wir lassen es für den Moment bleiben. Ich brauche eine Pause und könnte einen Spaziergang an der frischen Luft vertragen."

„Aber wir können doch nicht einfach unsere Arbeit aufhören", warf Anna ein.

Hendrik hob die Hand. „Erstens habe ich nicht gesagt,

dass wir nicht mehr arbeiten sollen, sondern nur, dass wir die Videoanalyse lassen und zweitens: Wir werden ja weiter ermitteln. Komm mit, wir schauen uns den Fundort an. Außerdem bin ich nicht der Einzige, der mal eine kurze Unterbrechung braucht. Bei der Gelegenheit können wir uns auch noch etwas zu Essen holen. Aber lass uns erst mal in den Schlossgarten gehen und uns dort umschauen."

Anna sah ihn an und atmete hörbar aus. „Wie du meinst. Vielleicht bringt es ja tatsächlich etwas." Sie setzten sich ins Auto und fuhren zum Kasinoplatz am Rande der Innenstadt, wo sie vor dem Oldenburger Vapiano parkten. Von dort aus ging es in den Schlossgarten.

Es war ein angenehmer Herbsttag, an dem die Sonne die Bäume und das Laub in den allen möglichen Farben erstrahlen ließ. Für Anna hatte dieses Szenario einen bitteren Beigeschmack. Die leuchtenden Farben in der Parkanlage standen in einem krassen Widerspruch zu dem, was sie heute im Laufe des Tages erkennen und akzeptieren musste. Tim war tot und wie es den Anschein hatte, war sein Mörder aus einem ihr unbekannten Grund besessen von Anna. Wie die Musik in dem Video passte der an sich schöne Anblick des Schlossgartens zu der scheinbar gewollten Diskrepanz zwischen dem Wunsch und der Wirklichkeit. Wer würde bei einem Lied, das wie kaum ein anderes für die Leichtigkeit eines Zirkusbesuches steht, an eine Folterung mit anschließender Tötung denken?

Anna und Hendrik kamen zu der Stelle, an der Tim gefunden wurde. Sie konnten sie schnell finden, da der Bereich weitläufig gesperrt war. Die Untersuchung des Fundortes war bereits abgeschlossen und die Polizisten, die Spuren sammelten; die Journalisten, welche die Geschichte so genau wie möglich haben wollten, um eine hohe Reichweite zu erreichen und die Schaulustigen, die sich während der Arbeiten gerade im Schlossgarten aufhielten, waren bereits wieder abgezogen. Die Spaziergänger, die nun an dem abgesperrten Bereich vorbeikamen, hielten kurz an und schauten, ob sie noch etwas Besonderes sehen konnten. Aber da war nichts. Außer dem heruntergedrückten Gras, in dem Tim abgesetzt wurde.

Anna kannte die Arbeit an Fundorten beziehungsweise an Tatorten, doch war dieses Mal alles anders. Sie war plötzlich auf eine Art involviert, die ihr nicht nur neu war, sondern auch bedrohlich erschien. Wenn der Täter sich auf sie konzentrierte, was konnte noch geschehen? Waren andere ebenfalls in Gefahr? Konnten weitere Freunde oder auch Familienmitglieder aus Hannover nach Oldenburg verschleppt werden? Was würde als Nächstes geschehen?

„Können wir gehen? Der Fundort bereitet mir Unbehagen. Ich glaube außerdem nicht, dass wir hier etwas finden", sagte Anna und merkte, dass die Trauer in ihr hochkam.

„Klar lass uns gehen. Wäre es in Ordnung, wenn wir durch den Garten gehen? Ich weiß, dass dir nicht der Sinn danach ist, aber vielleicht hilft dir die Bewegung ein wenig."

„Von mir aus. Ich bezweifle zwar, dass sich vieles ändert, aber gehen wir."

Anna wartete, bis Hendrik bei ihr war und sie durch den Schlossgarten gingen. Anna merkte, dass Hendrik nach Kräften versuchte, ihr beim Umgang mit der Situation zu helfen, weswegen sie auch in den Schlossgarten gefahren waren. Sie gingen eine Zeit lang schweigend durch den Park und Anna begann ihre Umgebung aufzunehmen. Die Bewegung tat gut und der Sonnenschein, der den Park in ein goldenes Licht tauchte, ließ die Bäume und die gesamte Anlage auf eine Art leuchten, die Anna beruhigte. Es war ähnlich wie in den Herrenhäuser Gärten, in denen sie früher häufig war. Obwohl sie Hendrik noch nichts in der Richtung erzählt hatte, schien er zu wissen, dass Anna sich in der Natur wohlfühlte und dort Kraft tankte.

„Danke, dass du mich da herausgenommen hast", sagte Anna, während sie den Spazierweg entlanggingen. „Die ganze Sache heute nimmt mich ziemlich mit. Tim und ich standen uns irgendwie nahe. Auch wenn ich nicht genau sagen kann, wie nah."

„Ach, das ist keine große Sache", erwiderte Hendrik

schulterzuckend. „Ich sah nur, dass es dir nicht gut dabei ging, das Video ein weiteres Mal anzusehen. Da habe ich gedacht, dass frische Luft ganz guttun würde. Die Besichtigung des Fundortes war ein wenig vorgeschoben. Ich wollte dich einfach aus dem Büro haben. Außerdem kannst du so heute auch noch etwas Schönes sehen."

Anna musste lächeln. „Ja, das stimmt. Die Anlage ist wirklich schön. Nur schade, dass es jetzt ein Leichenfundort ist. Für einige Zeit wird das diesen Ort verändern." Ob bewusst oder unbewusst hatte Hendrik bei Anna einen Punkt getroffen.

„Das stimmt. Übrigens, was mir aufgefallen ist, sofern ich noch über das Video reden darf", begann Hendrik und prüfte Annas Reaktion.

„Natürlich, erzähl mir alles, was dir aufgefallen ist."

„Nun, es ist nicht viel, aber der Raum, in dem das Video aufgezeichnet wurde, erweckt den Eindruck, dass es sich dabei um ein Provisorium handelt. Er soll wohl als OP dienen, wenn man die Ausstattung bedenkt. Aber meiner Meinung nach kann es sich bei dem Raum nicht um einen ursprünglich geplanten Raum handeln."

Anna dachte nach. Das war ihr ebenfalls aufgefallen. Zumindest, dass etwas mit den Wänden nicht passte. Sie waren zwar mit Kacheln verkleidet, aber es wirkte tatsächlich nicht zusammenpassend. Hendriks Theorie, dass es sich um einen provisorisch errichteten Raum handelte, konnte sich als richtig erweisen.

„Das würde bedeuten, wir müssen uns auf welche Art von Gebäude konzentrieren?", dachte Anna laut nach.

„Wenn du mich fragst, spricht viel für eine Halle oder so etwas."

„Wie genau kommst du darauf?"

„Na ja, in einer Szene konnte man am oberen Bildrand erkennen, wie hoch die Verkleidung hinter den Kacheln eigentlich geht. Das war sehr viel höher. Ich schätze mal, dass es an dem Ort so circa fünf, sechs Meter oder höhere Außenwände geben muss", führte Hendrik aus.

„Fünf bis sechs Meter sagst du? Dann kommen ja wirklich nur Hallen in Betracht. Die Frage wäre dann nur noch, welche Halle." Anna spürte, wie sich ein Kribbeln in ihren Händen ausbreitete. Sie hatte einen Anhaltspunkt. Anna strahlte Hendrik an.

„Hendrik, das ist hervorragend! Damit können wir das Video noch einmal nach weiteren Merkmalen absuchen. Lass uns noch einmal ins Büro. Ich will mit diesem Ansatz das Video noch einmal sichten."

„Meinst du, das ist eine gute Idee, dir das Video heute noch einmal anzusehen? Das wäre das vierte Mal. Und wollten wir nicht etwas essen?", gab Hendrik zu bedenken.

„Ja und ich weiß jetzt schon, dass ich es die nächsten Nächte sowieso in meinem Schlaf sehe, sofern ich überhaupt welchen bekomme. Nichts hält mich jetzt gerade davon ab. Mit dem Einwurf von dir habe ich wieder ein Puzzleteil, auf das ich achten kann", widersprach Anna. „Und etwas essen können wir auch noch ein anderes Mal."

Ohne eine weitere Gegenrede von Hendrik abzuwarten, nahm sie seine Hand und zerrte ihn in Richtung Ausgang.

-6-

Der Nachmittag war schnell vorbei, wobei die Euphorie aus dem Schlossgarten schnell verflog, da in dem Video nichts weiter zu erkennen war. Die Tatsache, dass es sich um eine Halle handeln könnte, war grundsätzlich gut, allerdings nicht der erhoffte Wurf.

Anna begab sich nach dem Arbeitstag in die Wohnung, um ein wenig zur Ruhe zu kommen. Auch wenn es angesichts der Ereignisse des Tages schwierig wurde, tatsächlich zur Ruhe zu kommen.

„Da bist du ja wieder", freute sich Kathrin, als sie Anna sah. „Und? Wie war dein erster Tag?"

„Ach frag lieber nicht. Grundsätzlich gut, bis auf dass wir bereits jetzt einen großen Fall vorliegen haben, der noch schwierig werden kann", antwortete Anna, während sie ihre Jacke an die Garderobe hang.

„Wie meinst du das? Was ist passiert?", hakte Kathrin nach. Anna spürte einen Stich in der Brust. Wie gerne sie auch alles erzählt hätte, konnte sie das nicht. Sie konnte nur den allgemeinen Teil mitteilen, der in den kommenden Tagen auch in der Presse erscheinen wird.

„Nichts, was man nicht auch in Hannover hätte haben können. Eine Leiche, einen Täter, dem scheinbar die Sicherungen durchgebrannt sind und eine Ermittlerin, die gleich an ihrem ersten Tag in einen Fall hineingezogen wird, der selbst den erfahrensten Ermittler aus den Socken hauen kann."

„Ich verstehe nicht ganz. Ihr habt also einen Fall bekommen, der besonders ist? Die Frage ist ja, ist der Fall besonders für Oldenburger Verhältnisse oder für deine Verhältnisse."

„Ich glaube, der ist in seiner Gesamtheit besonders. Ich kann leider nicht wirklich viel erzählen, das kannst du sicherlich verstehen, aber ich habe das Gefühl, dass mich dieser Fall an meine Grenze bringen kann."

Kathrin setzte sich auf das Sofa. „Na klar verstehe ich, dass du nichts erzählen darfst. Solltest du aber jemals jemanden brauchen, mit dem du reden kannst, du weißt, dass du dich auf mich verlassen kannst."

„Danke, dass weiß ich sehr zu schätzen", entgegnete Anna und setzte sich zu Kathrin auf das Sofa.

„Aber jetzt erzähl mal: Wie war der erste Tag sonst so? Sind die Kollegen nett?", fragte Kathrin und Anna sah, dass sie gespannt war, ob Anna sich in der neuen Dienststelle wohlfühlte.

„Ja, die Kollegen sind sehr nett. Mein direkter Partner gibt sich richtig Mühe, dass ich mich in der Einheit willkommen fühle. So herzlich wie ich empfangen wurde, habe ich keine Bedenken, dass ich nicht ankommen werde."

„Das freut mich!", rief Kathrin und strich unbewusst an Annas Schulter. „Das hast du verdient. Außerdem, wenn du das Gefühl hast, dass dich dein aktueller Fall zu viel Kraft kostet: Als ich im Einsatz war, hat sich sehr schnell herausgestellt, dass die Truppe, mit der ich eingesetzt war, ein sehr gutes Ventil sein kann. Wenn du ihnen vertrauen kannst, dann scheue dich nicht, dich ihnen anzuvertrauen. Das hat mir immer geholfen, wenn wir auf Situationen gestoßen sind, die mich emotional fertiggemacht haben. Dadurch, dass deine Kollegen sich mit dir über alles austauschen können, ist es einfacher, mit ihnen darüber zu reden. Auch über das, was dich bewegt."

„Stimmt, da hast du recht. Danke für den Tipp", freute Anna sich. „Wie sieht es denn bei dir aus? Was machst du eigentlich, seitdem du wieder in Deutschland bist? Gestern sind wir gar nicht richtig dazu gekommen, auch mal über dich zu sprechen."

Kathrin sah verlegen nach unten. „Nun, das ist nicht viel. Bei mir wurde durch den Amtsarzt eine Belastungsstörung festgestellt. Dadurch bin ich in den Augen der Bundeswehr nicht mehr einsatzfähig, bis ich mit einer Therapie die Störung verarbeitet habe. Bis dahin bin ich zu Hause und gehe regelmäßig zur Therapie."

„Oh, das tut mir leid", erklärte Anna und legte ihre Hand auf Kathrins, da sie merkte, dass Kathrin das Thema unangenehm war. „Wenn du da mal jemanden zum Reden brauchst, bin ich da."

„Danke, aber das wird schon. Es ist zwar nicht toll, aber ich mache Fortschritte", versicherte Kathrin. „Es kann einem halt keiner sagen, wie lange es dauert, bis mein Kopf wieder richtig funktioniert."

„Ich finde es aber sehr schön, dass du darüber redest und so positiv eingestellt bist, dass du das Ganze irgendwann hinter dir lässt", erklärte Anna. „Sag mal, hast du schon was gegessen? Ich kann gefühlt eine Kühlschrankladung essen."

„Nein, habe ich noch nicht. Wollen wir was kochen oder lieber in ein Restaurant oder einen Imbiss?", schlug Kathrin vor. „Die Innenstadt ist ja nur einen Katzensprung entfernt, das können wir mit einem Spaziergang locker schaffen."

Anna überlegte kurz. „Ach, weißt du was, lass uns heute Essen gehen. Dann kann ich mir die Innenstadt auch gleich noch ansehen."

Anna und Kathrin machten sich fertig und gingen in die Innenstadt. Auf ihrem Weg kamen sie am Schlossgarten vorbei.

„Hier hinter liegt der Schlossgarten, eine kleine Parkanlage, die ganz hübsch ist", fing Kathrin an.

„Ich weiß."; erwiderte Anna.

„Woher das denn?"

„Ich bin heute mit Hendrik, meinem Partner, schon hier gewesen. Heute Morgen wurde hier eine Leiche gefunden. Das kannst du ruhig wissen, das kommt morgen sowieso in den Medien."

„Ach so. Das ist ja kein schöner Grund für euren Besuch hier", sagte Kathrin, bevor sie sich schüttelte. „Ich realisiere erst jetzt, dass wir gerade an einem Tatort vorbeigehen... Was, wenn der Täter wiederkommt?"

Anna musste lächeln. „Erstens handelt es sich hierbei nur um einen Fundort. Was den Tatort angeht, ist es bisher nicht gesichert, dass er hier liegt und zweitens: Ich gehe als Polizistin und du als Soldatin hier entlang. Ich glaube nicht, dass es der Täter sehr leicht mit uns hätte."

Kathrin machte im Gehen Kampfsportgesten. „Ja, der soll es mal versuchen. Aber Spaß beiseite, das ist total gruselig, dass hier eine Leiche gefunden wurde. Gerade jetzt, wo es wieder früh dunkel wird."

„Stimmt, das ist gruselig, aber ja leider auch die Realität. Aber lass uns bitte über was anderes reden: Wo genau wollen wir jetzt denn hin?"

„Ich bin mir selbst nicht sicher. Wie groß ist der Hunger? Haben wir vielleicht noch Zeit, durch die Fußgängerzone zu laufen? Wenn wir dabei etwas finden, können wir da ja anhalten", schlug Kathrin vor.

„Das sollte klappen. Solange ich heute noch etwas zu Essen bekomme, bin ich zufrieden."

„Dann komm mit, wir schauen uns mal in der Innenstadt um."

Kathrin nahm Anna mit auf eine Tour durch die abendliche Fußgängerzone. Sie starteten am Kasinoplatz und zogen über den Markt zur Langen Straße. Anna stand regelmäßig vor Schaufenstern und bewunderte die Innenstadt auf ihrem Weg zum Lappan.

„Sollen wir über die Straße weiter?", fragte Anna.

„Viel gibt es da nicht mehr, aber komm, wir biegen einmal hier in die Wallstraße ein. Hier sind einige Bars und Restaurants, vielleicht finden wir hier ja etwas", erklärte Kathrin, während sie bereits nach links in die Wallstraße abbog.

Anna folgte ihr und sah sich in der Straße um. Auf gut hundert Metern reihten sich zu beiden Seiten Restaurants und Kneipen.

„Was ist da hinten, am Ende der Straße?"

„Das ist der Waffenplatz. Da sind noch ein paar weitere Restaurants und Bars."

Anna schlenderte durch die Straße und sah sich die verschiedenen Läden an. „Ich glaube, ich habe das Problem, dass ich mich nicht entscheiden kann", gab sie verlegen zu.

„Das macht nichts, also ich wäre für einen Burger zu haben. Hier im Baldini's machen sie die echt gut", schlug Kathrin vor und blieb vor dem Lokal stehen.

„Um ehrlich zu sein bin ich heute mit fast allem zufrieden. Dann lass uns da doch hinein."

Nach ihrem Essen setzten Anna und Kathrin ihren Spaziergang durch die Innenstadt fort.

„Wollen wir den gleichen Weg zurücklaufen?", fragte Anna.

„Ich würde vorschlagen, wir laufen auf dem Theaterwall entlang. Der führt um die Innenstadt herum, wir kommen aber wieder zum Schlossgarten, wenn wir dort entlanglaufen."

„Alles klar, dann lass uns das machen. Das ist herrlich, wie fußläufig die Bereiche in der Stadt zusammenliegen", schwärmte Anna.

„Na ja, das war in Hannover doch nicht anders. Da war auch alles fußläufig erreichbar."

„Ja klar. Aber irgendwie hat Oldenburg schon seinen eigenen Charme. Ich habe das Gefühl, dass ich mich hier sehr wohl fühlen werde. Wobei ich bestimmt noch lange nicht alles gesehen habe. Das wird wohl noch etwas dauern."

Kathrin lächelte sie an. „Das freut mich zu hören. Dann wollen wir mal alles dafür tun, dass es so bleibt, oder? Übrigens, hier haben wir das Oldenburgische Staatstheater."

Kathrin blieb vor einem weißen Neubarockbau stehen und ließ das Gebäude auf Anna wirken.

„Wow, das ist aber echt schön. Ich mag solche alten Bauten echt gerne."

„Ich weiß, das hat sich bei dir auch nicht verändert",

lachte Kathrin. „Was meinst du denn, warum ich dich extra außen um die Innenstadt gescheucht habe? Aber warte mal ab, einen Halt würde ich mit dir heute noch machen wollen."

„Echt, wohin denn?", fragte Anna aufgeregt.

„Lass dich überraschen. Ich schätze mal, dass die Überraschung angenehm sein wird.

Kathrin setzte ihren Spaziergang fort und zog mit Anna vom Theatergebäude weiter am Schlossgarten vorbei auf den Schlossplatz. Als Anna das erleuchtete Schloss sah, fingen ihre Augen an zu leuchten.

„Wie schön ist das denn?"

„Na ja, wenn du heute schon im Schlossgarten warst, darf das Schloss ja nicht zu lange auf sich warten lassen. Es wundert mich allerdings, dass es dich so überrascht. Hast du dich über die Sehenswürdigkeit gar nicht informiert?"

„Tatsächlich nicht. Ich war froh, dass ich eine Wohnung hatte und mit der Versetzung tatsächlich noch ein gutes Angebot bekommen hatte. Da waren irgendwie keine Kapazitäten für Stadtgeschichte übrig. Insgesamt waren die letzten Monate einfach zu stressig. Aber das muss ich definitiv nachholen. Das lohnt sich richtig", schwärmte Anna. „Danke Kathrin, damit hast du den bescheidenen Tag doch noch gerettet. Alles, was noch kommt, kann gar nicht mehr so schlimm werden."

Anna wusste, dass Kathrin sich bemühte, da es ihr mit

dem Fall nicht gut ging. Es war nicht fair, Kathrins Mühe nicht zu honorieren. Auch wenn Tims Tod nicht einfach so weggewischt werden konnte, war es schön zu sehen, dass Anna auch hier in Oldenburg scheinbar Menschen hatte, die sich um sie kümmerten, sollte sie sich verlieren.

„Das freut mich, wenn ich dich aufmuntern konnte. Wenn du magst, können wir wieder zurück. Ich schätze mal, dass du ziemlich müde bist. Immerhin hast du heute unglaublich viel erlebt."

Anna lachte müde. „Das stimmt, lass uns nach Hause gehen. Die kommenden Tage können wir uns ja noch mehr ansehen."

-7-

Das Licht der Taschenlampe fiel auf die Wand, welche sich in einem perfekten Kreis um den Schatten herum erstreckte. Mit einem Atemgerät ausgestattet war er in Oldenburgs Unterwelt eingetaucht.

Selbstverständlich war er nicht alleine. Seine Begleitung hatte allerdings kein Gerät dabei. In ihrem Zustand bekam sie von dem hier herrschenden Gestank sowieso nicht viel mit. Langsam tastete er sich voran. Er musste vorsichtig sein. In dieser Umgebung war es auch ohne den angekündigten Regen bereits lebensgefährlich.

Aber darüber brauchte er nicht nachdenken, er hatte nur ein Ziel. Er musste seine Fracht so schnell wie möglich hier abliefern und das auf jeden Fall, bevor der Regen begann. Auch wenn es nur ein Regenwasserkanal war, war er nicht gerne in der engen Umgebung. Für heute Abend war sogar ein Starkregen angekündigt, was bedeutet, dass der Kanal bald geflutet wird und damit die Überlebenschancen hier unten rapide sanken.

Das Atemgerät musste zwar nicht unbedingt sein, war aber für den Fall der Fälle dabei, dass sich hier unten doch gefährliche Gase ansammelten. Er musste ein ganzes Stück geduckt durch den gut anderthalb Meter hohen Kanal laufen, um den Platz für sein nächstes Opfer zu erreichen. Hier, an einem Eisengitter im Regenwasserkanal, war die junge Frau perfekt drapiert. Der Schatten sah sich sein Opfer noch einmal an: Ende zwanzig, Anfang dreißig vielleicht. Sie war in Sportklamotten unterwegs gewesen.

So genau hatte er sich nicht mit der jungen Blondine auseinandergesetzt. Wie alt sie im Endeffekt war, war sowieso egal. Hübsch war sie, wie der Schatten befand. Ein Jammer, dass sie die heutige Nacht nicht überleben würde. Aber um persönliche Empfindungen ging es heute Nacht nicht. Er musste sich beeilen, damit er es rechtzeitig schaffte. Andernfalls könnten die Polizisten morgen zwei Leichen aus dem Kanal bergen.

Mit der jungen Frau war es wie mit diesem Tim. Dem Schatten selbst war es egal, da er keines seiner Opfer näher kannte. Sie waren lediglich Mittel zum Zweck. Es war das, was man im Allgemeinen als zur falschen Zeit am falschen Ort sein bezeichnen würde. Wäre die junge Frau heute nicht Joggen gegangen, wäre sie ihm nicht begegnet. Dann würde sie jetzt nicht in einen 1,60 Meter hohen Abwasserkanal gefesselt auf ihren Tod warten. Wahrscheinlich würde sie dann auch noch bei Bewusstsein sein.

Grundsätzlich spielte es keine Rolle, ob sich seine

Opfer in irgendeiner Art unterscheiden. Die Auswirkungen des Klimawandels sollten durch jedes Opfer dargestellt werden. Außerdem war es wichtig, die Opfer willkürlich auszusuchen. In dem Fall war es auch nur eine Frage von Zeit und Ort. Da Anna Kramer bisher nichts unternommen hatte, machte der Schatten wie angekündigt weiter. Er war sich sicher, dass er in aller Ruhe bis zu seinem großen Finale kommen würde.

Er war sich allerdings nicht sicher, ob Anna Kramer überhaupt die Nachricht erhalten hatte, die er ihr über Tim zugespielt hatte. Aber das war egal. Was konnte er dafür, sollten die Behörden so langsam sein, dass sie einem Mord nicht die notwendige Priorität einräumten?

Darunter musste nun zwar diese junge Frau leiden und diesen Umstand mit dem Leben bezahlen, aber um ehrlich zu sein, hatte er auch nicht damit gerechnet, jetzt bereits enttarnt worden zu sein. Er schleppte den reglosen Körper in gebückter Haltung durch den Kanal zu dem Eisengitter, an der er die Frau fesselte. Dafür hatte er sich extra ein neues Seil gekauft. Es sollte schließlich nicht aussehen, als wäre ihm dieser Mord nichts wert.

Der Schatten prüfte die Fesseln noch einmal und stellte sicher, dass der wasserfeste Beutel mit seiner neuen Nachricht auch wirklich fest angebracht war. Wie schade wäre es, wenn die ganze Mühe umsonst war und seine Nachricht durch die Fluten in das Klärwerk oder sogar direkt in die Hunte gespült wurde? Das musste er verhindern. Nachdem er sich ein weiteres Mal vergewissert hatte, dass sich die Fesseln und seine Nachricht nicht lösen würden, machte er sich auf den Rückweg. Er durfte nicht zu lange hier unten verweilen. Durch den Kanal wurde das Geräusch des Atemgeräts auf ihn zurückgeworfen, wodurch er sich an Star Wars und Darth Vader erinnert fühlte. Die Idee, er könnte in einer ähnlich machtvollen Position stehen, gefiel ihm.

Nach den ersten Metern bemerkte er, dass die Zuleitungen zu dem Kanal bereits das erste Regenwasser ableiteten. Das konnte nur bedeuten, dass der angekündigte Regen eingesetzt hatte.

Der Schatten beschleunigte seinen Schritt, um aus dem Kanal herauszukommen. Auf dem Weg zu der rettenden Leiter blieb er mehrfach in dem Morast am Boden des Kanals stecken. Gleichzeitig nahm der Regen und damit das Wasser, welches in den Kanal geleitet wurde, zu.

Als er an der Leiter angekommen war, hielt er einen Moment die Luft an, um sich umzuhören. Aus der Ferne vernahm er ein grollendes Geräusch, das auf das eintretende Wasser hinwies. Er beeilte sich, um wieder nach oben zu kommen.

Oben angekommen tastete er sich vorsichtig an die

Oberfläche und stellte sicher, dass ihn niemand sah, während er aus der Kanalisation stieg. Damit es nicht auffiel, dass er mitten auf der Straße in die Kanalisation hinabstieg, hatte der Schatten um den Kanaldeckel Absperrbaken aufgestellt. Draußen hatte bisher ein mäßiger Regen eingesetzt, der sich aber heute Nacht noch zu einem Starkregen entwickeln sollte.

Selbst wenn es noch zwei Tage dauerte, bis das Wasser kam, es war ihm egal. Sein Opfer entkam nicht mehr, dafür hatte er gesorgt. Der Schatten begab sich in ein Gebüsch und nahm sein Atemgerät ab. Nachdem er dieses auseinandergebaut hatte, trat er an die Wasserkante der Hunte und ließ die Maske, die Luftflasche und das Atemgerät auf dem Grund des Flusses verschwinden.

Der Schatten stand an der Wasserkante und blickte zufrieden auf seine Uhr. Die gesamte Aktion hatte ihn gerade einmal zwanzig Minuten gekostet. Er liebte es, wenn er seine Projekte schnell umsetzen konnte.

In dem immer stärker werdenden Regen zog er unbemerkt davon.

-8-

Annas Telefon klingelte bereits früh morgens.

„Ja? Ist was passiert?", beantwortete sie den Anruf schlaftrunken.

„Guten Morgen, ja, es ist etwas passiert. Wir haben eine weitere Leiche", hörte Anna Peter durchs Telefon berichten.

Wie, als wenn ein Schalter umgelegt wurde, setzte Anna sich auf den Bettrand und spürte ein Kribbeln in ihrem gesamten Körper.

„Was? Wo? Geht ihr davon aus, dass sie mit Tim in Verbindung steht?"

„Ja, davon gehen wir aus. Sie wurde an der Wehdestraße in der Nähe der Hunte gefunden. Yvonne und Hendrik habe ich ebenfalls informiert. Ein Team von der Spurensicherung ist ebenfalls vor Ort. Ich schlage vor, dass wir uns gleich vor Ort treffen."

„Alles klar, gib mir zwanzig Minuten", erklärte Anna, bevor sie auflegte und sich rasch fertigmachte. Dabei sah sie das erste Mal auf die Uhr. 06:30 Uhr. Das bedeutete, dass irgendjemand bereits sehr früh mit der Arbeit begonnen hatte und die Leiche gefunden hatte.

Normalerweise war das nicht Annas Zeit, sie schlief für gewöhnlich länger. Aber nach diesem Anruf hätte sie sowieso nicht mehr schlafen können. Das konnte sie nachholen.

„Ich muss los, wir haben einen weiteren Einsatz! Ich leihe mir dein Fahrrad aus, ich habe gerade keine Zeit für den Bus oder ein Taxi", rief Anna Kathrin im Vorbeigehen zu und sprintete mit Kathrins Fahrradschlüssel aus der Wohnung.

Auf dem Weg Richtung Innenstadt googelte Anna die Route zur Wehdestraße. Laut Maps konnte sie die Strecke in dreizehn Minuten zurücklegen, vielleicht schaffte sie die Strecke auch in zehn Minuten, wenn sie sich anstrengte.

Während Anna mit vollem Körpereinsatz auf dem Fahrrad unterwegs war, wurden die Verkehrsregeln in ihrem Fall an Ampeln, die keinen querenden Verkehr durchließen, großzügig ausgelegt. In der Wehdestraße angekommen, musst sie ein Stück fahren, bis sie auf eine Straßensperrung zukam.

„Halt. Sie können hier nicht durch. Die Straße ist derzeit voll gesperrt", kam ihr ein Polizist entgegen.

„Warten Sie, ich bin ebenfalls bei der Polizei", teilte Anna mit, während sie in ihrem Mantel nach ihrem Dienstausweis suchte. „Wo ist der Ausweis denn jetzt?"

Als Anna ihren Dienstausweis gefunden hatte, kam zeitgleich Peter, der bereits vor Anna eingetroffen war, an den Polizisten herangetreten. „Lassen Sie die Kollegin bitte durch? Sie gehört zu unserem Team."

„Danke, hier ist der Vollständigkeit halber auch noch der Ausweis", ergänzte Anna und hielt ihren Ausweis in die Luft.

„Verzeihen Sie, dass ich Sie aufgehalten habe, natürlich können Sie durch." Der Polizist trat zur Seite und ließ Anna und Peter zu einem aufgebauten Pavillon durch. Die Kollegen von der Spurensicherung waren bereits dabei, den Tatort systematisch auf Spuren zu untersuchen. Nach dem gestrigen Regen konnte es aber schwierig werden, etwas Verwertbares zu finden.

„Wissen wir, was passiert ist?", fragte Anna, während sie näher an den Pavillon herantraten.

„Bisher nur, dass das Opfer vermutlich in der Kanalisation ertrunken ist. Wobei wir das erst sicher nach der Obduktion sagen können", führte Peter aus. „Es handelt sich um eine junge Frau. Der Täter hat sie in einem Regenwasserkanal gefesselt und sie ihrem Schicksal überlassen. Die Obduktion soll nur feststellen, ob sie noch gelebt hat oder bereits tot war, als sie in die Kanalisation gebracht wurde."

„Er hat was gemacht?" Anna sah Peter ungläubig an. „Haben wir Beweise, dass es sich um den gleichen Täter handelt?"

Yvonne und Hendrik trafen ebenfalls ein und kamen zu den beiden.

„Wir haben erneut eine Speicherkarte gefunden. Sie war am Hals der Toten befestigt und wasserdicht verpackt."

„Wie wurde die Leiche gefunden?", hakte Hendrik nach.

„Mitarbeiter der Kläranlage haben heute Morgen gesehen, dass der Zugang zum Kanal mit Baken abgesperrt war. Allerdings konnte sich niemand daran erinnern, dass der Kanal überprüft werden sollte. Als sich ein Mitarbeiter der Absperrung näherte, sah er, dass der Kanaldeckel nicht ordnungsgemäß geschlossen war. Daraufhin wurden Kollegen heruntergeschickt, da es hier in der Vergangenheit bereits einen Fall gab, in dem ein Kind in der Kanalisation verschwunden ist. Deswegen haben die Mitarbeiter keine Zeit verloren und so schnell es ging mit der Kontrolle des Kanals begonnen."

„Und, dann haben die Mitarbeiter die Leiche entdeckt?", fragte Anna nach.

„Genau. Sie war an einem Eisengitter festgebunden. So, wie sie gefesselt war, deutet alles darauf hin, dass der Täter sie hat ertrinken lassen. Nach dem Regen in der letzten Nacht wäre alles andere ein Wunder gewesen."

„Was wissen wir über das Opfer?"

„Bisher noch nicht viel. Die Kollegen schätzen sie auf Ende zwanzig. Name oder Anschrift haben wir bisher nicht. Sie hatte kein Portemonnaie oder Ausweis bei sich. Da müssen wir schauen, ob sich im Laufe des Tages jemand meldet, der die junge Frau vermisst. Außerdem sieht es bisher danach aus, als ob der Täter die Frau beim Joggen entführt hat."

Yvonne blickte auf. „Hat das Opfer Sportkleidung getragen? Wie kommst du auf Joggen?"

„Nun, die Bekleidung selbst hat die Sportart noch nicht einschränken können. Allerdings handelt es sich bei den Schuhen um Laufschuhe."

„Eine Frage", warf Hendrik ein. „Hat das Opfer zufälligerweise eine Narbe von einem Taser?"

„Das kann ich nicht sagen, aber wir können die Kollegen von der Spurensicherung fragen."

„Das übernehme ich. Anna, kommst du mit?", schlug Hendrik vor und machte auf dem Absatz kehrt.

„Meinst du, dass die Frau ebenfalls mit einem Taser betäubt wurde?", fragte Anna, während sie zu einem Mitarbeiter der Spurensicherung gingen.

„Es würde mich wundern, wenn der Täter dieses Mal anders vorgegangen wäre", erklärte Hendrik. „Wenn er gut damit arbeiten kann, schätze ich, dass er diese Vorgehensweise beibehalten wird, bis es unbedingt nötig ist, sie zu ändern."

Als sie bei der Leiche ankamen, erkannte Anna die Stelle, an welcher der jungen Frau die von Peter erwähnte Speicherkarte an den Hals geklebt wurde.

„Morgen. Können wir uns den Leichnam einmal

ansehen?", fragte Hendrik, während er und Anna sich Einmalhandschuhe und Mund-Nasenbedeckungen überzogen.

„Morgen", brummte der Mitarbeiter der Spurensicherung. „Wenn es unbedingt sein muss, bitte. Aber machen Sie schnell. Das Bestattungsunternehmen kommt jede Minute und bringt die Leiche in die Rechtsmedizin."

„Wir müssen nur eine Sache überprüfen", entgegnete Hendrik und sah sich den Nacken des Opfers an. „Fehlanzeige. Im Nacken ist kein Brandmal", stellte er fest.

„Das heißt aber nicht, dass es nicht doch irgendwo eine Narbe gibt", gab Anna zu bedenken. „Warte kurz, ich kläre einmal ab, ob Peter und Yvonne uns hier noch brauchen. Ansonsten würde ich vorschlagen, dass wir mit in die Rechtsmedizin fahren und an der Obduktion teilnehmen."

„Das ist ein guter Vorschlag, dann sammeln wir die Erkenntnisse sofort."

„Solange du einen festen Magen hast, ist alles gut."

„Das wird schon werden. Schlimmer wäre es, wenn Informationen mit Zeitverzug ankommen. Und wie sieht es bei dir aus?"

„Als ob es in Hannover niemals Obduktionen gegeben hätte. Mach dir um mich keine Sorgen, ich schaffe das schon."

Anna eilte zurück zu Peter, um ihm mitzuteilen, dass sie und Hendrik an der Obduktion teilnehmen wollten.

„Das ist eine gute Idee. Vielleicht ist es auch nicht so schlecht, wenn du nicht in vorderster Reihe bist. Solange wir es noch irgendwie verhindern können, sollte nach Möglichkeit nicht nach außen dringen, dass der Täter dich direkt angesprochen hat. Klaus hat uns gestern hierzu noch genau instruiert."

„Das stimmt. Wenn das die Medien mitbekommen, wäre hier einiges los."

„Sobald ihr fertig seid, kommt bitte zur Dienststelle. Die Kollegen aus Hannover sollen heute eintreffen und uns unterstützen. Und was die Medien angeht: Ganz verhindern werden wir es nicht können. Wir müssen schauen, was die Pressestelle noch zurückhalten kann", erklärte Peter, während Anna bereits auf dem Weg zu Hendrik war.

„Wir wollen mit zur Obduktion. Bist du mit dem Auto hier?", fragte Anna, als sie wieder bei Hendrik ankam.

„Ja, bin ich, wieso?"

„Weil du mich dann zu Hause abholen musst. Ich habe mir vorhin das Fahrrad meiner Mitbewohnerin geschnappt, als ich hierher gestürmt bin. Und wenn du mich dann mitnehmen kannst, kann Kathrin ihr Fahrrad wiederhaben."

„Volles Engagement für den neuen Job, wie?", staunte Hendrik über Annas morgendliche Sporteinlage.

„Na ja, wenn man mich derart herausfordert, werde ich bestimmt nicht auf der faulen Haut liegen, wenn mein Einsatz gefordert ist."

Anna verabschiedete sich für den Moment und erklärte Hendrik, wo er sie abholen sollte, bevor sie mit dem Fahrrad zurück zur Wohnung fuhr. An der Wohnung angekommen, stellte Anna das Fahrrad in den Schuppen und teilte Kathrin mit, dass sie nun mit dem Auto weiterfahren würde. Kathrin stand in der Tür und grüßte, als Hendrik an der Straße hielt und Anna mitnahm.

An der Rechtsmedizin angekommen, wartete Dr. Hochmann bereits auf Anna und Hendrik.

„Schön, dass Sie da sind, dann können wir ja mit der Obduktion beginnen", erklärte er auf dem Weg in den Obduktionsraum. „Sollten Sie einen empfindlichen Magen haben, würde ich allerdings vorschlagen, dass Sie auf dem Revier auf meinen Bericht warten."

„Uns ist bewusst, was auf uns zukommt", bemerkte Anna. „Außerdem ist das nicht die erste Obduktion, an der wir teilnehmen."

Hendrik nickte stumm, wohl wissend, was ihn in den kommenden Stunden erwarten würde.

Dr. Hochmann trat an den Seziertisch heran und begann in sein Diktiergerät zu sprechen.

„Bei der Toten handelt es sich um eine junge Frau, circa 29 Jahre alt. Bei Fund der Leiche trug die Frau Sportbekleidung. Personendaten zurzeit nicht bekannt. Bei der äußeren Leichenschau fällt auf, dass sich an den Handgelenken Spuren einer Fesselung befinden, was zu der beschriebenen Situation passt, wie die Leiche aufgefunden wurde."

Dr. Hochmann zerschnitt die Kleidung der Toten und setzte die äußere Leichenschau fort. Anna und Hendrik hielten sich im Hintergrund, um die Obduktion nicht zu stören.

„Bei der weiteren Leichenschau fällt auf, dass sich an der linken Seite eine frische Narbe befindet. Nach erster Betrachtung kann es sich um ein Brandmal handeln, welches durch einen Elektroschocker verursacht wurde."

Anna spürte ein Kribbeln, welches bis in die Haarspitzen ging. Wenn dieses Opfer ebenfalls eine Narbe von einem Taser hatte, konnte das nur bedeuten, dass es sich um das nächste Opfer dieses Irren handeln musste. Sie schaute Hendrik an, ohne etwas zu sagen, konnte aber erkennen, dass er denselben Gedanken hatte.

Dr. Hochmann sah zu Anna und Hendrik herüber. „Das war der Anfang. Der interessante Teil beginnt jetzt." Er nahm ein Skalpell von dem Bestecktisch und begann den Brustkorb der Leiche aufzuschneiden.

Anna atmete tief ein und konzentrierte sich auf die Fakten, die Dr. Hochmann mit einer beunruhigenden Routine in sein Diktiergerät sprach.

„Opfer ist an Hypoxie aufgrund eintretenden Wassers

in die Lunge gestorben. Keine Anzeichen auf weitere Todesursachen. Die Lungenflügel sind mit Wasser gefüllt, was dafürspricht, dass die Frau bei Eintritt der Wassermassen in den Kanal das ansteigende Wasser eingeatmet hat und daran ertrunken ist."

Dr. Hochmann wandte sich erneut an Anna und Hendrik. „Die Todesursache ist relativ eindeutig. So wie es aussieht, wurde sie vor dem Starkregen gestern Abend in den Kanal gebracht und dort gefesselt. Dabei bestand für den Täter ebenfalls eine Gefahr, dass er es auch nicht lebend aus dem Kanal schafft. Wurde dieser weiter abgesucht?"

„Ja, das wurde er. Es wurde aber kein weiterer Körper entdeckt", berichtete Hendrik. „Das heißt, der Täter hat unser Opfer betäubt und ist mit ihr in die Kanalisation hinabgestiegen und hat sie dort gefesselt? Worauf möchte er hinaus mit diesem Mord?"

„Tod durch Überflutung und Ertrinken. Eine Folge des Klimawandels", sagte Anna abwesend. „Unser Täter macht seine Ankündigung wahr."

Hendrik sah zu Anna herüber, die an den Obduktionstisch gegangen war. Sie sah den Körper der jungen Frau eine Zeit lang an, ohne etwas zu sagen. Erst nachdem ein paar Minuten vergangen waren, löste Anna sich und wandte sich an Dr. Hochmann.

„Ich würde vorschlagen, wir verlassen die Obduktion jetzt. Die Todesursache wurde wie vermutet bestätigt. Falls es eine andere gibt, melden Sie sich bei uns?"

„Selbstverständlich. Ich mache hier weiter und lasse Ihnen meinen Bericht zukommen. Sollte ich etwas Ungewöhnliches finden, melde ich mich umgehend telefonisch bei Ihnen."

Auf dem Weg nach draußen, sah Hendrik fragend Anna an. „Was genau war das gerade? Du hast eine Zeit lang abwesend gewirkt? Nimmt dich die Sache mehr mit, als sie sollte?"

„Ja und Nein.", entgegnete Anna, während sie sich ins Auto setzten. „Ich habe mir die Frage gestellt, warum der Täter den Klimawandel als Thema seiner Taten gewählt hat und gleichzeitig mich direkt anspricht. Das ergibt momentan keinen Sinn. Die Tatsache, dass diese zwei Punkte überhaupt nicht zusammenhängen, macht mir zu schaffen."

„Ich schätze, dass es für jeden außerhalb seines Kopfes keinen Sinn ergibt", warf Hendrik ein. „Ich meine, abgesehen von dem eigentlichen Mord: Wer, der noch einigermaßen bei Trost ist, steigt an einem Abend, an dem Starkregen angekündigt ist, in die Kanalisation? Will uns der Täter damit zeigen, dass er zu Dingen fähig ist, die wir für unmöglich halten?"

„Das ist eine gute Frage. Vielleicht ist das der Punkt. Wir suchen nach jemanden, der das Unmögliche möglich machen will. Aber diese Frage sollten wir mit den anderen klären, oder was meinst du?", schlug Anna vor, bevor Hendrik zur Dienststelle fuhr.

Als Anna und Hendrik wieder in ihrem Büro waren, standen dort zwei Männer. Bei näherem Betrachten schätze Anna beide in ihren Vierzigern.

„Hallo, wie können wir Ihnen helfen?", fragte Anna.

„Guten Tag, ich bin Manuel Sanders und das ist mein Kollege Erwin Meyer. LKA Hannover, wir sollen hier Ermittlungen zu einem Mord unterstützten", sagte der etwas Kleinere der Herren.

„Hallo. Also was haben wir? Es ist eine Schande für die Kollegen, dass wir sofort bei einer Leiche gerufen werden", blaffte der andere Herr, der gerade als Meyer vorgestellt wurde. „Dass die Oldenburger Polizei scheinbar keine Verbrechen kennt, ist armselig."

„Na hören Sie mal...", setzte Hendrik an, bis Anna ihm mit einer Handbewegung zu verstehen gab, dass sie sich darum kümmern würde.

„Herzlich willkommen. Natürlich wissen wir, dass sie anderes zu tun haben und wir das schlecht mit nur einer Leiche argumentieren konnten. Aus diesem Grund ist uns der Täter heute Nacht auch entgegengekommen und hat uns eine zweite Leiche in einem Abwasserkanal hinterlassen. Und damit Sie es wissen: Die junge Frau wurde dort gefesselt und einem Starkregenereignis ausgesetzt." Annas Augen funkelten Meyer an. „Sollten Sie also weiterhin meinen, dass Sie hier nichts zu tun haben, räume ich Ihnen gerne meinen Schreibtisch frei, damit Sie weiß der Himmel was tun können."

Aus dem Augenwinkel konnte Anna sehen, wie Sanders' Augen sich weiteten. „Wie, Sie haben eine zweite Leiche?"

„Ja, es wurde heute Morgen ein weiteres Opfer aus der Kanalisation geborgen", schaltete sich Klaus vom Flur aus ein.

„Meyer, Sanders, das hier sind Anna Kramer und Hendrik Schütz", stellte Klaus vor. „Außerdem sind Sie aus einem anderen Grund hier, den werde ich Ihnen allerdings gleich zeigen. Anna, Hendrik, was hat die Obduktion ergeben?"

„Wie erwartet, ist die junge Frau in dem Kanal ertrunken. Die Fesselspuren waren deutlich an den Handgelenken zu sehen. Darüber hinaus konnten wir eine weitere Narbe von einem Elektroschocker an der linken Seite sehen", teilte Anna mit.

„Damit handelt es sich aller Voraussicht nach also wieder um denselben Täter", überlegte Klaus. Er sah Anna an. „Es gibt auch ein weiteres Video."

Anna spannte sich an. „Wurde ich wieder erwähnt?"

„Wieder erwähnt?", hakte Meyer nach. „Können Sie

uns freundlicherweise erklären, was hier überhaupt los ist?"

„Selbstverständlich. Kurz zusammengefasst: Wir haben gestern eine Leiche in einer Parkanlage gefunden, die im linken Unterarm eine Speicherkarte mit einem Video implantiert hatte. Auf dem Video ist der Tathergang zu sehen. Außerdem wurde in dem Video unsere neue Kollegin, Anna Kramer, die gestern ihren ersten Tag bei uns hatte, direkt angesprochen. Aber ich würde ihnen gerne das Video zeigen."

Klaus ging in Richtung Besprechungsraum vor, während die restlichen vier ihm folgten. Anna wusste was kam, trotzdem wurde ihr flau im Magen.

Während das Video lief, schaute Anna nur bei den schlimmeren Stellen, als mit dem Hammer nachgearbeitet wurde, nicht direkt hin.

„Konnten Sie bereits etwas herausfinden?", fragte Sanders, nachdem das Video zu Ende war.

„Bisher nur, dass der OP in einer Lagerhalle oder Ähnlichem untergebracht sein muss", teilte Peter mit. Peter und Yvonne waren zusammen mit dem restlichen Team im Besprechungsraum, um sich auszutauschen.

„Die Guy-Fawkes-Maske, die der Täter trägt, könnte auf die Gruppe Anonymus hindeuten. Was auch die technischen Fähigkeiten in der Tonspur erklären würde", überlegte Yvonne.

„Ja, aber wenn das so wäre, hätten wir es wahrscheinlich nur mit einem Trittbrettfahrer zu tun. Anonymus war in der Vergangenheit nicht dafür bekannt, dass sie zu solch radikalen Aktionen bereit sind", entgegnete Hendrik.

„Und wenn es ein ehemaliges Mitglied ist?", fragte Sanders. „Vielleicht eines, welches in der Vergangenheit von Anonymus ausgeschlossen wurde und sich rächen will."

„Vielleicht steckt dahinter allerdings auch die Popkultur. Die Maske ist durch den Film V wie Vendetta weltberühmt geworden", warf Anna ein.

„Was hat denn ein Film mit den Morden zu tun?", fragte Klaus.

„Na ja, der Film handelt von einem Mann, der das totalitäre britische System stürzen will. In dem Film gelingt es dem Mann am Ende unter Mithilfe der Zivilbevölkerung tatsächlich das britische Parlament zu sprengen, so wie Guy Fawkes es im 17. Jahrhundert geplant hatte. Der Film steht für die Auflehnung von Klein gegen Groß und den Triumph der Kleinen."

Meyer mimte den Beeindruckten. „Frau Kramer, ich bin begeistert, Sie kennen sich scheinbar sehr gut aus. Aber was bringt uns diese Erkenntnis? Wir sollten uns daranmachen, mögliche Tatverdächtige zu finden. Wer weiß, am Ende sind Sie es sogar, die wir suchen."

„Ernsthaft? Wie kommen Sie denn bitte darauf, dass ich die Morde begangen habe?"

„Nun ja, die Indizien sprechen ja nun wirklich gegen

Sie", setzte Meyer an. Anna konnte erkennen, dass Sanders, der hinter ihm saß, die Augen verdrehte und mit dem Kopf schüttelte.

„Erstens: Der erste Mord geschieht genau zu dem Zeitpunkt, in dem Sie hier anfangen. Zweitens wäre es doch eine sehr gute Gelegenheit, sich selbst ins rechte Licht zu rücken, wenn Sie jemanden präsentieren, der Ihr Sündenbock ist."

„Erwin, jetzt fahr mal wieder runter", setzte Sanders an. „Diese Anschuldigungen sind doch völlig haltlos. Der Einzige, der sich hier profilieren will, bist du. Und das Thema hatten wir auch schon des Öfteren: Mit diesen haltlosen Anschuldigungen sabotierst du deine Karriere." Anna sah Meyer an, der nach einem anfänglichen Aufbrausen auf seinem Stuhl Platz nahm und sich aus der Unterhaltung heraushielt.

Sanders wandte sich an Anna. „Entschuldigen Sie Frau Kramer. Mein Kollege fällt leider nicht das erste Mal mit seinen vorschnellen Urteilen unangenehm auf, daher weiß ich, dass es meistens Quatsch ist, was er erzählt."

„Charmant", antwortete Anna. „Ich kann aber auch erzählen, aus welchem Grund ich nach Oldenburg versetzt wurde, um etwaige Verdachtsfälle auszuräumen. Aber dazu muss ich etwas weiter ausholen. Wenn diese Version nicht auch gegen mich ausgelegt wird." Anna bedachte Meyer mit einem Seitenblick, der dem Rest nicht verborgen blieb.

„Klaus sagte mir bereits, ihr wisst nur, dass ich von Hannover nach Oldenburg versetzt wurde. Ihr wisst nichts von dem Disziplinarverfahren wegen Tätlichkeiten gegen einen Vorgesetzten, was für die Versetzung sorgte", begann Anna und wartete auf Reaktionen der Anwesenden. Diese sahen sie an und signalisierten, dass sie ihre Geschichte erzählen soll. Meyer tat unbeteiligt, als ob er nicht zuhören würde.

„Es begann damit, dass ich im Revier Hannover-Mitte an der Ernst-August-Galerie am Bahnhof eingesetzt war. Der Dienst war gut, genauso wie die Kollegen auch, zumindest die meisten. Ich hatte lediglich Probleme mit dem stellvertretenden Leiter der Dienststelle, Herr Kuhlen.

Fachlich gab es keine Schwierigkeiten, allerdings waren die Probleme dafür auf persönlicher Ebene umso stärker. Herr Kuhlen vertrat die Auffassung, dass die weiblichen Bediensteten sich regelmäßig gehässige und anzügliche Sprüche anhören müssten. Da war wirklich alles dabei: von dem Angebot die Beförderung zu befürworten, wenn sich die Kollegin erkenntlich zeigt; über die Möglichkeit, unbeliebte Aufgaben nicht zu bekommen beziehungsweise beliebte Aufgaben zu bekommen. Natürlich wurden immer Andeutungen dahingehend gemacht, dass man sich die beliebten Aufgaben auch verdienen muss. Aber dass es wirklich so war, wurde immer nur hinter vorgehaltener Hand erzählt. Durch eine rücksichtslose Politik innerhalb der Dienststelle konnte man Kuhlen nichts nachweisen. Jeder, der etwas erzählte wurde kurze Zeit später massiv eingeschüchtert, was dazu führte, dass die Aussage zurückgenommen wurde.

Wie es kommen musste, probierte Kuhlen dieses Spiel auch bei mir, biss dabei aber auf Granit. Ich bin mit zwei Brüdern und fast nur männlichen Freunden auf- gewachsen. Bis ich aus der Reserve gelockt wurde, musste schon mehr passieren."

„Und es ist mehr passiert?", fragte Yvonne, als ob sie schon wusste, was kam.

„Natürlich. Kuhlen meinte, es wäre eine gute Idee, seine Macht vor allen zu demonstrieren. Das tat er, in dem er mir vor den Kollegen an die Wäsche ging", führte Anna fort.

Klaus sah sie entsetzt an. „Er hat was gemacht? Und er hat noch eine Arbeitsstelle bei der Polizei?"

Anna zuckte mit den Schultern. „Na ja, er hat es ver- sucht. Allerdings ist er nicht sehr weit gekommen. Er hatte seine Hand an meinem Hintern und wollte wei- tergehen. Aber bevor er mich weiter betatschen konnte, hatte ich bereits meine Hände auf seinen Schultern und mein Knie bis zum Anschlag in seinem Schritt. Er hat daraufhin nicht mehr sehr viel gesagt."

Die Anwesenden sahen sich an und wieder zu Anna. Keiner sagte ein Wort. Anna nahm dies als Zeichen, dass sie weitererzählen sollte.

„Hätte ich es dabei belassen, wäre ich vielleicht nicht hierhergekommen. Aber ich musste mich dann noch süffisant nach unten beugen und ihm sagen, dass ich heute nicht in der Stimmung sei. Er solle sich doch bitte eine andere Kollegin für diese Art von Spielchen suchen. Damit war er natürlich zur Lachnummer auf der gesamten Dienststelle geworden, da er es ja nicht wie gewohnt mit einer erstarrten Kollegin zu tun hatte. Stattdessen hat er sofort die Quittung bekommen. Ich leider auch. Es hat keine Stunde gedauert, bis ein Disziplinarverfahren gegen mich eröffnet wurde mit entsprechender Beurlaubung."

„Das heißt also, du bist hier, weil du dich gegen Sexismus zur Wehr gesetzt hast? Das kann ich nicht glauben", erklärte Peter. Anna konnte ihm ansehen, dass er durch diese Geschichte an seinem Bild der Polizei zweifelte.

„Doch. Kuhlen war halt der falsche Sparringspartner. In dem Verfahren wurde zunächst gefordert, dass ich mit sofortiger Wirkung wegen Tätlichkeit gegen einen Vorgesetzten aus dem Dienst entfernt werde. Während des Verfahrens war es damals Tim, der mich rausgehauen hat. Er war als Einziger bereit, für mich auszusagen. Alle anderen hatten Angst, dass Kuhlens Einfluss auch ihnen schaden könnte."

„Konnte Kuhlen denn einen solchen Schaden anrichten?", Klaus sah Anna verwirrt an.

Meyer brachte sich ein. Anna war erstaunt, dass er sich doch an dieser Unterhaltung beteiligte. „Und ob. Herbert Kuhlen hat Verbindungen bis in die höchsten Kreise der Polizei und der Landespolitik. Wenn man sich mit ihm anlegt, kann das böse enden. Meistens haben das nur Leute gewagt, die entweder zu einer anderen Behörde wechselten oder kurz vor dem Ruhestand standen. Diese Anschuldigungen wurden dann regelmäßig als Nachtreten weggewischt."

„Genau. Durch Tims Aussage allerdings hatten sie keine Wahl. Sie konnten diesen Teil nicht unter den Teppich kehren, da Tim auch während des Verfahrens offen gesagt hatte, dass er auch zur Presse gehen würde", fuhr Anna fort.

„Und, wenn es einen Weg gibt, jemanden mit viel Macht zu Fall zu bringen, dann so, dass du jemanden noch Mächtigeren mitreißen würdest. Der Polizeipräsident hatte kein großes Interesse daran, seinen Golfkumpel Kuhlen die Hand vor den Arsch zu halten, wenn er selbst dafür in große Kritik geraten würde. Er ahnte, dass man es so auslegen würde, dass er wusste, was Kuhlen tat. Ob das der Wahrheit entsprach, war für die Öffentlichkeit meist egal. Also wurde ein Kompromiss geschlossen: Ich wurde nach Oldenburg versetzt, ich bin ja noch jung. Kuhlen wurde im selben Zug vom stellvertretenden Dienststellenleiter in den regulären Streifendienst versetzt."

„Immerhin konnte er in Hannover bleiben", spottete

Hendrik. „Na ja, aber es ist schön, dass du hier bist. Und wenn es darauf ankommt, kannst du dich zur Wehr setzen."

Anna musste lächeln. Wie es den Anschein hatte, waren ihre neuen Kollegen nicht schockiert über den Grund ihrer Versetzung.

„Zwischen Tim und mir hatte sich etwas Loses entwickelt. Es war nichts Großartiges, wohl eine gewisse Dankbarkeit und dadurch eine sehr gute Freundschaft. Ich glaube, er hätte sich mehr gewünscht, allerdings wollte ich es nicht. Zum einen, weil es merkwürdig ausgesehen hätte, wenn wir zusammen waren und er der Einzige ist, der für mich aussagt.

Zum anderen und das war wichtiger: Ich fühlte mich wohl in seiner Nähe, ja. Aber es war nicht so stark, dass ich mir eine Beziehung mit ihm vorstellen konnte. Ich habe ihn dann geghostet und bin ihm aus dem Weg gegangen. Ich habe ihn seit der Anhörung nicht mehr wiedergesehen." Anna senkte den Blick. Während sie von Tim erzählte, bildete sich ein Kloß in ihrem Hals.

„Also wenn ich es richtig sehe, können wir ein politisches Motiv der Taten ausschließen", begann Yvonne nach Annas Ausführung, um zurück auf den Fall zu kommen. „Oder hast du irgendwelche politischen Beziehungen, die eine derartige Forderung wie in dem Video gesehen, rechtfertigen würden? Nachdem, was du jetzt erzählt hast, ist ein Rachemotiv sehr viel wahrscheinlicher."

„Nein, ich bin nicht wirklich politisch eingestellt. Ich verfolge vage, was in der Welt passiert. Ich bin froh, wenn ich drei Minister oder Ministerinnen aus dem Kabinett richtig benennen kann", stellte Anna klar.

„Damit ist die politische Komponente auszuschließen, zumindest was die Verhandlungen mit Politikern angeht. Allerdings war das zu erwarten."

„Leider bringt uns diese Erkenntnis nicht viel weiter", seufzte Hendrik. „Es bleiben leider immer noch mehrere Motive: Aufmerksamkeit für den Klimawandel, ein persönliches Motiv oder ein Motiv, welches nur dem Täter selbst rational und logisch erscheint, was wiederum alles sein könnte."

Sanders brachte sich erneut ein, während Meyer nach dessen Zurechtweisung desinteressiert auf sein Handy starrte und sich nicht weiter beteiligte. „Wir dürfen nicht vergessen, dass vielleicht auch Kollegen aus Hannover im Kreis der Verdächtigen sind. Frau Kramer hat mit ihrer Aktion einigen Staub aufgewirbelt. Das ausgerechnet Tim Hane das erste Opfer war, könnte auch auf einen Rachefeldzug aus Hannover hindeuten."

„Das stimmt", bestätigte Peter. „Allerdings wissen wir derzeit nicht, in welche Richtung wir gehen können. Gibt es wegen des Videos eigentlich schon etwas Neues aus Hannover?"

Klaus schüttelte den Kopf. „Nein, bisher nicht. Die

Verschlüsselung ist auf einem sehr hohen Niveau laut den Kollegen. Das zu entschlüsseln braucht Zeit. Sobald wir etwas wissen, melde ich mich aber bei euch."

„Also weiter im Text. Was für eine Nachricht hat uns der Täter jetzt hinterlassen?", fragte Anna.

„Es ist wieder eine Videodatei", erklärte Klaus und startete die Wiedergabe.

Der Beamer warf ein schwarzes Bild an die Wand. Aus den Lautsprechern tönte ein Gong. Gefolgt von einem Donnern. Der Gong setzte wieder ein und auf dem Bild erschienen Bilder von Überschwemmungen in allen Teilen der Welt. Parallel zu den wechselnden Bildern baute sich eine Variante des Trauermarsches auf. Die Musik und die Szenen liefen eine Zeit lang, bis erneut die verzerrte Stimme aus dem Off in das Video hineinsprach.

„Frau Kramer. Eine verheerende Auswirkung des Klimawandels liegt in den steigenden Meeresspiegeln, den Starkregenereignissen und den regelmäßigen Überschwemmungen, oft in den ärmsten Teilen der Welt, aber auch mitten in Europa."

Das Bild veränderte sich. Wieder saß der Täter vor der Kamera in dem OP. In diesem Video trug er eine Maske, die dem griechischen Gott Poseidon nachempfunden war. Allerdings war dieses Mal niemand anderes zu sehen. Es schien, als ob er alleine wäre. Anna beobachtete das Video genau.

„Sie haben es nicht geschafft, mich aufzuhalten. Sie haben es nicht geschafft, die Politik zum Einlenken zu bewegen. Sie sind verantwortlich für das weitere Opfer. Ich halte mein Versprechen. Es repräsentiert eine Folge des Klimawandels: Ertrinken. Aufgrund von Überschwemmungen und Fluten, dem steigenden Meeresspiegel und Starkregen."

Der Täter verschwand wieder aus dem Blickfeld und erneut tauchten Bilder von Überschwemmungen auf.

„Der Klimawandel wartet nicht! Halten Sie mich auf!", kam die Stimme ein letztes Mal aus dem Off, bevor das Video langsam schwarz wurde.

Anna wandte sich auf dem Stuhl. Irgendetwas in dem Video machte sie nervös. Sie konnte nicht genau sagen, was es war. Eine Sache passte einfach nicht.

„Das bringt doch alles nichts! Wenn Sie hier nur rumsitzen und maulaffenfeil halten wollen, gerne. Ich für meinen Teil werde mich um die Festnahme des Täters kümmern", rief Meyer aus, als ob auf einmal bei ihm eine Sicherung wieder in Position gesprungen war.

„Und darf man fragen, wie Sie das erreichen wollen?", fragte Hendrik unbeeindruckt. „Weihen Sie uns in Ihre tollen und unschlagbaren Pläne ein. Wer weiß, am Ende können wir noch eine Statistenrolle neben Ihnen ergattern."

Meyer funkelte ihn an. „Wie schon, durch gute alte Polizeiarbeit. Ich werde mich umhören und schon auf die richtige Spur kommen. Sie werden sehen, nur durch

meine Arbeit werden wir überhaupt weiterkommen!"
Ohne eine Antwort abzuwarten, sprang Meyer auf und
eilte aus dem Besprechungsraum.

Die Anwesenden blickten zu Sanders.

„Entschuldigen Sie bitte meinen Kollegen. Er hat einen
gewaltigen Drang zur Theatralik. In jedem Fall, von
dem er sich verspricht, die Karriereleiter nach oben zu
klettern, macht er einen Alleingang. In der Regel dauert es ein bis zwei Tage, bis er wieder aktiv an den Ermittlungen teilnimmt."

„Und was macht er in der Zwischenzeit?", fragte Anna,
die ein wenig überrumpelt wirkte.

„Er verkriecht sich in sein Hotelzimmer und grübelt, in
welche Richtung der Fall geht. Er nennt es Kontaktauf-
nahme zum Täter. Wobei ich eher glaube, dass er sich
Geschichten ausdenkt, wie er den Fall gelöst hat, ohne
auch nur einen sachdienlichen Hinweis beigesteuert
zu haben."

„Also arbeitet er an seinem Heldenmythos. Na ja, was
soll es, lassen wir ihn. Ich schätze, ohne ihn kommen
wir auch gut zurecht", entgegnete Anna.

„Wahrscheinlich, ich kann mich nur entschuldigen. So
langsam müssten die Kollegen in Hannover wissen,
dass Erwin keine großen Würfe mehr macht."

Klaus stand auf. „Kein Problem, Sie können ja nichts
dafür. Solange wir gut zusammenarbeiten können, bin
ich dankbar für die Hilfe aus Hannover. Ich schätze,

wir haben wieder einmal jede Menge zu tun. Packen wir's an."

-10-

Die Sonne schien durch die Baumkronen im Stadtwald. Es war ein schöner Herbsttag, um einen Spaziergang im Wald zu machen. Maik Wollers atmete tief ein
und genoss die Umgebung. Auch wenn man die Autobahn deutlich hören konnte, war der Stadtwald ein
schöner Ort, um mal auf die Schnelle aus der Stadt herauszukommen und die Natur zu genießen. Es waren
wenig Menschen unterwegs, nur ab und an begegnete
Maik anderen Spaziergängern. Die meisten waren mit
ihren Hunden unterwegs.

Maik wollte nur eine kleine Runde drehen und bog
vom Parkplatz aus auf den Weg, der sich durch den äl-
teren Teil des Waldes schlängelte und nach einiger
Zeit wieder auf eine befestigte Straße führte, die durch
den Wald zur Autobahn führte. Maik kam an die Straße
und bog nach rechts in Richtung Landstraße ab, um
wieder auf den Besucherparkplatz zu kommen.

Vom Weg aus konnte Maik erkennen, dass ebenfalls
ein Lieferwagen auf dem Parkplatz stand. „Kein Wunder, auch die Paketzusteller brauchen mal eine Pause",
dachte er laut und bog auf den Parkplatz ein, auf dem

zwar noch ein paar andere Autos parkten, aber sonst kein Mensch zu sehen war. Er umrundete die Eiche, die auf dem Parkplatz stand, und ging zu seinem Wagen. Er hatte seinen Wagen fast erreicht, als er eine Person hinter sich bemerkte. Nichtsahnend nahm Maik den Schlüssel aus der Tasche und wollte das Auto aufschließen, als ihm ein Tuch mit einem süßlichen Geruch auf den Mund und Nase gepresst wurde. Maik versuchte noch sich zu wehren, merkte allerdings, wie er langsam ohnmächtig wurde.

Als Maik wieder zu sich kam, fand er sich in einem Operationssaal wieder. „Was ist los? Wo bin ich hier?", krächzte er. Er wollte aufstehen, konnte aber die Beine und Arme nicht bewegen, irgendetwas hinderte ihn daran. Er versuchte seinen Kopf anzuheben, der sich anfühlte, als ob er gleich explodieren würde. Mühevoll gelang es ihm und er erkannte, dass er an einen Tisch mit Lederriemen fixiert wurde.

„Bemühe dich nicht. Du kannst nicht aufstehen", hörte er eine verzerrte Stimme hinter sich.

Maik wusste nicht, woher die Stimme kam, allerdings gefror ihm das Blut in den Adern, als er realisierte, dass er entführt worden war.

„Was wollen Sie? Ich habe kein Geld und meine Familie ist auch nicht sehr wohlhabend. Ich denke nicht, dass ich Ihnen von Nutzen sein kann", krächzte er wieder.

„Oh, das würde ich so nicht sagen. Die Frage ist hier

eher: Welchen Nutzen kannst du mir bieten? Lass es mich dir sagen: Du bist eine weitere Attraktion in meinem Spiel."

„Spiel? Was für ein Spiel? Soll das ein Streich für Halloween sein?"

„Nein, nicht Halloween. Sei nicht albern, dieses Fest muss doch wirklich nicht gefeiert werden. Aber glaube mir, du bist heute Abend wieder auf freiem Fuß."

Maik hörte Schritte und sah, dass sich jemand über ihn beugte. Seine Augen weiteten sich. Vor ihm stand eine Gestalt mit einer Schnabelmaske und Hut. Maik konnte erkennen, dass die Gestalt eine Spritze in der Hand hielt. Trotz seiner immer noch nicht wiedergekehrten Kraft versuchte Maik seine Fesseln zu sprengen und irgendwie aus dem OP herauszukommen. Er bäumte sich unter der Gestalt auf und kämpfte gegen die Fesseln. Maik erkannte, wie sich der Vogelkopf leicht zur Seite neigte, als ob er den Anblick genießen würde.

„Du übst es schon sehr gut, aber mit diesem Mittel wird es noch authentischer", hörte Maik die Gestalt reden. Er bäumte sich weiter auf, um eine Injektion zu vermeiden. Das war alles, was er in dieser Situation machen konnte.

„Na, na, na. Wer wird sich denn so zur Wehr setzen? Da muss ich wohl ein Beruhigungsmittel zur Hilfe nehmen." Bevor Maik reagieren konnte, hatte er erneut den süßlichen Geruch wahrgenommen und es wurde wieder schwarz vor Augen.

Nachdem Maik das zweite Mal aus der Bewusstlosigkeit aufwachte, lag er in einem Krankenzimmer. Bei ihm im Raum waren ein Arzt und zwei Frauen. Alle drei waren in Schutzanzüge gekleidet und trugen Handschuhe und FFP2-Masken.

„Er wird wach", erklärte der Arzt und sah Maik eingehend an. „Herr Wollers, können Sie mich verstehen? Was ist passiert?"

Maik nickte langsam. „Ich weiß nicht genau, was passiert ist", sagte er leise. „Ich war im Stadtwald spazieren und wurde auf dem Parkplatz dort entführt, glaube ich."

Die Frauen sahen sich an. Die jüngere Frau trat hervor. „Herr Wollers, Kramer von der Kriminalpolizei. Können Sie sich an irgendetwas erinnern?", fragte Anna, während sie Maik ihren Dienstausweis zeigte.

„An wenig, ich habe niemanden gesehen, lediglich jemanden hinter mir gespürt und dann bekam ich bereits ein Tuch ins Gesicht gedrückt, danach war alles schwarz." Maik hustete und der Arzt hielt ihm ein Glas Wasser hin.

„Trinken Sie ein wenig. Dann wird es besser. Lassen Sie sich Zeit, jede Erinnerung könnte für Frau Kramer und Frau Gruber hilfreich sein."

Maik hielt sich den Kopf. Ihm war schwindelig. „Was

ist denn eigentlich passiert? Ich fühle mich, als ob ich von einem Bus überfahren wurde."

„Gewissermaßen sind Sie das auch. Dass Sie noch am Leben sind, grenzt an ein Wunder. Sie wurden mit Chloroform betäubt und lagen hier vor dem PIUS-Hospital. Man hat Sie zufällig gefunden", erklärte der Arzt. „Ich bin Dr. Schneider, Internist und Sie sind hier auf der Intensivstation. In einem Isolierzimmer."

„Isolierzimmer? Warum denn in einem Isolierzimmer? Was ist passiert?", fragte Maik verwirrt. Plötzlich erinnerte er sich an den OP und die Gestalt mit der Vogelmaske.

„Was hat er mir gegeben? Was war in der Spritze?"

„Ihnen wurde eine Spritze verabreicht?", fragte Yvonne nach. „An was können Sie sich erinnern?"

„An nicht viel ehrlich gesagt. Ich wurde kurz in einer Art OP wach, allerdings glaube ich kaum, dass es ein richtiges Krankenhaus war", erklärte Maik. Anna und Yvonne wechselten erneut einen Blick.

„Ich war auf einem Tisch oder einer Liege oder irgendwie so etwas gefesselt. Es waren Lederriemen. Ich konnte zunächst niemanden erkennen, bis er kam…".

Dr. Schneider sah Maik irritiert an. „Wer ist gekommen?"

Maik schnaubte. „Wenn ich das wüsste. Ich habe nur eine verzerrte Stimme gehört und eine Gestalt ganz in Schwarz, die so eine komische Vogelmaske getragen hat. Ich konnte noch sehen, dass er eine Spritze in der Hand hielt und ab da versuchte ich mich von den Fesseln zu befreien. Aber da war nichts zu machen. Kurz darauf hatte ich wieder einen Lappen im Gesicht und danach bin ich hier aufgewacht. Aber was ist denn los?"

„Ich muss Ihnen leider mitteilen, dass bei Ihnen der Verdacht auf eine Tollwutinfektion besteht. Der Laborbericht steht allerdings noch aus", erklärte Dr. Schneider.

„Aber ich werde doch wieder gesund, oder? Das kann man doch behandeln, richtig?" Maik spürte, wie die Hoffnung schwand.

„Das kommt darauf an, wann die Infektion stattgefunden hat. Sie haben bereits ein Mittel verabreicht bekommen, damit die Infektion abklingt, aber da wir nicht wissen, wann genau die Injektion vorgenommen wurde, kann ich im Moment nichts ausschließen, es tut mir leid."

Maik sah zum Arzt und den beiden Frauen. Er konnte sich nicht gegen das Gefühl wehren, dass er ihnen egal war. „Das heißt, ich werde jetzt hierhin abgeschoben? Wir warten auf Berichte und das war es? Dann kann ich mich ja gleich begraben lassen!" Die Wut stieg in Maik auf und er konnte sich nicht mehr beherrschen.

„Dann können Sie jetzt gehen, wenn sowieso nichts weiter unternommen werden kann. Ich will alleine sein. Raus!"

Anna, Yvonne und Dr. Schneider verließen das Krankenzimmer und entledigten sich der Schutzkleidung und desinfizierten sich die Hände.

„Es liegt ein Verdacht auf Tollwut vor?", fragte Anna.

„Wie genau kommen Sie darauf?"

„Wir haben eine Nachricht gefunden, die an Sie adressiert ist, Frau Kramer. Herr Wollers trug sie bei sich, als wir ihn fanden. Aus diesem Grund habe ich Sie sofort zu uns rufen lassen. Kommen Sie bitte mit, ich gebe Ihnen den Brief und den Umschlag. Ich kann leider nicht ausschließen, dass Fingerabdrücke des Klinikpersonals auf dem Papier sind."

In Schneiders Büro standen neben seinem Schreibtisch zwei Besucherstühle, auf denen Anna und Yvonne Platz nahmen.

Dr. Schneider übergab den Brief und den Umschlag an Anna. Auf dem Umschlag stand in Kalligrafie: *„Wo ist euer Gott jetzt?!"*

„Eine zynische Ansage, wenn man bedenkt, dass wir ein katholisches Krankenhaus sind", merkte Dr. Schneider an.

„Leider passt es zu unserem Täter. Es ist nicht der erste Fall, den wir ihm zu verdanken haben", entgegnete Anna und faltete den Brief auseinander. Yvonne nahm den Briefumschlag und sah sich die Botschaft an. Anna begann den Brief vorzulesen:

„An   Kriminalkommissarin   Anna   Kramer,

Polizeiinspektion Oldenburg-Stadt/Ammerland

Hallo Frau Kramer,

ich hoffe, es geht Ihnen gut und Sie haben die erste Runde unserer Veranstaltung genauso genossen, wie ich es tat. Nun folgt die Zweite. Sehen Sie, nachdem die erste Runde das Ertrinken symbolisiert, kommen wir heute zu einem weiteren Phänomen, mit dem sich unsere Gesellschaft aufgrund des Klimawandels befassen muss: Zoonosen.

Natürlich kann ich keine neue Zoonose entwickeln, zumal es ja dann auch für uns alle gefährlich werden kann. Aber ich kann Ihnen zeigen, dass es heute bereits Zoonosen gibt, die lange bekannt und trotzdem kaum zu beherrschen sind. Dieses Opfer ist mit Tollwut infiziert. Ich schätze, ihm bleibt nicht mehr viel Zeit.. Für den Fall, dass er doch länger lebt als angenommen, wird ihm sein restliches Leben wahrscheinlich keine große Freude mehr bereiten.

Es ist schade, dass Sie es immer noch nicht geschafft haben, mich aufzuhalten, Frau Kramer. Warum bemühen Sie sich nicht endlich? Je länger Sie warten, umso mehr Menschen werden sterben. Natürlich können Sie auch warten, bis die Vorstellung endet. Aber ich glaube nicht, dass Sie das wollen.

Am Ende könnte eine Entscheidung anstehen, mit der Sie nicht leben könnten.

122

Halten Sie mich auf!"

Anna legte den Brief nieder und sah Dr. Schneider an. „Bitte sagen Sie mir, dass Sie alles Menschenmögliche versuchen, um Herrn Wollers zu retten." Es fiel Anna schwer zu sprechen.

„Selbstverständlich, dafür sind wir hier. Ich kann Ihnen allerdings keinen Erfolg garantieren", entgegnete Dr. Schneider. „Es hängt sehr stark an der Zeit zwischen Infektion und Verabreichung des Gegenmittels, wenn mehr als 24 Stunden vergangen sind, gibt es nur eine geringe Chance, dass der Erreger ausgeschaltet werden kann."

„Anna, lass uns zurückfahren und den anderen die neue Lage mitteilen", schlug Yvonne vor, während sie aufstand und sich von Dr. Schneider verabschiedete.

Yvonne nahm Anna mit zum Dienstwagen. Im Auto wurde Anna schlecht.

„Wer hat es denn so sehr auf mich abgesehen, dass mehrere Menschen umgebracht werden beziehungsweise dem Tode geweiht sind? Ich begreife es nicht." Trotzig reckte Anna das Kinn nach vorne.

Yvonne sah zu ihr rüber. „Manche Leute nehmen bestimmte Polizisten nur aus Langeweile ins Visier. Es könnte sein, dass es bei dir genauso ist. Aber immerhin haben wir einen neuen Ermittlungsansatz."

„Was? Welchen?", Annas Kopf schnellte zu Yvonne. „Was haben wir denn schon Neues?"

„Die Schrift. Ich kenne jemanden, der genau diese Schrift beherrscht und ganze Texte in dieser Schrift schreibt. Dem statten wir jetzt einmal einen Besuch ab."

„Und zu wem geht es jetzt?"

„Es geht in die Klimaszene. Passend zu den Morden, wie ich finde. Genauer gesagt, fahren wir zu Lars Feidwel. Ich habe ein Schriftstück, welches in der gleichen Schrift geschrieben wurde, zu Hause."

„Dann nichts wie los. Vielleicht bekommen wir da den nächsten Hinweis. Aber wieso sollte Lars Feidwel sich mit dieser Schrift selbst verraten?"

„Wir wissen ja nicht einmal, ob Lars irgendetwas mit den Morden zu tun hat. Aber auf der anderen Seite fordert der Täter dich immer wieder auf, ihn zu stoppen."

„Na ja, ehrlich gesagt bin ich bisher immer davon ausgegangen, dass das nur eine Redewendung des Täters ist. Dass er mir damit die Schuld für seine Taten zuschieben möchte. Ich kann mir nicht vorstellen, dass das sein Plan ist", gab Anna zurück.

„Da müssen wir schauen und leider abwarten, wie sich der Fall entwickelt. Aber bitte tue mir den Gefallen und lasse das nicht zu sehr an dich heran. Du bist zu einem Spielball geworden. Warum weiß ich nicht, aber das werden wir herausfinden", tröstete Yvonne Anna.

Sie fuhren vom Krankenhaus aus nach Bloherfelde. In

der Eichenstraße hielt Yvonne an einem Mehrfamilienhaus. Während der Fahrt teilte Anna dem Team mit, was im Krankenhaus geschehen war und welchem Ansatz Yvonne und sie nun folgten.

„Da wären wir."

„Müssen wir besondere Vorkehrungen treffen?", fragte Anna und prüfte, ob ihre Dienstwaffe im Holster hing. Es erschien ihr ein wenig paranoid, selbst in Hannover wurde es eher selten brenzlig. Allerdings waren die bisherigen Tage alles andere als normal.

„Grundsätzlich nicht. Die normalen Vorsichtsmaßnahmen reichen aus. Lars ist niemand, der jemandem etwas tut", entgegnete Yvonne, während sie ausstieg.

Am Hauseingang konnten die beiden Polizistinnen schnell die Wohnung von Lars Feidwel ausfindig machen. Nach dem Klingeln machte Anna sich auf alles gefasst. Zu ihrer Überraschung öffnete ein junger, schüchtern dreinblickender Mann die Tür. Lars Feidwel war mehr der Typ introvertierter Nerd. Sämtliche Anspannung fiel in dem Moment von Anna ab, als Lars die Tür öffnete.

„Ja?", fragte Lars und öffnete die Tür gerade so weit, dass er sich hineinstellen konnte.

„Guten Tag Herr Feidwel. Kriminalpolizei, das hier ist Kriminalkommissarin Kramer und ich bin Kriminalhauptkommissarin Gruber. Wir müssen uns mit Ihnen über ein Schriftstück unterhalten, von dem wir ausgehen, dass Sie es erstellt haben."

Lars riss für einen minimalen Augenblick die Augen auf. Im nächsten Moment beruhigten sich seine Gesichtszüge wieder und Anna konnte merken, dass er versuchte, ein Pokerface aufzusetzen.

„Ach ja? Um welches Schriftstück geht es denn?"

Yvonne hielt ihm den Brief, den Maik Wollers bei sich trug, vor die Nase. Lars blickte flüchtig über den Brief, bevor das bisschen Gegenwehr, welches er in sich trug, bereits wieder in sich zusammenfiel.

„Ich hatte bereits bei der Erstellung des Briefes ein ungutes Gefühl", gab Lars zu und trat zur Seite. „Bitte kommen Sie herein. Wir können uns im Wohnzimmer unterhalten."

Lars ging voran, Anna und Yvonne folgten ihm. „Setzen Sie sich bitte. Kann ich Ihnen etwas zu trinken anbieten?", fragte Lars und sah die Frauen freundlich an. Alle drei setzten sich im Wohnzimmer an den Esstisch. Er machte nicht den Eindruck, für die Infizierung oder die Tötung von zwei Menschen verantwortlich zu sein.

„Nein danke. Ich schätze, wir sind leider nicht nur zu einem netten Plausch hier, Herr Feidwel", antwortete Yvonne. Anna kam nicht umher zu bemerken, dass Yvonne mit ihrer Stimmlage die Temperatur in der Wohnung schlagartig um zehn Grad senkte. Das bemerkte sie auch an Lars. Er trug nur ein T-Shirt und Jeans. Obwohl es angenehm warm für die Jahreszeit war, begann er unbewusst zu zittern.

„Sagen Sie mir bitte nicht, dass das, was in dem Brief steht, tatsächlich so passiert ist?", fragte Lars unvermittelt.

„Sie wissen noch, was in dem Brief steht?", fragte Anna verblüfft. „Wann haben Sie den Brief verfasst und vor allem: Waren Sie selbst der Verfasser dieser Zeilen?"

„Ich kann mir Texte sehr gut merken", gab Lars zurück. „Und nein, ich bin nicht der Verfasser dieser Zeilen. Ich habe mir mit der Kaligraphie eine kleine Nebenbeschäftigung für mein Studium zugelegt. Es sind Auftragsarbeiten, die ich fertige."

Yvonne fixierte Lars mit ihrem Blick. „Aha, interessant. Also haben Sie diesen Brief im Auftrag einer fremden Person geschrieben? Wann war das? Und wer hat Ihnen diesen Auftrag gegeben?"

Lars zuckte mit den Schultern. „Das war vor drei, vier Monaten? Ich weiß nicht mehr genau wann und wer es war. Ich habe nie jemanden gesehen. Die Nachrichten haben wir über ebay Kleinanzeigen ausgetauscht. Der User ist aber mittlerweile gelöscht worden. Zudem wollte der Käufer nicht, dass ich den Brief per Post zustelle, sondern an einem Übergabepunkt ablege. Dort sollte ich auch das Geld dann abholen", erklärte Lars.

„Sie haben einen Brief gefertigt, in dem mitgeteilt wird, dass eine Person mit Tollwut infiziert wird und nicht darauf bestanden, den Brief per Post zu versenden? Sie haben sich auf ein Spiel eingelassen, den Brief an einem Übergabepunkt zu hinterlegen? Ist Ihnen das nicht komisch vorkommen?", hakte Yvonne nach.

„Doch natürlich. Aber dafür habe ich auch das zehnfache Honorar bekommen", gab Lars kleinlaut zu. „Wissen Sie, momentan ist es etwas eng bei mir, da kann ich jeden Cent gebrauchen. Zumal das nicht mal offiziell gewesen ist. Die Zahlung habe ich erhalten, aber offiziell ist der Auftrag nie zustande gekommen. Ich habe mir gedacht, dass es sich um einen Streich handelt. Es kam mir zwar komisch vor, aber letztendlich habe ich es einfach getan." Lars war das schlechte Gewissen und die Angst, was mit ihm passiert, deutlich ins Gesicht geschrieben.

„Aber Sie haben doch gerade gesagt, dass Sie die Nachrichten über ebay verschickt haben. Da könnte man das doch nachvollziehen", hakte Anna nach.

„Schon, aber was die Steuer angeht, kann ich immer noch mitteilen, dass der Auftrag geplatzt ist. Da es keine Rechnung gibt..."

„Das ist uns egal, Herr Feidwel. Wir sind nicht von der Steuerfahndung. Wir sind hier, weil das, was Sie in dem Brief geschrieben haben, wortwörtlich eingetreten ist. Wir haben ein Opfer, das im Krankenhaus liegt und bei dem zumindest der Verdacht auf eine Tollwutinfektion besteht", erklärte Yvonne.

Lars wurde mit einem Schlag kreidebleich. „Sie sagen, es ist alles genauso eingetreten? Aber... Das wollte ich nicht. Ich habe nur den Brief im Auftrag geschrieben. Bitte, das müssen Sie mir glauben. Ich habe nichts, außer dem Brief mit der Sache zu tun!", stammelte Lars. Man konnte seine Anspannung förmlich aus der Luft greifen.

„Können Sie uns mitteilen, wo Sie den Brief abgelegt haben?", fragte Anna. Ihr Bauchgefühl teilte ihr mit, dass Lars tatsächlich nur den Brief geschrieben hat.

„Auf dem Utkiek. Auf dem Aussichtspunkt sollte ich den Brief unter einer Bank in einen Holzkasten legen. Darin waren auch die 300 Euro, die ich für den Auftrag bekommen habe", erklärte Lars und sah beschämt nach unten. „Hören Sie, es tut mir leid, dass ich nicht sofort den Kontakt abgebrochen habe oder zur Polizei gegangen bin. Aber warten Sie kurz, ich kann Ihnen die Korrespondenz mitgeben."

Lars stand auf und ging zu seinem Schreibtisch. Er holte einen USB-Stick heraus und legte ihn auf den Esstisch.

„Ich muss gestehen, es kam mir alles sehr merkwürdig vor, aber ich brauchte wirklich das Geld. Hier ist alles drauf. Die Dateien beinhalten auch den vorgeschriebenen Text. Vielleicht kann man da irgendetwas herausfinden."

„Danke. Herr Feidwel, Sie werden nicht belastet in dieser Sache. Halten Sie sich aber bitte für weitere Befragungen bereit", erklärte Yvonne, als sie den USB-Stick an sich nahm und aufstand. „Wir werden uns den Utkiek mal ansehen, vielleicht finden wir noch irgendetwas, was uns weiterbringen kann."

Anna und Yvonne verabschiedeten sich und stiegen erneut ins Auto.

„Also jetzt auf zum Utkiek?", fragte Anna nach dem nächsten Ziel. „Was genau ist eigentlich der Utkiek?"

„Wie der Name es schon sagt: ein Aussichtspark, der früher einmal eine Deponie war. Von dort aus kann man die Stadt noch einmal aus einem anderen Blickwinkel sehen", antwortete Yvonne.

„Ah, okay. Da bin ich ja gespannt, was mich da erwartet. Sag mal, wo hast du gelernt, so ein Verhör zu führen? Bei der Fragetechnik ist es selbst mir als Ermittlerin zeitweise kalt den Rücken runtergelaufen."

Yvonne grinste. „Ich bin seit 20 Jahren bei der Polizei, 15 davon bei der Kriminalpolizei. Auch wenn Oldenburg ein wenig wie ein verschlafenes Nest wirkt, haben wir hier auch immer wieder mit größeren Fällen zu tun. Da lernt man irgendwann, wie man Verhöre führt. Außerdem bin ich Mutter von drei Kindern, die auch nicht immer nur die braven Engel waren, die man in der Erinnerung gerne vor sich hat. Die drei mussten solche ‚Verhöre' auch schon über sich ergehen lassen. Wenn ich ihnen im falschen Moment nicht die Angst verpasste, dass etwas viel Schlimmeres passieren kann, hatte ich schon verloren."

Anna musste grinsen. Irgendwie hat sich jeder einen gewissen Stil angeeignet, damit er an Informationen kommt.

„Darf ich dich noch etwas fragen?"

„Ja klar, schieß los. Was möchtest du wissen?"

„Wie bist du zur Polizei gekommen? Was hat es für dich ausgemacht?", fragte Anna.

„Nun, ich glaube, es war mein Gerechtigkeitssinn. Ich selbst habe auch einen Bruder und vier Cousins. Da kam es in meiner Kindheit oft vor, dass ich entweder zwischen ihnen vermitteln musste oder selbst ungerecht behandelt wurde. Die Arbeit als Polizistin hat mich gereizt, da ich so meinen Mitmenschen helfen konnte. Außerdem war mein Mann ebenfalls Polizist, bevor er in den Ruhestand ging. Wir haben uns bereits in der Schule kennengelernt und für ihn gab es damals keinen anderen Weg als zur Polizei. Ich glaube, ich bin ihm zu einem gewissen Teil gefolgt."

„Wow, das klingt nach einem klassischen Lebensweg. Finde ich cool, dass es solche Entwürfe auch noch gibt. Ich habe bisher noch nicht wirklich den Richtigen gefunden", gab Anna zu.

„Na ja, das kommt ja vielleicht noch. Erzwingen kann man es ja eh nicht und es ist auch nicht immer einfach, wenn du als Frau bei der Polizei bist. Das schreckt einige Männer auch einfach ab."

„Da hast du recht. Wie oft Dates schon vorbei waren, bevor das Essen kam, nachdem ich von meinem Beruf erzählt habe, kann ich schon nicht mehr zählen", lachte Anna.

Es war schön, dass sie sich mit Yvonne darüber unterhalten konnte. Natürlich hätte sie das auch mit

Hendrik oder Peter gekonnt, aber es war doch noch etwas anderes, wenn eine andere Frau so etwas selbst erlebt hat. Anna hatte immer mehr das Gefühl, in einem guten Team gelandet zu sein. Auch wenn sich vieles aufgrund der Mordserie vielleicht noch anders anfühlte, als es am Ende war. Für den Moment hatte sie das Gefühl, dass sie in einem geborgenen Umfeld arbeiten konnte.

Yvonne bog in die Eidechsenstraße und suchte sich einen Parkplatz am Straßenrand.

„Dann wollen wir doch mal schauen, was wir da oben alles finden können", erklärte sie, während sie aus dem Auto stieg. Anna folgte ihr.

„Außerdem kannst du dann noch einmal eine andere Aussicht auf Oldenburg genießen", versprach sie, während sich die beiden auf den Weg machten.

-11-

Yvonne und Anna sahen sich auf dem Utkiek um. Es war ein gutes Stück zu Fuß auf den Hügel, um den Ausblick genießen zu können, aber es lohnte sich, wie Anna befand. Nach Süden blickend sah Anna den Stadtteil, der sich hinter den zwei weiteren Hügeln erstreckte. Der Sonnenschein, der im Herbst noch einmal zeigte, dass der Sommer noch nicht ganz vorbei war, tauchte die Szene in ein herrliches Licht. Die Umgebung und die Bäume, die langsam ihr Laub verfärbten, leuchteten in dem warmen Licht. Anna konnte hier fast vergessen, dass sie und Yvonne wegen Mordermittlungen hier waren.

„Wow, das ist auch ein Geheimtipp, was?", fragte Anna, während sie staunend die Gegend betrachtete.

„Na ja, wie man es nimmt. Der Utkiek wird gerade in den südlichen Stadtteilen Kreyenbrück, Bümmerstede und Krusenbusch gerne als Ausflugsziel genutzt. Mal ist es voller, mal ist es leerer", erklärte Yvonne. „Aber auch wenn der Ausblick etwas hat, sind wir hier, um nach Spuren zu suchen."

Anna drehte sich zu Yvonne hin, nickte und suchte mit

ihr die Bank auf dem Aussichtspunkt, die Lars Feidwel erwähnt hatte. Laut seiner Aussage war ein Holzkasten an der Unterseite angebracht, indem ein Umschlag mit Bargeld lag und er den Brief legte. Anna und Yvonne waren auf dem höchsten der insgesamt drei Hügel, dem Utkiek und inspizierten die verschiedenen Bänke, konnten allerdings nichts finden.

„Wie erwartet, scheint unser Täter sämtliche Spuren entfernt zu haben. Immerhin haben wir die Korrespondenz zwischen dem Täter und Lars", seufzte Anna, nachdem die letzte Bank untersucht wurde.

„Das stimmt, auch wenn ich nicht ganz weiß, ob uns das weiterhilft", stimmte Yvonne zu. „Wir sollten uns auf den Rückweg machen. Vielleicht haben die anderen noch etwas herausbekommen."

Anna verlangsamte ihren Schritt. Es war entmutigend, dass der Täter ihre Ankunft scheinbar bis ins kleinste Detail geplant hatte. Egal, wie sehr sie es versuchte, sie konnte nicht erkennen, was der Täter mit seiner Vorgehensweise erreichen wollte.

„Weißt du, was ich nicht begreife?", fing Anna an, während sie zum Auto liefen. „Was ist der Grund für all das hier? Ist es nur gewünschte Aufmerksamkeit für die Auswirkungen des Klimawandels? Warum behält es sich der Täter dann vor, die Videos nur an die Polizei und nicht direkt an Nachrichtenagenturen zu senden? Das ergibt einfach keinen Sinn."

„Daran habe ich auch schon gedacht. Entweder spart

er sich das Ganze noch auf, oder das Thema an sich ist ihm egal", entgegnete Yvonne. „Es würde mich nach den bisherigen Ereignissen aber auch nicht wundern, wenn es noch so weit kommt, dass die Presse direkt angesprochen wird."

Auf dem Rückweg grübelte Anna weiter über die Zusammenhänge nach, die sie offensichtlich übersah. Sie kramte ihr Telefon heraus und begann sich gedankenverloren Notizen zu machen.

Was ist bekannt?

Ein bisher unbekannter Täter fordert mich persönlich an meinem ersten Arbeitstag heraus. Ich soll ihn stoppen, damit die Mordserie aufhört. Tim wird nicht zufällig getötet, der Verlust soll mich treffen.

Die gesamte Situation scheint bereits länger geplant zu sein; gleichzeitig scheint es auch bei den weiteren Opfern eher um zufällige Opfer zu gehen.

Medizinische Kenntnisse sind bekannt. Vermutlich hat der Täter eine Halle oder etwas Ähnliches gemietet, gekauft, geerbt, besetzt o.ä.; in der er seine Opfer verschleppt, sofern er sie nicht direkt umbringt.

Betäubt die Menschen vor den Entführungen

(Elektroschock, Chloroform)

*Trägt Masken (will nicht erkannt werden); wäre die Er-
greifung ansonsten leichter? Verzerrte Stimme spricht
ebenfalls dafür.*
*Die Vorbereitungen für die Tat begannen vor mehreren
Monaten (Auftrag an Feidwel 3, 4 Monate her)*

Was ist unbekannt?

*Welches Motiv steckt hinter den Morden? Warum soll
ausgerechnet ich den Täter stoppen?*

*Was verbirgt sich hinter den Masken? Jemand, den ich
kenne? Wer sollte einen solchen Frust mir gegenüber
haben, dass andere Menschen dafür sterben müssen?*

*Wo liegt die Halle des Täters? Die Tatsache, dass der Tä-
ter Tim aus Hannover entführt und in Oldenburg abgelegt hat, zeigt, dass er mobil ist. Das macht ihn gefährlich für den gesamten Nordwesten, wenn nicht weiter.*

Könnte es Kuhlen sein? Aufgrund seiner Degradierung?

*Wie viele Folgen des Klimawandels wird es noch geben?
Wie viele Tote wird es noch geben, bis der Täter der An-
sicht ist, dass es ausreicht?*

Anna betrachtete ihre Gegenüberstellung und dachte darüber nach, ob sie noch etwas vergessen hatte. Yvonne beobachtete Anna aus dem Augenwinkel und schmunzelte.

„Was wären wir nur ohne unsere Aufzeichnungen."

„Was?", Anna nahm den Kopf hoch.

„Deine Notizen. Du machst dir deine Gedanken und schreibst diese auf. Das kenne ich von mir auch. Ich wusste nicht mal, dass diese Methode noch an der Uni gelehrt wird."

Anna konnte sich, nachdem sie ihre Notizen gespeichert hat, auf das Gespräch einlassen. „Das wird auch nicht gelehrt. Das ist eher ein Tick von mir. Ich kann besser arbeiten, wenn ich das, was ich weiß und das, was ich nicht weiß, gegenüberstelle."

„Das kenne ich, so kann man sich einen Überblick verschaffen und verliert nicht so schnell den Faden", stimmte Yvonne zu. „Vielleicht sollten wir uns mit deinen Notizen mal mit dem Team unterhalten, oder was meinst du?"

Anna nickte nachdenklich. „Von mir aus, ich bin mir nicht sicher, ob es weiterhilft, aber versuchen können wir es."

Als Anna und Yvonne wieder in der Dienststelle angekommen waren, hatte das Team zusammen mit Sanders bereits ein Whiteboard aufgestellt und weitere Ermittlungsansätze darauf geschrieben. Im Gegensatz zu Sanders war Meyer nicht anwesend und beteiligte sich nicht an den Ermittlungen des Teams. Anna betrachtete die verschiedenen Ansätze:

Persönliches Umfeld von Anna

Politisches Motiv

Zufallsprodukt

„Welchen Ansatz verfolgen wir jetzt genau?", fragte Anna.

Hendrik stand auf und ging zur Tafel. „Im Grunde alle. Parallel. Das sind die drei Oberthemen, unter denen wir mehr zusammenfassen wollen."

„Bisher haben wir uns mit dem offensichtlichen Punkt beschäftigt", stieg Peter mit ein.

„Also mit dem politischen Motiv?", schloss Anna aus der Aussage.

„Genau. Wir haben uns die Klimaszene im Nordwesten einmal vorgenommen. Dabei sind wir auf eine interessante Personalie gestoßen."

Peter ging an das Whiteboard und schrieb einen Namen an die Tafel.

Lorenz Schröder

„Wer ist das?", fragte Yvonne, die Platz genommen

hatte.

„Lorenz Schröder, seines Zeichens Klimaaktivist, ist 28 Jahre alt und kommt aus dem Raum Soltau und ist im gesamten norddeutschen Raum unterwegs", begann Hendrik über Schröder zu berichten.

„Er ist in den vergangenen drei Jahren immer wieder auf Demonstrationen für die Klimarettung aufgetaucht und bei fortschreitenden Demos immer radikaler geworden. Er schreckte zuletzt auch immer weniger vor Vandalismus und Körperverletzung zurück."

„Was hat er denn auf dem Kerbholz?", hakte Anna nach.

„Zu Schröders Ausschreitungen gehören unter anderem Beschädigung von Polizeifahrzeugen, die auf Demonstrationen eingesetzt waren. In Hannover zum Beispiel hat er bei einem Mannschaftsbus die Front- und Heckscheibe mit Pflastersteinen eingeschlagen."

Anna nickte, an den Fall konnte sie sich tatsächlich erinnern. Den Täter hatte sie aber eher in der linken Szene vermutet als im Bereich Klimaaktivismus.

„Außerdem", setzte Hendrik fort. „Warf Schröder weitere Steine auf eine Gegendemonstration, die mutmaßlich dem politisch rechten Spektrum zugeordnet werden konnte und verletzte damit mehrere Demonstranten zum Teil schwer."

„Das bedeutet ja aber auch, dass er mindestens dafür verhaftet wurde, richtig?", entgegnete Yvonne.

„Ja, zweimal. Die Gerichtsverfahren für die Körperverletzung und die Sachbeschädigung stehen auch noch
aus. Da aber keine Fluchtgefahr bestand und der Sach-
verhalt auf Video aufgenommen war, ist er derzeit auf
freiem Fuß.“

„Das könnte tatsächlich ein Ansatz sein“, begann Anna.
„Aber eine Sache stört mich etwas. Wie steht Schröder
mit mir in Verbindung? Ich glaube nicht, dass ich ein
zufälliges Opfer bin und ich bin Schröder nie auf der
Straße oder im Dienst begegnet.“

Hendrik sah Anna etwas verschüchtert an. „Das ist der
Punkt, bei dem wir bisher auch noch nicht weiterge-
kommen sind.“

„Immerhin sind wir mit dem ersten Teil vorangekom-
men und können eine erste Spur verfolgen“, schaltete
sich Klaus in das Gespräch ein. „Eine Inaugenschein-
nahme von Verdächtigen ist grundsätzlich gut, solange
wir keine unberechtigten Anschuldigungen ausspre-
chen. Wir müssen derzeit in alle Richtungen ermitteln.“

Anna nickte. „Das stimmt. Ich muss mir Gedanken machen, wer aus meinem Umfeld ein derartiges Interesse
haben kann, wegen mir Menschen umzubringen.“

„Und das am besten schnell. Ich kann mir nicht vorstellen, dass die Presse diesen Rummel nicht langsam mitbekommt. Ganz zu schweigen von den weiteren Opfern“, warf Sanders ein.

„Ja, ich weiß“, gab Anna kleinlaut zurück. Sie spürte,

wie der Druck wuchs. Was übersah sie bloß? Es war wie ein Schatten in einer Nebelbank, der immer größer wurde. Anna wusste, dass eine Gefahr von ihm ausging. Sie und ihre neuen Kollegen waren dabei, im Nebel zu stochern, anstatt den Täter zu fassen. Allerdings hatte Anna das Gefühl, die Lösung fast zu haben, diese glitt ihr aber immer wieder durch die Finger.

„Ich kann nicht wirklich sagen, wer aus meinem Umfeld es sein kann. Ich habe mit Niemandem einen solchen Krach, dass dieser auch nur im Ansatz eine solche Reaktion rechtfertigen könnte."

„Ich denke, dass wir von dem rationalen Ansatz des Täters wegkommen müssen", warf Hendrik vorsichtig ein. „Wir haben gesehen, wozu der Täter fähig ist und das ist nicht mehr mit rationalem Denken zu erklären. Der Täter selbst muss sich in einem Wahn befinden."

„Dabei stellt sich die Frage, was in diesem Wahn als normal angesehen wird und welche Logik daraus folgt", ergänzte Peter.

„Das ist ein guter Ansatz, wird uns aber im Moment nicht weiterbringen. Yvonne, Anna, konntet ihr etwas wegen des Mannes vor dem PIUS herausfinden?", wandte sich Klaus dem aktuellen Fall zu.

„Ja, das konnten wir", begann Yvonne. „Bei dem Mann handelt es sich um Maik Wollers. Wie es den Anschein hat, ist er wie die Frau in der Kanalisation ein Zufallsopfer. Haben wir hierbei mittlerweile einen Namen?"

„Die Frau aus der Kanalisation heißt Eva Bunjes", teilte Klaus mit. „Sie war zuletzt beim Joggen gesehen worden. Wir gehen davon aus, dass sie auf der Joggingstrecke überwältigt und dann in die Kanalisation verschleppt wurde, wo sie ums Leben kam."

„Gut, dass wir einen Namen haben. ‚Die Frau aus der Kanalisation' ist eine unglaublich unpersönliche Ansprache. Wie gesagt, scheint es sich bei Eva Bunjes und Maik Wollers um Zufallsopfer handeln", fuhr Yvonne fort. „Herr Wollers hatte einen Brief bei sich, der an Anna adressiert, indem die Infizierung mit Tollwut beschrieben wurde."

Anna spürte, wie die Anspannung anstieg. Als Yvonne von dem Inhalt des Briefes berichtete, wurde allen Anwesenden schlagartig bewusst, dass die Sache eine weitere Eskalationsstufe erreicht hatte.

„Und was sind nun die nächsten Schritte bei Herrn Wollers?", wollte Sanders wissen.

„Nun, die Ärzte haben ihm alle postexpositionellen Mittel bei Tollwut verabreicht. Allerdings kann derzeit nicht gesagt werden, wann Maik Wollers entführt und infiziert wurde, sofern er tatsächlich infiziert wurde", erklärte Yvonne.

„Bei allem, was wir bisher über den Täter wissen, können wir davon ausgehen, dass Herr Wollers infiziert wurde", warf Klaus ein. „Wir müssen weiterschauen, das gilt besonders für Anna. So leid es mir tut, aber wir müssen uns auf dein Umfeld konzentrieren. Alle anderen Wege scheinen in eine Sackgasse zu führen."

„Ich weiß, ich werde darüber nachdenken, wer mich in dieser Art und Weise ins Visier nehmen will. Ich muss aber sagen, ich weiß nicht, wie ich anfangen soll." Anna hatte das Gefühl, plötzlich gar nichts mehr zu wissen.

Hendrik trat neben sie. „Na ja, dann setzen wir uns da mal zusammen dran. Wir müssen schauen, wer davon wusste, dass du nach Oldenburg versetzt wirst. Das könnte einen großen Teil aus deinem Umfeld schon einmal ausschließen. Dann musst du schauen, mit wem du dich gestritten hast."

„Das ist ein guter Plan, Hendrik. Dann geht ihr beide in euer Büro und überlegt, wer in Frage kommt und hangelt euch an der Liste weiter entlang", sagte Klaus und verteilte Aufgaben. „Der Rest sieht zu, dass wir die Spuren, die wir haben, bestmöglich auswerten und weitere Ansätze bekommen. Peter, Yvonne, ihr prüft einmal bitte den Hintergrund von diesem Schröder. Wo war er die letzten Tage? Wir müssen wissen, ob er ebenfalls zu den Verdächtigen gezählt werden kann."

„Was die Tonspur des ersten Videos angeht, konnte das LKA in Hannover lediglich eine zweite Tonspur ermitteln, die ebenfalls verzerrt ist. Wer auch immer das gemacht hat, muss Ahnung auf dem Fachgebiet haben", erklärte Sanders, der einen Anruf aus Hannover erhalten hatte.

„Also ist dieser Weg auch nur eine Sackgasse. Aber

immerhin haben wir einen weiteren Punkt, den wir einbringen können: Fachkenntnisse im Bereich Videoerstellung sind eher selten vorhanden. Vor allem in Kombination mit der körperlichen Kraft und dem scheinbaren medizinischen Wissen", sinnierte Peter.

„Wir bauen diese Aspekte mit ein", versprach Anna, während sie und Hendrik die Besprechung verließen und in ihr Büro gingen.

Anna setzte sich an ihren Schreibtisch, der immer noch nicht vollständig eingeräumt war und atmete hörbar aus. „Warum ich? Ich bin gerade einmal drei Tage in Oldenburg und habe gleich am ersten Tag eine Mordserie an den Hacken."

„Tja das kann ich dir nicht sagen. Alles was ich tun kann, ist dir zu helfen, mögliche Täter einzukreisen und daran zu arbeiten, dass wir diesen Wahnsinn so schnell wie möglich beenden", entgegnete Hendrik, während er ein Flipchart aufstellte und *„Wer wusste vom Dienstbeginn in Oldenburg?"* aufschrieb. „Dann schieß mal los."

„Nun, meine Eltern wussten davon, die haben das Ganze ja auch mitbekommen. Dann die Vorgesetzten in Oldenburg und Hannover. Kathrin, bei der ich eingezogen bin und Tim", ging Anna laut die Personen durch, die Hendrik aufschrieb. „Wobei wir Tim vernachlässigen können…"

„Das tut mir leid, dass wir das machen müssen, aber vielleicht können wir uns so der Sache annähern", entschuldigte sich Hendrik, der Tims Namen nicht notierte. „Gut, dann schauen wir mal. Deine Eltern würde ich ebenfalls streichen, auch wenn ich sie nicht kenne. Aber ich glaube, unser Täter ist wahrscheinlich jünger."

Anna überlegte. Dass ihre Eltern mit knapp 70 in der Kanalisation von Oldenburg herumklettern und einen Polizisten, der körperlich topfit war, entführen und zu Tode quälen, war tatsächlich sehr unwahrscheinlich. Allerdings brachte sie diese Erkenntnis zurzeit nicht weiter.

„Bei den Vorgesetzten ist es auch sehr unwahrscheinlich, dass sie etwas damit zu tun haben. Ich meine klar, Kuhlen hat allen Grund, einen Groll gegen mich zu hegen. Aber deshalb gleich eine Mordserie anfangen?" Hendrik dachte nach und stimmte Anna nickend zu.

„Was uns als Team angeht, können wir uns wohl auch ausschließen. Ich kann mir bei so gut wie jedem Verfehlungen vorstellen, aber nicht in der Dimension, die wir nun haben."

„Dann bleibt nur noch Kathrin, meine Mitbewohnerin", begann Anna. „Aber nein, ich kann mir nicht vorstellen, dass sie etwas damit zu tun hat. Wir sind seit dem Sandkasten befreundet. Ich wüsste nicht einmal, wann wir uns das letzte Mal gestritten haben."

„Aber kannst du sie hundertprozentig ausschließen?", bohrte Hendrik nach.

Anna rollte mit den Augen. „Ja, kann ich. An den Abenden, an denen die Morde begangen wurden, war ich immer mit Kathrin zusammen. Ich habe ihr sozusagen selbst ein Alibi gegeben."

„Schon gut, du weißt, dass ich so etwas fragen muss. Ansonsten macht es irgendwann ein anderer", erklärte Hendrik.

„Das weiß ich, aber da bin ich mir ziemlich sicher, dass Kathrin nichts damit zu tun hat." Anna überlegte, ob Kathrin dazu in der Lage wäre, mehrere Menschen dem Tod zu weihen, nur um Anna damit in Bedrängnis zu bringen. Nein, das war nicht Kathrin. Kathrin war immer für andere da und hatte nie die Absicht ihnen zu schaden.

„Gut, dann sollten wir vielleicht noch einmal schauen, was wir insgesamt haben. Vielleicht haben wir bisher etwas übersehen", schlug Hendrik vor.

„Das ist eine gute Idee. Warte, ich habe auf dem Rückweg vom Utkiek bereits mit einer Liste angefangen", stimmte Anna zu und las die Punkte auf ihrer Liste vor, die Hendrik auf einem neuen Flipchart notierte. Damit ging die Suche nach einem Ansatzpunkt in die nächste Runde.

-12-

„Ich bin wieder da", rief Anna, als sie in der Wohnung ankam. Die Überlegungen, wer aus Annas Umfeld der Täter sein könnte, verliefen immer wieder im Sand. Jeder Ansatz, den Anna und Hendrik verfolgten, machte im Endeffekt keinen Sinn. Nicht, dass die Vorgehensweise des Täters generell einen Sinn ergeben hätte. Allerdings hatten beide das Gefühl, dass die Ansätze nicht endgültig zusammenpassten.

„Das ist schön, ich wollte gerade mit dem Kochen anfangen. Willst du mir helfen?", erwiderte Kathrin aus der Küche.

Anna lief in die Küche und setzte sich zu Kathrin an den Tisch, die gerade Kartoffeln schälte.

„Na klar helfe ich dir, was kann ich übernehmen?"

„Du kannst dir bitte schon einmal eine Pfanne nehmen und die erhitzen, damit wir das Geschnetzelte anbraten können. Wie war dein Tag? Gibt es etwas Neues?"

„Wird gemacht. Wir haben heute eine weitere Eskalationsstufe unseres Täters erfahren müssen. Ein Opfer wurde wahrscheinlich mit Tollwut infiziert und ist vor dem PIUS abgelegt worden. Ich weiß nicht mehr, wie lange das noch weitergehen kann. Wer denkt sich so etwas aus und setzt es dann auch noch um?" Nachdem Kathrin die Kartoffeln aufgesetzt hatte, holte sie das Geschnetzelte aus dem Kühlschrank und reichte es Anna, die es in die Pfanne gab.

„Hmm. Vielleicht ist das genau das, was der Täter von dir will. Möglicherweise will er, dass du dich genauso fühlst. Die Frage, die er sich stellt könnte sein: Zerbrichst du? Und wenn ja, wann? Darauf scheint er zu warten."

Anna sah Kathrin an und überlegte, weshalb es ihr gerade kalt den Rücken gelaufen ist. War es die richtige Entscheidung, dass sie Kathrin von den Ermittlungen erzählte? Wobei sie ja nicht mehr erzählte, als sowieso bald in der Zeitung stand. Aber was hatte dann das Kribbeln von der Kopfhaut bis zu den Zehen ausgelöst? In der Regel hatte ihr Unterbewusstsein in solchen Situationen meist eine Eingabe, die Anna in den Ermittlungen gebrauchen konnte. Aber bei diesem Fall war Anna sich nicht sicher, ob sie ihrem Gefühl vertrauen konnte.

Kathrin sah zu ihr herüber. „Aber was anderes: Was läuft da zwischen dir und dem Kollegen, der dich abgeholt hat?"

Anna stutzte und sah weiter in die Pfanne. „Was genau meinst du?"

„Ach komm. Das sieht ein Blinder, dass ihr euch gut versteht", neckte Kathrin Anna.

„Wir sind nur Kollegen. Da läuft nichts zwischen uns, falls du das meinst."

„Aber er gefällt dir schon, oder? So wie du ihn ansiehst, könnte man zumindest schnell den Eindruck erhalten, dass du nicht abgeneigt wärst, würde er dich mal zu einem Essen einladen."

„Ja, schon. Es ist nicht ganz einfach", gab Anna zu, während sie mit einem Pfannenwender in der Pfanne herumfuhr und dabei errötete.

„Aha und warum ist es nicht so einfach? Ich glaube, er hätte auch interesse."

„Das glaube ich auch, aber die ganze Sache mit Tim steht dazwischen. Mit Tim hatte ich in Hannover beinahe etwas, als es mir wegen der Versetzung und allem echt scheiße ging. Jetzt so kurz nach seinem Tod mit einem Neuen etwas anzufangen, fühlt sich nicht richtig an."

Es war nicht so, dass Anna Hendrik unsympathisch fand. Aber es fühlte sich einfach falsch an, nach drei Tagen die gleichen Gefühle wie für Tim nach Wochen zu haben. Grundsätzlich war es schön, aber es machte alles nur komplizierter, als es ohnehin schon war.

„Aber das ist ja etwas, was mit der Zeit kommen kann", gab Kathrin zu bedenken. „Ich habe ja auch nicht gesagt, dass du jetzt sofort mit ihm anbandeln sollst. Ich wollte nur einmal nachfragen, ob ich richtig liege."

Fröhlich pfeifend übernahm Kathrin die Pfanne und

bereitete das Essen zu. Anna setzte sich in der Zwischenzeit an den Küchentisch und sie redeten weiter über alles und gleichzeitig nichts. Kathrin wusste und verstand, dass Anna nichts Genaues erzählen durfte und machte keine Anstalten, weiter nachzufragen, was Anna sehr zu schätzen wusste.

Nach dem Essen verbrachten die beiden den Abend vor dem Fernseher und ließen sich von dem Programm langsam in den Schlaf bringen, bevor Anna beschloss ins Bett zu gehen. Trotz der vergangenen, auslaugenden Tage konnte Anna nicht einschlafen. Ihr spukte die ganze Zeit im Kopf, dass es auch Kathrin sein könnte, die die Morde begangen hat. Aber es passte nicht, dass Kathrin derart entglitt. Außerdem gab es kein Motiv, was eine derartige Reaktion mit Anna in Verbindung brachte. Kathrin und Anna kannten sich seit über 30 Jahren. Sie hatten sich zwar ab und zu gestritten, aber nichts davon war so heftig gewesen, um eine solche Aktion hervorzurufen.

Allerdings konnte Anna das Gefühl nicht abschütteln, dass Kathrin etwas verheimlichte. Nach einiger Zeit gelang es Anna mit einem flauen Magen doch einzuschlafen.

Als Anna am nächsten Morgen wach wurde, war Kathrin bereits aufgestanden und hatte den Frühstückstisch gedeckt.

„Guten Morgen, hast du gut geschlafen? Du sahst gestern nicht ganz so gut aus. Hoffentlich wird das schnell besser", begrüßte Kathrin Anna.

„Guten Morgen, ja es ging einigermaßen. Unser Fall macht mir sehr zu schaffen. Das nimmt mich extrem mit. Da ist nicht immer viel mit schlafen", gab Anna müde zurück und setzte sich an den Küchentisch.

Kathrin las währenddessen in der Zeitung. „Sieh dir das mal an, hier steht, dass jemand in der Kanalisation umgekommen ist", fasste sie einen Artikel zusammen. Anna war schlagartig wach. „Ehrlich? Kann ich die Zeitung einmal haben?"

Kathrin gab Anna die Zeitung, die Anna überflog. Nordwest-Zeitung stand vorne auf dem Titelblatt. „'Es ist davon auszugehen, dass die Frau nicht eines natürlichen Todes gestorben ist.' Ja, natürlich nicht, wer stirbt schon in der Kanalisation? Aber wurden zumindest nicht alle Details genannt?", zitierte Anna, während sie den Artikel durchlas.

„Was ist denn genau passiert?", fragte Kathrin nach. „Habt ihr noch ein Opfer?"

„Ja, bereits vor zwei Tagen. Das war, als ich morgens dein Fahrrad geborgt hatte. Wir wissen nur, dass es unser Täter ist. Aber leider kommen wir nicht weiter." Anna las den Artikel zu Ende und spürte, dass die Geschichte eine weitere Entwicklung genommen hatte. Jetzt, wo der erste Mord in der Zeitung gelandet ist, wird es nicht lange dauern, bis die Journalistin es ins PIUS schaffen und Maik Wollers interviewen. Dieser wird dann seine Geschichte erzählen und damit für die Zeitung ein gefundenes Fressen sein. Es könnte durchaus sein, dass es zu einer Panik kommt und die nächsten Tage sehr ungemütlich werden.

„Das ist nicht gut. Ich muss Klaus anrufen, damit wir das besprechen können. Ich bin sofort wieder da", erklärte Anna, während sie ins Wohnzimmer ging und die Tür hinter sich schloss.

Klaus ging nach dem zweiten Klingeln an sein Telefon.

„*Guten Morgen, Anna*", klang es aus dem Hörer.

„Guten Morgen, Klaus. Ich glaube, wir haben ein Problem. Hast du heute Morgen die Zeitung gelesen?"

„*Selbstverständlich habe ich das. Allerdings muss ich sagen, dass der Artikel über Frau Bunjes kein Problem darstellen sollte.*"

„Und was ist, wenn die Zeitung herausfindet, dass unser aktuelles Opfer sich im PIUS befindet und ansprechbar ist? Meinst du nicht, dass diese Sache etwas problematisch werden könnte?"

„*Darüber habe ich auch nachgedacht und mich entschieden, nichts zu machen. Sofern Herr Wollers mit der Presse reden möchte, kann ich es ihm nicht verbieten. Die Sache können wir sowieso nicht unter Verschluss halten. Es haben viel zu viele Menschen die Bergung an der Wehdestraße mitbekommen. Außerdem...*"

„Außerdem was?"

„*Außerdem scheint es, als ob wir einen weiteren Tat- beziehungsweise Fundort haben.*"

„Was? Wo? Was ist passiert?"

Alte Fleiwa, vor dem Wasserturm wurde heute Nacht ein Transporter in Brand gesteckt. Vor dem Eingang zu der dort ansässigen Kantine wurde ein weiterer Leichnam gefunden. Hendrik ist gerade auf dem Weg, dich abzuholen. Wir haben derzeit leider keine Auszeit, Anna."

„Verstehe, dann mache ich mich fertig und wir sehen uns bei der Alten Fleiwa?"

„Machen wir, bis gleich." Mit einem Klicken wurde das Gespräch von Klaus beendet. Anna ging zurück in die Küche und klärte Kathrin auf, dass sie nicht länger bleiben konnte, bevor sie sich anzog.

Kaum angezogen klingelte es an der Tür und Anna machte Hendrik auf. Bevor er etwas sagen konnte, hatte Anna bereits die Haustür geschlossen und ging mit Hendrik zum Auto.

„Guten Morgen, weißt du schon, worum es geht?", fragte Hendrik.

„Klaus hat mir gerade erzählt, dass ein Fahrzeug auf dem Gelände der Alten Fleiwa in Brand gesteckt wurde, auch wenn ich diesen Ort noch nicht kenne. Und das eine weitere Leiche gefunden wurde", antwortete Anna. „Also komm, lass uns dahin, damit wir endlich mit der Aufklärung vorankommen."

-13-

Als Anna und Hendrik bei der Alten Fleiwa ankamen, stand die Feuerwehr noch um den etwas erhöhten Vorplatz zum Wasserturm aufgestellt. Auf dem Platz neben mehreren Glaskästen, in denen alte Maschinen ausgestellt wurden, konnte Anna die Überreste eines Transporters erkennen. Der Transporter war komplett ausgebrannt.

Der Einsatzleiter der Feuerwehr kam auf Anna zu. „Moin. Ziemlicher Aufruhr hier. Aber meine Jungs sind so weit fertig."

Anna nickte in Richtung des Wracks. „Was ist passiert?"

„Genau kann ich das nicht sagen, aber so wie es aussieht, hat sich hier jemand des Fahrzeugs entledigt. Aber genauer müssen das Ihre Kollegen von der Brandermittlung sagen. Ich gehe jedenfalls davon aus, dass der Transporter angesteckt wurde."

„Und gibt es sonst noch etwas?", erkundigte sich Hendrik.

„Oh ja. Dahinten beim Eingang. Das sollten Sie sich mal ansehen, das ist nicht mehr unser Tanzbereich."

Anna und Hendrik gingen zum Eingangsbereich des

Wasserturms und fanden dort einen Haufen Kleidung, auf dem ein Plakat lag. Auf dem orangenen Plakat stand mit schwarzen Buchstaben groß *„1.500 Schweine am Tag"*.

„Was genau hat das zu bedeuten?", fragte Anna, während sie sich dem Stoffhaufen näherten.

„Nun, dabei handelt es sich um eine Aktion des Museums in Oldenburg. Das Plakat hat eine Zeit lang in dem ehemaligen Pförtnerhäuschen hier um die Ecke gehangen. Es wurde aber vor einiger Zeit wieder abgenommen. Es hat sich niemand große Gedanken darum gemacht."

„Und warum hing das Plakat in dem Häuschen?"

„Das Stadtmuseum wird gerade neu gebaut, daher haben sich die Betreiber des Museums überlegt, dass die Ausstellung zur Stadtgeschichte während des Baus direkt in der Stadt stattfindet. Das hier ist einer der Orte. Alte Fleiwa steht heute für die frühere Fleischwarenfabrik Bölts AG. Das hier ist das alte Fabrikgelände, bevor diese 1988 in das Gewerbegebiet nach Tweelbäke ging. Das Plakat soll auf die Ausstellung hinweisen."

„Interessant", gab Anna von sich, während sie den Haufen untersuchte und darin herumtastete. Sie sah zu Hendrik herüber. „Aber ich glaube nicht, dass das Museum sein Plakat auf einer Leiche abgelegt haben wollte, oder?"

Im nächsten Augenblick war Hendrik neben ihr. „Was,

wo ist da eine Leiche?"

„In den Klamotten steckt ein Körper. Ich kann keinen Puls spüren und auch keine Atmung feststellen. Wenn ich mir das eingefallene Gesicht ansehe, würde ich davon ausgehen, dass die Person verhungert ist."

„Meinst du, dass es unser Täter ist?"

„Glaubst du, er ist es nicht? Verhungern als Todesursache würde aufgrund von Dürren und anderen Naturereignissen in das Bild der Klimafolgen passen."

„Stimmt, da hast du recht. Gut, dann sage ich den Kollegen Bescheid."

Anna betrachtete den Leichnam. Es war ein kleiner Körper gewesen. Das, was früher im Gesicht war, hing nun schlaff am Körper herunter. Es sah aus, als ob es sich früher einmal um einen übergewichtigen Menschen gehandelt haben muss, was abermals den Zynismus im Vorgehen des Täters bewies, gerade einen übergewichtigen Menschen verhungern zu lassen.

Nachdem die Spurensicherung am Fundort angekommen war, sah sich Anna den Ort genauer an. Die Leiche wurde vor einem alten Wasserturm abgelegt, der heute als Eingang in eine Kantine und ein Tagungszentrum diente. Wie Hendrik ihr berichtete, diente der gesamte Komplex seit 1924 als Fabrik für Fleischwaren unterschiedlicher Art, die zum damaligen Zeitpunkt die größte Fabrik dieser Art in Europa war. In der heutigen Nutzung, unter anderem als Standort der Stadtverwaltung, wurde der Campus um den Bereich bis zur Ziegelhofstraße mit verschiedenen Dienstleistungen erweitert.

„Wenn hier so viel los ist, kann es sein, dass jemand etwas gesehen hat?", fragte Anna sich.

Hendrik schüttelte den Kopf. „Wir haben es jetzt kurz vor sieben Uhr. Die Alarmierung war um halb Sieben, als die ersten Angestellten zur Arbeit kamen. Ich glaube nicht, dass jemand etwas gesehen hat."

„Ist die Person, die den Notruf abgesetzt hat, noch hier?"

„Das ist sie nicht. Es war ein Zugführer, der auf der Eisenbahnstrecke hier hinter den Gebäuden betriebsbedingt warten musste und dann den Feuerschein wahrgenommen hat."

„Also müssen wir davon ausgehen, dass wieder niemand etwas mitbekommen hat?", resümierte Anna frustriert. Der Fall war bis in die letzte Instanz durchgeplant. Wer auch immer der Täter war, er hatte an alles gedacht. Normalerweise waren solche Taten nicht so detailliert geplant. Dieses geplante Handeln bereitete Anna Sorgen. Wenn der Täter auf alle Eventualitäten vorbereitet war, war es unwahrscheinlich, dass Anna und das Team ihn schnell schnappen konnten.

Anna und Hendrik sahen sich das Wrack des Transporters an, als der Einsatzleiter erneut zu ihnen kam.

„Es ist vielleicht eine interessante Sache, die wir hier gefunden haben", begann er und hielt einen verschmorten Plastikgriff in der Hand.

„Was genau ist das?"

„Wenn ich es richtig sehe, handelt es sich hierbei um einen Spritkanister. Benzin würde ich schätzen."

„Gut, dass so etwas wie Benzin genutzt wurde, hatten Sie bereits angedeutet. Was genau ist daran interessant?", fragte Hendrik.

„Dass der Kanister noch hier ist", antwortete Anna, ohne auf eine weitere Erklärung zu warten. Hendrik sah sie verwirrt an.

„Können Sie uns den genauen Fundort zeigen?", forderte Anna an den Einsatzleiter gewandt.

„Natürlich, kommen Sie." Zu dritt gingen sie an den übrig gebliebenen Laderaum des Transporters. Auf dem Boden waren Spuren eines Grablichtes zu sehen. Der verbrannte Messingrand und gesprungenes Glas waren im Umkreis neben der ehemaligen Ladekante zu erkennen. Anna erkannte, wie der Brand zustande gekommen sein konnte.

„Waren die Türen verschlossen, als Sie ankamen?", fragte Anna.

„Nein, sie standen auf."

„Das heißt, der Täter war irgendwann hier und hat einen simplen Zeitzünder gebaut."

„Du meinst, er hat den Benzinkanister im Laderaum ausgekippt und dann das Grablicht darunter gestellt?", fasste Hendrik zusammen.

„So in der Art. Ich schätze, er hat ein Loch in den

158

Kanister gebohrt und den Transporter oder den Kanister leicht schräg abgestellt hat. Dadurch lief im Laderaum das Benzin aus und floss langsam Richtung Hecktüren. Dort stellte er die Grabkerze auf. Durch das entstehende Feuer würde der Kanister schmelzen und ohne Spuren verschwinden", überlegte Anna.

„Aber wie konnte er sicher sein, dass das Benzin bei der Kerze ankommt? Durch das Glas und den Deckel war die Flamme einigermaßen geschützt. Und das Benzin kann fast überall hinlaufen."

Der Einsatzleiter schaltete sich erneut ein. „Da kann ich vielleicht etwas zu sagen: Bei solchen Transportern sind häufig Böden verbaut, die Rillen haben, damit auftretende Feuchtigkeit dahin herabfließen kann und die Rutschgefahr gehemmt wird. Wenn das hier ebenfalls der Fall gewesen ist, wäre es ein Leichtes, das Grablicht exakt aufzustellen. Außerdem ist Benzin flüchtig und gast schnell aus. In einem ausreichenden Gemisch in der Nähe einer Flamme könnte auch diese Variante ausreichen, damit es zu einer Verpuffung kommt und das Benzin anfängt zu brennen."

„Wie lange dauert es wohl, bis das Benzin von vorne nach hinten läuft? Und wie kommt es, dass der Griff nicht mit verbrannt ist?", dachte Anna laut nach.

„Ich würde sagen, es war einfach Glück. Ich kann nicht genau sagen, wo der Kanister stand. Es kann auch sein, dass er näher an den Türen stand und dann bei der

Verpuffung aus dem Fahrzeug geschleudert wurde. Durch den so entstehenden Luftzug können eine offene Flamme und Funken ersticken, da das Gemisch nicht mehr stimmt."

„Danke, Sie haben uns sehr geholfen." Anna wandte sich an Hendrik, als von weiter hinten ein Mann mit ernegischem Schritt und zornigem Gesicht auf Anna und Hendrik zukam: Meyer. Sanders kam ebenfalls, stellte sich allerdings ein wenig Abseits hin.

„Was fällt Ihnen ein? Wieso werden wir nicht informiert, dass es ein weiteres Opfer gibt und jetzt dieser Tatort?", polterte Meyer los. „Wir haben das Recht, über alle Entwicklungen umgehend informiert zu werden! Man sollte Sie inkompetente Ermittler schnellstmöglich von diesem Fall abziehen!"

„Hören Sie mal...", setzte Hendrik an. „Hendrik, darf ich?", fragte Anna, während sie ihm eine Hand auf den Arm legte. Sie zog Hendrik zurück und baute sich vor Meyer auf. Anna sah Meyer direkt in die Augen, der versuchte, ihrem Blick standzuhalten.

„Sie haben ein Anrecht auf Informationen, wer sagt das? Weil Sie uns unterstützen sollen? Dann wäre es schön, wenn Sie sich auch mal nützlich machen und sich wie Ihr Kollege an den Ermittlungen beteiligen. Sanders ist immerhin so weit eingebunden, dass er Lösungsansätze mitdiskutiert. Wo waren Sie die letzten Tage? Als der Fall hier an Dynamik aufgenommen hat, waren Sie nicht in der Dienststelle und haben

160

ermittelt. Was genau haben Sie getrieben und vor allem: Was haben diese ‚Ermittlungen' gebracht? Wenn Sie hier einen auf den großen Helden machen wollen, dann sollten Sie anfangen, dem Täter auf die Spur zu kommen. Zu Ihrer Information: Ich lege keinen Wert darauf, wer den Fall löst. Aber der Fall muss gelöst und der Täter gefasst werden. Und kommen Sie mir jetzt nicht damit, Sie wären in hochgeheimen Kreisen unterwegs gewesen und konnten deshalb keinen Kontakt halten. Sie wollen, dass wir nicht ermitteln? Gerne, aber beweisen Sie vorher, dass Sie auch nur halb so kompetent sind, wie Sie hier die ganze Zeit tun."

Ohne auf eine Reaktion zu warten, wandte Anna sich von Meyer ab und ging mit Hendrik zum restlichen Team, das sich am Rande des Platzes aufgestellt hatte. „Ach ja? Wir werden ja sehen, wer den Täter zuerst findet. Aber eins ist sicher: Davon werden Ihre Vorgesetzten erfahren!", rief Meyer über den Platz.

Anna drehte sich noch einmal um und ging erneut zu Meyer. „Tun Sie das, Sie wissen, mit wem ich mich bisher angelegt habe. Meinen Sie, ich habe Sorge davor, was ein LKA-Beamter meinen Vorgesetzten sagen kann? Was meinen Sie denn, was passieren wird? Solange dieser Fall nicht gelöst ist, wird man mich nicht abziehen, da ich das Ziel bin. Und so lange Sie keinen Täter haben, werden Sie mit diesem Vorhaben keinen

Erfolg haben."

Beim Team angekommen, klopfte Klaus Anna aufmunternd auf die Schulter. „Mach dir keine Gedanken um Meyer. Der kann dir gar nichts und das weiß auch jeder."

Anna seufzte. „Das ist mir klar, mich nervt es nur, dass er nicht im Ansatz mithilft und hier jetzt einen auf Ermittlungsgenie macht, obwohl er den Laden mit solchen Auftritten aufhält."

„Machen wir uns nichts daraus. Wissen wir, wer das Opfer ist?", hakte Klaus die Szene ab, während Meyer etwas unentschlossen um die Spurensicherung herumschlich und nach Anhaltspunkten Ausschau hielt.

„Bisher noch nicht, aber wir haben mit diesem Opfer eine weitere Folge des Klimawandels: Verhungern", erklärte Anna.

„Also wird es wohl wieder unser Täter sein", stellte Klaus fest. „Bisher gibt es hier nicht viel zu tun. Wir sollten uns in der Dienststelle mit dem Fahrzeug auseinandersetzen. Vielleicht kommen wir der Lösung damit etwas näher."

„Warten Sie. Wir haben einen Namen zum Opfer", sagte ein Mitarbeiter der Spurensicherung, der zu der Gruppe gestoßen war. Klaus wandte sich ihm zu.

„Oh, das ging schneller als erwartet. Um wen handelt es sich hier?"

„Wir haben einen Ausweis gefunden. Dieser ist auf einen Manfred Kühnert aus Westerkappeln ausgestellt", erklärte der Mitarbeiter und übergab den gefundenen Ausweis an Klaus.

„Vielen Dank für die Information. Dann haben wir einen weiteren Ansatz. Jetzt heißt es für uns die bisherigen Arbeiten ausweiten und weiter nach Zusammenhängen zu suchen."

In der Dienststelle angekommen wurde die Arbeit aufgeteilt. Hendrik, Anna und Sanders nahmen sich die Notizen von Anna vor, während sich Yvonne und Peter um den Hintergrund von Manfred Kühnert kümmerten.

Klaus nahm in der Zwischenzeit Kontakt zum LKA in Hannover auf, um die Beamten dort über das Verhalten von Meyer zu informieren.

„Was können wir nun hinzufügen? Wir haben ein drittes Opfer, welches eine Auswirkung des Klimawandels darstellt. Außerdem scheint der Täter sich seines Fahrzeugs entledigt zu haben. Was genau bedeutet das?", fragte Anna in den Raum hinein.

„Kommt er damit langsam an ein Ende heran?", überlegte Sanders. „Möchte er uns zeigen, dass er das Fahrzeug nicht mehr benötigt?"

„Schon möglich. Der Täter hat auf jeden Fall eine Symbolik in seinen Handlungen. Das erste Opfer ist davon nicht direkt betroffen, aber der Rest passt in das theatralische Muster des Täters."

„Gab es eigentlich bisher noch einmal eine Forderung, die Politik zum Einlenken zu bewegen?", fragte Hendrik nach. „Oder wurde dieses Thema bisher nicht weiter aufgebracht?"

Anna schüttelte den Kopf. „Nein, bisher wurde dieses Thema nur im ersten Video genannt. Seitdem nicht wieder. Ich bezweifle auch, dass der Täter einen politischen Hintergrund hat. Zumindest geht es ihm nicht wie zum Beispiel dem Klimaaktivisten Schröder um eine höhere Sache. Ich würde sagen, dass der Hinweis aus dem ersten Video nur eine Nebelkerze gewesen ist."

„Stimmt, das Ziel scheint nicht weiter verfolgt zu werden. Allerdings stecken wir in einer Sackgasse", gab Sanders zu bedenken. „Hat die Spurensicherung irgendein Identifizierungsmerkmal an dem Transporter gefunden?"

„Das Fahrzeug wurde von einer Firma mit dem Namen „Col Ebris In- und Export" zugelassen. Wer hinter der Firma steht, kann derzeit nicht gesagt werden, da der Adresse in Panama angegeben ist. Eine Überprüfung der Daten hat bisher noch nicht stattgefunden", schaute Hendrik nach.

„Col Ebris...", sagte Anna, während sie den Namen aufschrieb. Irgendetwas meldete sich bei diesem Namen, aber sie konnte nicht mitteilen, was genau.

„Also kommen wir da auch noch nicht weiter", resümierte Anna. „Außer, dass es Verbindungen ins

Ausland gibt, die eine Spur verwischen sollen. Das ist doch wahnsinnig. Wir haben so viele tote Enden. Was ist das Puzzleteil, das alles miteinander verbindet? Ergab Schröder eigentlich noch etwas Neues?"

Hendrik schüttelte den Kopf. „Nein, in den letzten Tagen war er auf einer Versammlung der letzten Generation in Hamburg und hat dort ein radikaleres Vorgehen gefordert. Lars Feidwel, der den Brief geschrieben hat, war ebenfalls anwesend und die beiden wurden von mehreren Teilnehmern und Ordnern gesehen."

„Also auch hier ein totes Ende. Aber irgendetwas muss es geben."

Während sie zu dritt über das Ziel des Täters berieten, kamen Peter, Yvonne und Klaus hinzu.

„Wir haben nun einen Hintergrund zu Kühnert", teilte Peter mit, der einen Fernseher einschaltete, der als PC-Bildschirm diente. Auf diesem Bildschirm erschienen Fotos eines dicken, kleinen Mannes.

Peter stellte sich neben den Bildschirm. „Das hier ist Manfred Kühnert aus Westerkappeln, seines Zeichens Fleischfabrikant."

Sanders schnaubte. „Dann ist der Ablageort ja auch bedeutsam."

„Genau", fuhr Peter fort. „Außerdem ist Manfred Kühnert vor zwei Monaten spurlos verschwunden und galt bis heute als vermisst."

„Stimmt, das hatte ich in den Medien mitbekommen",

erklärte Anna. „Allerdings sind die meisten Ermittlungen in den Bereich der Angestellten gegangen, da Kühnert in der Vergangenheit mehrfach durch schlechte Wohnbedingungen für Leiharbeiter aufgefallen war. Es wurde auch spekuliert, dass seine Fabrik nicht mehr rentabel war und er sich deshalb abgesetzt hat."

„Na ja, nach dem Anblick, der uns geboten wurde, ist davon auszugehen, dass der Täter Kühnert entführt und hat verhungern lassen. Was tatsächlich so eine lange Zeit dauern kann, wenn man bedenkt, dass er zwischen 120 bis 160 Kilogramm gewogen haben soll", erklärte Peter weiter.

Anna fiel erst jetzt auf, dass die Vorbereitungen für diesen Mord bereits vor mehreren Wochen begannen. Zum zweiten Mal in dieser Serie.

„Das heißt, wir haben einen zweiten Mord, der zumindest vor Monaten vorbereitet wurde. Und wieder einen aus dem südlichen Niedersachsen beziehungsweise aus dem Raum Hannover", sinnierte Anna.

Hendrik stand auf und füllte das Whiteboard, an dem sie die Informationen mit den neuen Erkenntnissen sammelten.

„Das heißt, unser Mann muss ortskundig sein", warf Sanders ein.

„Was auf viele Menschen zutrifft", erklärte Anna.

„Aus den Aufzeichnungen, die wir gestern gemacht hatten, konnten wir bisher niemanden finden, der für die Taten infrage kommt", fügte Hendrik hinzu.

„Außerdem...", setzte er an, bevor sein Telefon klingelte. „Entschuldigung. Schütz? Wie bitte? Jetzt sofort? Ja, ist in Ordnung, ich bin auf dem Weg."

Hendrik blickte in die Runde. „Anna, wir müssen los. Dr. Schneider vom PIUS möchte uns wegen Maik Wollers sprechen."

14

„Schön, dass Sie es so schnell einrichten konnten. Herr Schütz, ich glaube, wir kennen uns noch nicht. Ich bin Dr. Schneider, der behandelnde Arzt von Herrn Wollers", begann Dr. Schneider, als Hendrik und Anna das PIUS Hospital betraten.

„Angenehm, Schütz von der Kripo. Meine Kollegin Kramer kennen Sie ja bereits", antwortete Hendrik.

„Ja, wir hatten bereits das Vergnügen."

Anna sah Dr. Schneider an. „Mein Kollege erzählte, wir sollten uns mit Ihnen wegen Maik Wollers unterhalten?"

„Genau. Wir haben die Bestätigung, dass Herr Wollers tatsächlich mit Tollwut infiziert wurde", berichtete Dr. Schneider.

„Es hätte auch nicht zu unserem Täter gepasst, dass er nur einen Bluff einsetzt. Was bedeutet das für Herrn Wollers?"

„Nun, wir haben eine Blutprobe an das Labor gegeben und wie es scheint, ist das Virus, welches Herrn Wollers befallen hat, eine neue Variante, die bisher nicht sehr bekannt ist. Die Medikamente, die wir verabreicht haben, scheinen nicht zu wirken. Zumal Herr

Wollers mindestens einen Tag in der Gewalt des Täters war."

Anna sah auf. „Woher wissen Sie, das er so lange in seiner Gewalt war?"

„Er hat es uns gesagt. Er war am Sonntagnachmittag im Stadtwald spazieren und wurde Mittwochmorgen vor unserer Tür gefunden."

„Das heißt, wir müssen davon ausgehen, dass der Täter ihn am Sonntag infiziert und am Dienstagabend oder in der Nacht von Dienstag auf Mittwoch ausgesetzt hat", schlussfolgerte Anna.

„Er hat mit Absicht so lange gewartet? Wieso?", fragte Hendrik nach.

„Das kann ich erklären", führte Dr. Schneider aus. „Wenn jemand von einem mit Tollwut infizierten Tier gebissen wird ist es wichtig, so schnell wie möglich eine nachträgliche Impfung zu verabreichen, bevor das Virus das zentrale Nervensystem befällt. Auch, wenn der Patient bereits eine Impfung erhalten hat, ist dies der Standardfall. In der Regel hat man dafür 24 Stunden Zeit."

„Da schließt sich erneut der Kreis, dass der Täter über medizinische Kenntnisse verfügt", erkannte Anna. „Nach der ersten Tat ist es das zweite Mal, dass er uns das beweist. Hat Herr Wollers etwas dazu gesagt, wie sich der Täter verhalten hat?"

„Nur das, was bereits bekannt ist. Er hat eine

Rabenmaske getragen und die Stimme war verändert. Nur zur Körpergröße konnte Herr Wollers etwas mitteilen: die Person ist ungefähr 1,70 Meter groß. Wobei Herr Wollers selbst zugab, nicht gut im Schätzen zu sein. Und der Täter hatte eher zierliche Hände. Zumindest meinte Herr Wollers, dass die Handschuhe, die er gesehen hat, klein waren."

„Immerhin etwas. Auch wenn es nur Kleinigkeiten sind. Aber nach und nach bekommen wir ein klareres Bild. Vielen Dank, Herr Dr. Schneider", bedankte sich Hendrik und ging mit Anna zum Wagen. Während ihres Rückwegs war Anna schweigsam und schien in Gedanken zu sein.

„Ist alles in Ordnung?" Hendrik stand neben Anna und hielt ihr die Tür zum Wagen auf. Anna setzte sich in den Wagen und sagte weiterhin nichts, während Hendrik sich ans Steuer setzte und den Wagen startete. Er merkte, dass es Anna nicht gut ging, wollte ihr aber nicht damit zu nahetreten und sie bedrängen ihm die Sache zu erzählen.

„Wieso?", fragte Anna einige Zeit, nachdem sie auf dem Weg waren.

„Wieso was?"

„Wieso kommen wir bei diesem Fall mal überhaupt nicht weiter? Aus welchem Grund verfolgt mich ein Wahnsinniger in einer Stadt, die mir selbst noch fremd ist und versucht mich an den Rand der Verzweiflung zu bringen? Spoiler: Ich stehe an einem Abgrund und

170

weiß nicht, wie oft ich den Schubs, der mir gegeben wird, noch ausgleichen kann. Lange halte ich das nicht mehr aus"

Hendrik sah kurz zu Anna und danach wieder auf die Straße. „Ich kann dir leider nicht sagen, wieso du das Ziel dieser ganzen Sache bist. Aber ich kann dir so gut es geht helfen, damit wir den Täter finden und du in Ruhe ankommen kannst."

„Das ist ja alles gut und schön, aber hast du eine Idee, wo wir anfangen sollen zu suchen? Ich weiß nicht mehr, wo mir der Kopf steht, Hendrik. Ich bin im Moment vollkommen aufgeschmissen, da wir nicht im mindesten wissen, wo wir uns hinbewegen. Und ich fühle mich so nutzlos. Wenn ich nur einen Ansatz hätte. Wer weiß denn, wie viele Opfer es noch gibt? Nur weil ich es nicht auf die Kette bekomme, die Hinweise zusammenzufügen?"

„Anna, du brauchst, glaube ich mal eine Auszeit", sagte Hendrik, als er auf den Parkplatz der Dienststelle fuhr. „Warte mal kurz, ich bin gleich wieder da." Hendrik verschwand im Gebäude und kam nach wenigen Minuten wieder zum Wagen, in dem Anna noch saß und mit den Tränen rang. Die aussichtslose Situation machte sie fertig.

„Wo willst du jetzt hin?", fragte Anna, nachdem Hendrik wieder in den Wagen gestiegen war.

„Wir machen jetzt Feierabend und ich zeige dir ein

bisschen was von Oldenburg. Damit du ein wenig auf andere Gedanken kommst. Zumindest für heute Abend. Magst du Bier?"

„Ein Bier klingt nicht schlecht, aber wir können doch jetzt noch nicht Feierabend machen."

„Doch, das ist von Klaus persönlich abgesegnet. Er merkt auch, dass du an diesem Fall von Beginn an sehr zu knabbern hattest. Deshalb befürwortet er es, wenn wir uns etwas rausziehen, während der Rest mit den Informationen weiterarbeitet. Mach dir darum also keine Sorgen."

„Okay und wo soll es hingehen?", fragte Anna, die ein schlechtes Gewissen hatte, die anderen alleine arbeiten zu lassen.

„Lass dich überraschen", grinste Hendrik und fuhr in Richtung Innenstadt. Nach ein paar Minuten und gefühlten 30 roten Ampeln fuhr Hendrik den Wagen in ein Parkhaus neben einem Kino.

„Wir machen einen kleinen Spaziergang und zum Abschluss gönnen wir uns ein oder vielleicht auch zwei Biere", meinte Hendrik, der Anna bedeutete mitzukommen.

Anna folgte Hendrik an einigen Mehrfamilienhäusern vorbei an Bahngleisen entlang. Es dauerte einen Moment, bis sie die Gebäude hinter sich gelassen hatten und an einem Sperrbock vorbei auf einer Promenade schweigend an einem Fluss entlang zu spazieren.

„Das hier ist der alte Stadthafen von Oldenburg.

Früher waren hier Handwerksbetriebe und halt der Hafen, die jetzt allerdings den Wohngebäuden weichen mussten", erklärte Hendrik nach einer Weile. „Und das hier ist die Hunte."

Anna musste lächeln. „Woher weißt du das alles? Bist du als Kind in ein Lexikon gefallen?"

„Nicht direkt, ich interessiere mich halt für solche Dinge. Irgendwie hat Stadtgeschichte schon immer meine Neugierde geweckt", antwortete Hendrik schulterzuckend. „Oder stört es dich, wenn ich dir ein paar Sachen über Oldenburg erzähle?"

„Nein, nein. Es ist ganz nett, wenn ich kleine Touren bekomme. Ich weiß nur nicht, ob ich das alles behalten kann."

„Das macht nichts, ich erzähle es auch gerne noch einmal, falls du es noch einmal hören möchtest. Aber lass uns jetzt hier die Promenade entlang. Dann kannst du gleich ein Oldenburger Original probieren: OL's hier gebrautes Bier."

„Oh wow, Oldenburg hat eine eigene Brauerei?"

„Ja, eine kleine. Aber das Bier schmeckt nicht schlecht. Was meinst du? Etwas zu essen bekommen wir dort bestimmt auch."

Anna merkte, dass Hendrik sich Mühe gab sie abzulenken, ähnlich wie Kathrin vor ein paar Tagen auch schon, was ihr ein warmes Gefühl gab. Allerdings war es mit Hendrik noch etwas anderes, das Anna nicht genau einordnen konnte. Etwas Schönes.

„Gerne, dann lass uns da hin. Ein Bier kann ich definitiv vertragen, das kannst du mir glauben."

15

Annas Handy vibrierte in ihrer Hosentasche, als sie aufwachte. Sie lag auf einem Sofa in einer fremden Wohnung. Verschlafen griff sie nach ihrem Telefon und sah, dass es eine Nachricht von Kathrin war:

„Alles gut bei dir? Du bist gestern nicht nach Hause ge-kommen, da wollte ich einmal nachfragen, wie es dir geht."

Anna hob den Kopf und merkte den Kater. Das letzte Bier musste schlecht gewesen sein, aber es fühlte sich an, als ob es nicht nur das Letzte gewesen war. Sie tippte eine Nachricht an Kathrin:

„Ja, soweit ist alles in Ordnung. Bin gestern abgestürzt, geht aber insgesamt. Ich muss mal schauen, wie der Tag wird. Ich melde mich nachher noch einmal."

Erst jetzt realisierte Anna, dass sie in einer fremden Wohnung aufgewacht war. Schockiert zog sie vorsichtig die Decke hoch und war sehr erleichtert nicht nackt zu sein. Lediglich ihre Schuhe hatte sie ausgezogen.

Leise setzte sie sich auf und sortierte sich. Sie war gestern mit Hendrik unterwegs gewesen, um Bier zu trinken. Aber nach dem Essen und den ersten Bieren war die Erinnerung weg. Anna hielt sich den Kopf, der bei jeder schnelleren Bewegung schmerzhafte Erinnerungen an den gestrigen Abend hervorrief.

„Guten Morgen, hast du gut geschlafen?", hörte sie Hendrik hinter ihr in der Tür. Beim Umdrehen pochte ihr Kopf weiter.

„Guten Morgen, geschlafen habe ich gut. Nur habe ich jetzt Probleme, in Schwung zu kommen. Sind wir bei dir?"

„Ja, ich wollte dich gestern eigentlich zu dir nach Hause bringen, allerdings hast du darauf bestanden, mit zu mir zu kommen."

„Wir haben doch nichts miteinander gehabt, oder?"

Hendrik musste grinsen. „Nein, keine Angst. Als wir hier angekommen sind, habe ich dir das Sofa fertiggemacht und bin selbst ins Bett gegangen. Interessant, dass du daran denkst, aber da ist nichts gelaufen."

Er kam zu ihr ans Sofa und gab ihr ein Glas Wasser und eine Tablette. „Hier, das hilft gegen den Kater."

„Danke, habe ich mich gestern sehr daneben benommen? Ich kann mich nur daran erinnern, dass wir an der Promenade waren, mehr aber auch nicht", entgegnete Anna und schluckte die Tablette. „Hast du noch mehr Wasser? Ich glaube, ich muss erst mal ausreichend trinken."

„Klar, das Frühstück habe ich auch fertig, wenn du magst. Das wird bestimmt helfen, dich wieder in Schwung zu bringen."

„Das klingt hervorragend. Aber vorher muss ich mich noch frisch machen. Kannst du mir das Bad zeigen?" Anna stand langsam auf und folgte Hendrik zum Badezimmer. Im Anschluss kam sie in die Küche, wo bereits der gedeckte Tisch wartete.

„Es ist vielleicht ein wenig sparsam, aber immerhin ist so weit alles da, oder brauchst du etwas Bestimmtes?"

„Sofern ich erst mal Kaffee bekomme und ein oder zwei Scheiben Brot, bin ich schon zufrieden", entgegnete Anna. Wie Anna bemerkte, war die Wohnung für einen Singlehaushalt recht schick eingerichtet. Anders als sie angenommen hatte, zeigte die Wohnung von Hendrik einen ansprechenden Stil, der sich mit ihrer damaligen Einrichtung in Hannover messen konnte.

„Dein Zuhause ist schick. Ich hätte gar nicht gedacht, dass ein alleinstehender Mann einen so guten Geschmack haben kann", sagte Anna beiläufig, während sie ihre Hände an der Kaffeetasse wärmte.

„Manche Männer können das auch. Auch wenn es noch nicht sehr verbreitet ist, gibt es immer mehr Männer, die sich mit Dekoration der eigenen Wohnung durchaus auseinandersetzen. Aber danke für das Kompliment."

„Bist du da ein Einzelexemplar oder traust du Peter so etwas auch zu?"

„Ich glaube schon, dass Peter ein Auge dafür hat. Wobei ich schätze, er hat viel von seiner Ex-Frau übernommen. Peter ist der Typ, der sich einfach keine ganz großen Gedanken macht. Er macht sich das schön, aber wahrscheinlich bin ich derjenige, der mehr auf die Details achtet."

Anna nickte. „Wie ist Peter sonst so? Ich habe den Eindruck, dass er versucht, ein wenig Abstand zu den Kollegen zu wahren."

„Na ja, irgendwie schon. Aber ich glaube, Peter ist in der Hinsicht einfach ruhig und macht Dinge lieber mit sich selbst aus. Solltest du aber mal seine Hilfe brauchen, ist er zur Stelle. Es dauert vielleicht einfach ein wenig, bis er mit neuen Kollegen warm wird."

„Wir haben ja bisher auch einen fulminanten Start hingelegt. Ich glaube, es sind bisher nicht viele Kollegen mit Mordserie aufgetaucht, oder?", fragte Anna und nahm sich Brot und Marmelade.

Hendrik lachte verlegen. „Nein, das ist neu. Ein Kuchen hätte auch gereicht, um ehrlich zu sein."

„Sollte ich noch einmal die Dienststelle wechseln, versuche ich daran zu denken."

Anna biss von ihrem Brot ab, hatte aber keinen wirklichen Hunger. Sie war sich nicht sicher, ob es daran lag, dass sie gestern zu viel getrunken hatte oder ob es an dem Gefühlschaos lag, auf das sie sich zusteuern sah.

Bewusst oder unbewusst schaffte Hendrik es, mit seiner Art Anna ein Gefühl von Geborgenheit und heiler Welt zu vermitteln, obwohl alles in ihrem Leben durch die vergangenen Tage in Frage gestellt wurde.

Da war der Verlust von Tim, der sie schwer getroffen hatte. Auch wenn sie und Tim nie eine anhaltende, amouröse Beziehung eingegangen waren, hatten sie eine Verbindung, die aufgrund der Situation in Hannover besonders wurde. Allerdings konnte Anna in Tims Nähe nicht wirklich loslassen, was er auch wusste. Tim wiederum hatte nie richtig versucht, Anna das Gefühl zu geben, dass er ein Ruhepol werden könnte.

Genau dieses Gefühl verursachte nun aber Hendrik, den sie erst vor wenigen Tagen kennengelernt hatte. Er ging mit der gesamten Situation unglaublich leicht um, zumindest schien es so. Gleichzeitig verhielt Hendrik sich aber nicht unangemessen oder überheblich. Er hatte mit seiner Art genau das geschafft, was Tim nicht konnte. Aber war Anna jemand, die sich einfach so von einem Menschen abwenden konnte und sich jemandem anderen zuwenden? Zumal eine der Personen nicht mehr lebte?

Zum anderen die Tatsache, dass jemand sie auserkoren hat, an einer perversen Schnitzeljagd teilzunehmen, die durch fehlende Hinweise bestach. Es schien, als ob es keine wirkliche Jagd war, sondern Anna zum Zuschauen verdammt war und währenddessen konnte der Täter weiter durch die Stadt ziehen und Menschen umbringen.

Hendrik riss Anna aus ihren Gedanken. „Wir sollten heute vielleicht nicht alle Kraft in den Fall stecken, oder was meinst du?"

„Und was sollen wir dann machen?"

Hendrik wurde rot, was Anna süß fand. „Nun, wir könnten uns einen schönen Tag machen, um das Ganze zumindest zeitweise in den Hintergrund zu schieben. Die Frage ist nur, worauf du Lust hättest."

Anna war verdutzt, dass Hendrik sich traute, sie auf diese Art zu einem Date einzuladen, fühlte sich aber auch geschmeichelt.

„Lädst du mich gerade auf ein Date ein?"

„Irgendwie ja. Also, was sagst du?"

„Klar, aber lass uns das richtige Date verschieben, okay? Können wir heute vielleicht hierbleiben, uns was zu essen bestellen und den Tag über Filme schauen? Da ist mir heute mehr nach als alles andere", stimmte Anna zu.

Hendrik strahlte sie an. „Klar können wir das machen. Was immer für dich in Ordnung ist."

„Das klingt gut. Aber ich muss gleich erst mal nach Hause. Einerseits möchte ich mich frisch machen und dann kann ich Kathrin Bescheid geben, dass ich heute den Tag hier verbringe."

„Klar, aber erst, wenn du gefrühstückt hast."

Nach dem Frühstück machte Anna sich auf den Weg

zur Wohnung. Sie war beschwingt und freute sich, dass Hendrik einen gemeinsamen Tag vorgeschlagen hatte. Es war schon merkwürdig, wie schnell sich ihre Gefühle durch eine Frage drehen und ihr viel Energie schenken konnten. Vor einer halben Stunde war sie sich nicht sicher was sie wollte und nun war sie im Begriff, den Tag mit einem neuen Kollegen und vielleicht mehr zu verbringen. Komischerweise kam ihr das nicht einmal merkwürdig vor. Nach Hendriks Frage, ob sie etwas zusammen machen wollten, hatte sich ein warmes, wohliges Gefühl in ihr ausgebreitet, das sogar ein wenig die Kopfschmerzen dämpfte.

„Ich bin wieder zu Hause!", rief Anna, als sie in der Wohnung angekommen war. Zu ihrer Verwunderung war keine Antwort zu hören. Kathrin schien nicht zu Hause zu sein.

Vielleicht war das auch besser so. Dann konnte Anna sich schnell fertigmachen und wieder aus der Wohnung stehlen. Natürlich würde Anna einen Zettel hinterlassen, damit Kathrin Bescheid wusste. Aber jetzt war es ihr gerade ganz angenehm, nicht Rede und Antwort stehen zu müssen. Nachdem Anna geduscht hatte, packte sie eine Tasche mit Kleidung und den nötigsten Utensilien zusammen. Sie schrieb Kathrin einen Zettel, dass sie heute den Tag unterwegs ist und noch nicht genau weiß, wann sie wieder nach Hause kommt. Danach machte sie sich auf den Weg. Auch wenn sie es nicht direkt zugeben wollte, freute sie sich auf den Tag mit Hendrik. Während sie unterwegs war, rief sie bei Klaus an.

„Hallo Klaus, ich hoffe, es ist nicht schlimm, wenn Hendrik und ich uns heute etwas rausziehen. Nach gestern brauche ich mal eine kurze Verschnaufpause. Hendrik wollte mir noch irgendwas in der Stadt zeigen. Ich hoffe, das ist in Ordnung? Unsere Telefone lassen wir selbstverständlich an und sind erreichbar."

„Hallo Anna, ja, das ist in Ordnung. Um ehrlich zu sein, weiß ich nicht, wie lange ich dich und Hendrik noch an dem Fall arbeiten lassen kann. Es geht nicht darum, dass ich es euch nicht zutraue, allerdings ist die Nähe zu deiner Person nicht mehr sehr lange tragbar. Wenn wir in den nächsten Tagen keinen Erfolg erfahren, seid ihr wahrscheinlich sowieso draußen."

„Ich habe mir gedacht, dass das früher oder später kommen musste. Wir warten ab, was passiert. Aber für heute sind wir erst mal abgemeldet. Bis morgen."

„Bis morgen."

Als Anna wieder bei Hendrik ankam, hatte dieser schon einen Tisch mit allem, was man für einen Filmabend brauchte, gedeckt. Auch, wenn es eigentlich ein Filmtag war. Anna sah den Tisch und musste lächeln, es war bisher nicht oft vorgekommen, dass sich jemand derartig Mühe gab.

„Wow, das sieht toll aus. Und welche Filme wollen wir uns ansehen?"

„Wonach uns ist. Ich habe Netflix, da sollten wir schon was finden." Anna und Hendrik machten es sich auf dem Sofa gemütlich. Ganz so, wie Anna sich es gewünscht hatte. Anna schmunzelte, als sie sah, dass sich Hendrik wie ein kleiner Schuljunge freute, den Tag mit ihr zu verbringen. Sie musste sich eingestehen, dass sie sich ebenfalls sehr auf den Tag freute. Sie ließ diesen Gedanken gerne zu.

Währenddessen nahm der Schatten die Wohnung dieses Hendriks ins Visier. Er versteckte sich in einem Gebüsch gegenüber. Anna war vor einer halben Stunde erneut in der Wohnung verschwunden, nachdem sie diese scheinbar nur für kurze Zeit verlassen hatte. Konnte es tatsächlich sein, dass Anna schon an einen anderen Mann denkt? Obwohl Tim doch gerade erst aus dem Leben geschieden war?
Der Schatten musste grinsen. Damit hatte Hendrik sich für eine Rolle in seinem Spiel qualifiziert. Da er nun zwei Personen im Visier hatte, konnte er mit den Vorbereitungen für sein großes Finale beginnen. Er freute sich darauf, Annas Reaktionen zu sehen.

-16-

„Kommen Sie zur Eisenbahnbrücke an der Hunte. Dort wartet eine Überraschung auf Sie." Zwei Sätze. Mehr nicht. Das war alles, was Anna in dieser Nachricht erhielt. Wie zuvor war es ein Video auf einer Speicherkarte, welche in den Postkasten der Polizei eingeworfen wurde. Dieses Mal wurde die Speicherkarte ohne eine Leiche an die Polizei zugestellt. In dem Video saß der Täter wieder vor der Kamera. Er trug eine mexikanische Totenmaske, die Augen mit Kontaktlinsen getrübt, damit die Augen nicht zu erkennen waren.

Ohne zu zögern waren Anna und Hendrik zur Eisenbahnbrücke gefahren. Es brauchte mittlerweile kein weiteres Beispiel, dass der Täter keine falschen Versprechen abgab. Der Regen, der seit dem Morgen eingesetzt hatte, machte eine Sicht auf die Straßen schwer. Dazu kam, dass die anderen Verkehrsteilnehmer trotz des Blaulichts nicht immer sofort reagierten und ausreichend Platz machten, weshalb wertvolle Zeit verloren ging.

„Was wird es wohl werden?", fragte Hendrik auf dem Weg, um die bedrückende Stimmung zu unterbrechen.

„Das weiß ich nicht", antwortete Anna angespannt.

„Aber ich glaube nicht, dass er sich ergeben wird und seine Taten gesteht."

Hendrik parkte den Wagen auf dem Parkplatz neben einem Wasserturm an der Eisenbahnbrücke, den die Bahn früher nutzte, und lief mit Anna zur Brücke. Dort angekommen, war nichts Verdächtiges zu sehen. Die Brücke war geschlossen, sodass Züge über die Hunte fahren konnten. Anna lief zum Wärterhäuschen und klopfte hektisch an die Tür, damit sie und Hendrik mit dem Wärter sprechen konnten. Nachdem keine Bewegung erkennbar war, klopften Anna und Hendrik zeitgleich an der Tür und einem Fenster, um auf sich aufmerksam zu machen.

„Ja, ja, ich bin ja schon da. Was gibt es denn so wichtiges?", sagte ein Mann mittleren Alters, als er die Tür öffnete.

„Kramer, Kriminalpolizei", erklärte Anna, während sie zeitgleich ihren Dienstausweis in die Luft hielt. „Haben Sie hier heute irgendetwas Verdächtiges gesehen? Wir haben den Verdacht, dass hier ein Mord geschehen ist oder wird. Beeilen Sie sich bitte etwas, wir haben wahrscheinlich nicht viel Zeit."

„Hier soll was passiert sein? Nein, ein Mord ist hier bestimmt nicht geschehen", der Brückenwärter machte auf Anna den Eindruck, dass er nicht im Ansatz verstand, weshalb er Besuch von zwei Kommissaren bekommen hatte. Seinem Gesichtsausdruck nach zu urteilen, hätte er keine Probleme damit, ohne Gewissensbisse mit auf die Dienststelle zu kommen.

„Aber ist hier sonst etwas gewesen, was merkwürdig war oder außergewöhnlich ist?", hakte Anna nach. Die Nachricht, die sie erhalten hatten, ließ nicht darauf schließen, dass diese nur eine falsche Fährte war.

„Ja, doch schon. Der Computer lässt die Brücke nicht hochfahren. Wir probieren es schon den gesamten Morgen, aber das vermaledeite Teil bleibt, wo es ist. Das ist schwierig, da es heute bereits mehrere Frachter probiert haben die Brücke zu passieren, aber irgendwie drehen mussten."

„Die Brücke fährt nicht hoch? Aber warum...", überlegte Anna, als es ihr dämmerte. „Sagen Sie, kommt man irgendwie unter die Brücke? Könnte man da etwas befestigen?"

„Ja, klar kann man unter die Brücke. Wenn Sie über die Brücke gehen und sich dann links halten, können Sie auf einer Treppe herunter. Von da aus kann man unter die Anlage sehen."

„Okay, danke. Egal was passiert, die Brücke darf nicht hochgefahren werden, verstehen Sie? Das ist eine polizeiliche Anordnung!", rief Anna, während sie mit Hendrik auf die andere Seite zu der kleinen Treppe rannte. Von hier aus konnten Anna und Hendrik die Unterseite der zweiteiligen Klappbrücke sehen.

In der Mitte der Hunte stand ein Holzgestell, auf dem jemand lag. Anna erkannte, dass es sich um Meyer handelte. „Das ist Meyer verdammt noch mal", rief Anna.

Meyer hatte das Bewusstsein verloren. Auf Rufe von Anna und Hendrik reagierte er nicht. Oder war er tot? „Wir brauchen hier so schnell wie möglich ein Rettungsboot auf der Hunte beim alten Stadthafen. Der Kollege Meyer vom LKA liegt unter der Eisenbahnklappbrücke auf dem Holzgestell und hat das Bewusstsein verloren! Nein, das ist keine Übung, wir haben hier tatsächlich einen Notfall", forderte Hendrik Verstärkung an.

Anna überlegte fieberhaft, wie sie Meyer helfen könnte, als sie einen Brummton hörte, auf den ein Klingeln folgte. Anna und Hendrik rannten die Treppe wieder hoch um zu sehen, dass die Schranke vor dem Fußgängerüberweg geschlossen war.

Der Brückenwärter öffnete das Fenster. „Wir sind fremdgesteuert, wir haben keine Kontrolle mehr über die Brücke!"

„Haben Sie keine Notabschaltung?", rief Anna über den Krach der sich hebenden Brücke, sie war sich aber nicht sicher, ob der Brückenwärter sie verstand. Da die Brücke sich weiter in Bewegung setzte, war diese Lösung nicht ausreichend.

Anna wollte wieder unter die Brücke laufen, wurde aber von Hendrik abgehalten. „Bist du wahnsinnig? Das kann dich umbringen!"

„Was soll ich denn machen, wenn wir nichts tun, stirbt er! Wir können hier doch nicht einfach so rumstehen und nichts tun!"

Hendrik senkte den Blick, während die Brücke sich weiter aufklappte. Nun kam der eigentliche Grund für Meyers Position unter der Brücke zum Vorschein. Mit dem Brückenteil hob sich ebenfalls ein daran befestigtes Seil. Anna erkannte, dass das andere Ende des Seils um Meyers Hals geknüpft war. Anna sah zu, wie sich sein Körper ebenfalls anhob. Während sich die Brücke aufstellte, hob sie den Körper für jeden in der Umgebung gut erkennbar an. Meyer wurde öffentlich gehängt und Anna konnte nichts dagegen machen.

Bevor sich der Körper und Meyers Gesicht an der aufgestellten Brücke hängend in Annas Richtung drehte, schreckte Anna auf dem Sofa in Hendriks Wohnung aus dem Schlaf hoch.

Es war merkwürdig, nach dem gemeinsamen Tag mit Hendrik wieder zur Dienststelle zu fahren. Hatte Klaus etwas erzählt? Wie würden Peter und Yvonne reagieren? Anna musste tief durchatmen, bevor sie in ihr Büro ging. Hendrik und Peter waren bereits da.

Als Peter Anna sah, fing er an zu grinsen. „Ah, da ist unsere neue Kollegin ja. Hat Hendrik dir die Sehenswürdigkeiten der Stadt gezeigt?"

„Alles, was ich sehen wollte, habe ich gesehen", gab Anna trocken zurück. „Und falls du mehr wissen willst, ich kann gerne einen Blog aufsetzen, in dem ich alles detailliert mitteile und du nachlesen kannst, wenn du darauf bestehst."

„Nein, nein, ich bin nur neugierig, sonst nichts." Peter hob entschuldigend die Hände nach oben.

Anna ging nicht weiter auf die Sticheleien ein, sondern widmete sich dem eigentlichen Fall, den das Team hatte.

„Gibt es irgendetwas Neues zu unserem Fall?"

Peter schüttelte den Kopf. „Nein, bisher nicht. Das Einzige ist, dass Meyer scheinbar in der Stadt eigene

Ermittlungen anstellt.“

Meyer. Sofort kam Anna wieder ihr Albtraum in den Sinn. Sie hatte Hendrik noch davon berichtet, nachdem sie hochgeschreckt war. Hendrik nahm sie in den Arm und mutmaßte, es musste wohl ein Anzeichen dafür sein, dass der Fall so sehr an ihren Nerven zerrte, was nicht verwunderlich war.

„Er soll auf sich aufpassen. Wir wissen nicht, wie der Täter reagiert, wenn jemand anderes sich in den Vordergrund drängt“, erklärte Anna. „Das kann unter Umständen gefährlich werden.“

„Als ob sich Meyer davon abbringen lässt“, seufzte Peter. „Wir haben uns gestern noch mit Manfred Kühnert beschäftigt. Wie es den Anschein hat, hatte Kühnert einiges auf dem Kerbholz.“

„Ach ja? Was habt ihr herausgefunden?“

„Kühnert war seit 30 Jahren im Geschäft. Nachdem er den Schlachtbetrieb seines Vaters übernahm, baute er diesen systematisch aus. Aus einem kleinen Betrieb mit 12 Mitarbeitern ist nach fünf Jahren bereits ein Betrieb mit drei Standorten und insgesamt 130 Mitarbeitern geworden“, führte Peter aus.

„Das klingt doch zunächst nach einer klassischen Wirtschaftsgeschichte. Mit einem guten Ausgang“, erwiderte Hendrik. „Oder war dieses Wachstum nicht sauber?“

„Da sagst du etwas: Kühnert wurde im zweiten Jahr seiner Betriebsführung wegen der Verarbeitung von minderwertigem Fleisch zu einer Geldstrafe verurteilt. Um den Verlust wieder reinzuholen, nutze er die Möglichkeit der Werksverträge. Damit baute er ein System auf, in dem er die Werksarbeiter meist aus osteuropäischen Ländern mit Dumpinglöhnen und überteuerten Unterkunftsmieten nach und nach ausbeutete."

„Moderne Sklaventreiberei", schloss Anna daraus. „Aber das war zu der Zeit doch mehr oder minder überall im Aufbau."

„Stimmt. Aber gleichzeitig hatte Kühnert ein Anwaltsteam, welches es schaffte, neben der Kostensenkung für die Lohnarbeit eine weitere Einnahmequelle zu generieren: Verleumdungsklagen. Sobald sich jemand negativ gegen sein Unternehmen äußerte, reagierte Kühnert mit einer Klage, die immer einen finanziellen Ausgleich für Kühnert forderte."

„Okay. Dadurch ist irgendwann das Gerede gestoppt worden? Aber wie ist es dann weitergegangen? Das ist zwar nicht die feine Art. Aber dieses Vorgehen stellt doch keinen wirklichen Grund dar, ihn zu entführen und verhungern zu lassen", gab Hendrik zu bedenken. Peter hob den Zeigefinger. „Nun, das alleine vielleicht nicht. Aber nachdem er genügend Geld zur Verfügung hatte, kam ein weiterer Schritt hinzu. Kühnert baute zweifelhafte Beziehungen zu Veterinären und Mitarbeitern der Gewerbeaufsicht auf. Im Laufe der Jahre hatte er immer mehr Vertreter der Behörden auf seiner Gehaltsliste. Durch die Bestechungen konnte er erneut minderwertiges Fleisch als hochwertig deklarieren und einen sehr viel höheren Preis dafür erzielen."

„Organisierte Kriminalität? Aber hätte das nicht alles schon publik sein müssen?", hakte Hendrik nach.

„Das war es ja. Vor zehn Jahren wurde das Geschäftsgebaren von Kühnert durch die Presse aufgedeckt. Allerdings gab es keine große Konsequenzen, da Kühnert mittlerweile seine Spuren verwischt hatte und Subunternehmer beschäftigte. Wenn davon einer als Sündenbock dienen musste, konnte Kühnert sein Geschäft fortsetzen. Die gefallenen Unternehmer nahm er dann wieder unter seine Fittiche und half ihnen, wieder Fuß zu fassen."

Anna hob ungläubig die Augenbrauen. „Also hat Kühnert sich ein Netzwerk aufgebaut, mit dem er eine so komfortable Position hatte, in der er seine Geschäfte fortsetzen konnte. Aber ist das ein ausreichendes Motiv? Oder ist er..."

In dem Moment platzte Sanders in das Büro. „Erwin ist angefahren worden!"

Anna, Peter und Hendrik sahen ihn an. „Wie, er hatte einen Unfall? Was ist genau passiert?", fragte Anna.

„Nein. Ja. Er ist von einem Auto erfasst worden. Er war bei einem Bäcker und wurde dort auf der Straße angefahren."

„Hat er nicht aufgepasst? Wo genau wurde war der

Unfall?", warf Hendrik ein.

„Das war geplant. Ich habe ihn an der Kreuzung Peterstraße bei der Kirche gesehen und wollte ihm vorschlagen, dass er mitkommt, um seine Ergebnisse hier vorzustellen. Aber bevor ich zu ihm kommen konnte, startete der Fahrer durch und fuhr ihn um. Das ging so schnell, aber ein Versehen war das nicht."

„Also wurde er am Friedensplatz angefahren. Wie sah der Fahrer aus?", hakte Peter nach, der versuchte, Ruhe in seiner Stimme mitschwingen zu lassen.

„Den konnte ich nicht erkennen. Auch nicht das Kennzeichen zu dem Fahrzeug. Es ging alles so schnell, ich konnte das Geschehen im ersten Moment nicht realisieren."

Anna wurde schlecht. Aus dem vermeintlichen Hirngespinst, als das sie ihren Albtraum abtun wollte, war zumindest mit Blick auf die Konsequenz eine Vorahnung geworden. Auch wenn sie selbst an solche Zufälle nicht glauben wollte.

„Was ist mit ihm geschehen? Wo ist er jetzt? Lebt er noch?", fragte Anna emotionslos. Sie hatte zu große Angst, dass das Schlimmste eingetreten war.

„Er ist schwer verletzt auf der Intensivstation. Die Sanitäter sagten, er käme in das Evangelische Krankenhaus, da sein Zustand kritisch ist. Zum Glück konnte er im letzten Moment zur Seite springen und einen direkten Aufprall vermeiden. Allerdings mussten sie ihn in ein künstliches Koma versetzen. Durch den Sturz erlitt er ein Schädel-Hirn-Trauma. Er wird heute noch operiert, um den Druck im Schädel zu reduzieren."

Anna atmete aus. Auch, wenn es nicht gut aussah, lebte Meyer immerhin noch.

„Wir müssen Klaus und Yvonne davon berichten", erklärte Anna, als sie auf dem Weg war, um die beiden von den neuesten Ereignissen zu unterrichten.

Nachdem alle zusammen im Besprechungsraum Platz genommen hatten, um die nächsten Schritte zu besprechen, klingelte das Telefon im Raum. Irritiert nahm Klaus ab und stellte auf Lautsprecher. „Müller?"

„Herr Müller, wir haben einen Anruf für Sie. Es geht um den Kollegen Meyer vom LKA", teilte die Auskunft mit.

Anna setzte sich kerzengerade hin. Das könnte der Täter sein.

„Stellen Sie durch. Müller, Polizeiinspektion Oldenburg."

„Hallo Herr Müller, ich möchte Ihnen eine Nachricht für Frau Kramer übermitteln", begann eine verzerrte Stimme aus dem Telefon zu dröhnen. Anna stand augenblicklich unter Strom.

„Was mit Herrn Meyer geschehen ist, ist ein Vorgeschmack für Sie und Ihr Team, sollte sich wieder irgendjemand bei den Ermittlungen in den Vordergrund stellen, verstehen Sie das?

Es gefällt mir gar nicht, dass Herr Meyer Frau Kramer

194

das Rampenlicht stehlen wollte. Aus diesem Grund musste ich ihn leider aus unserem Spiel nehmen. Er hat sich einfach nicht an die Regeln gehalten. Aber ich bin kein Unmensch. Die Kollegen dürfen Frau Kramer selbstverständlich unterstützen. Allerdings möchte ich nicht, dass sich jemand anderes zu sehr einmischt."

Anna fiel sofort auf, dass diese Nachricht anders war als die vorherigen. Es war zwar eine verzerrte Stimme, aber hier konnte man die Stimmlage und die Melodie im Stimmbild heraushören.

„Richten Sie Frau Kramer aus, dass dieser ‚Unfall' eine Gelbe Karte ist. Beim nächsten Mal werde ich nicht so gnädig sein." Ohne auf eine Antwort zu warten, legte der Anrufer auf.

„Das war es schon?", fragte Peter. „Er fährt unseren Kollegen an und meint dann uns zu sagen haltet euch raus?"

„Was hast du erwartet? Eine Entschuldigung?", fragte Yvonne an Peter gerichtet. „Wir haben es hier mit einem Täter zu tun, der scheinbar ohne mit der Wimper zu zucken, Menschen umbringt, um eine Schnitzeljagd zu veranstalten. Und dabei hat er sich das für diesen Zweck beste Ziel unseres Teams ausgesucht."

Das Team sah Yvonne an und bedeutete, dass sie ihren Gedanken fortführen soll. „Na ja überlegt mal: Wenn wir so etwas machen wollen und uns ein Team der Polizei aussuchen könnten, welches würdet ihr nehmen?

Das Team, das bereits seit Jahren zusammenarbeitet und die Stadt genauestens kennt? Oder doch eher ein Team, welches eine neue Kollegin bekommt, bei dem völlig offen ist, wie sie zusammenarbeiten, ob sie harmonieren und wie die neue Kollegin aufgenommen wird. Dass sich da niemand von außen einmischen soll, erhöht für uns ja nur den Druck, der sowieso schon riesig ist."

Klaus nickte. „Da hast du recht. Zumal uns die Frage, ob das alles war, nicht weiterhilft. So wie es aussieht, kann ich dich, Anna nicht wie geplant von dem Fall abziehen. Bevor wir das aber beschließen, muss ich das mit der Führung oben abklären."

„Irgendwas war anders in der Nachricht", begann Anna. „Die Stimme war nicht so vorbereitet wie in den Videos. Man konnte Höhen und Tiefen in der Stimmlage heraushören. Es scheint fast so, als ob Meyer unserem Täter zu sehr auf die Schliche gekommen ist, weshalb er ihn angefahren hat. Verdammt, hätte ich doch bloß das Telefonat mitgeschnitten! Dann könnten wir uns die Stimme jetzt erneut anhören und nach Anhaltspunkten suchen."

„Da konnte ja auch niemand damit rechnen, dass sich der Täter direkt an uns wendet", wandte Peter ein.

„Das bringt uns nicht weiter!", fuhr Anna Peter an. „Entschuldige bitte. Dieses ganze Auf und Ab macht mich fertig. Ich wollte dich nicht anschreien."

„Schon gut. Mir ist, wie wahrscheinlich uns allen, auch

zum Schreien zumute."

„Stellen Sie durch. Müller, Polizeiinspektion Oldenburg", war plötzlich aus einem Lautsprecher zu hören. Anna fuhr um die eigene Achse und sah Hendrik, der sein Smartphone in der Hand hielt, auf dem eine Aufzeichnung des Telefonats lief.

„Entschuldige Klaus, dass ich es in der Kürze der Zeit nicht mit dir absprechen konnte", erklärte Hendrik schulterzuckend.

„Beeindruckend, dass du sofort reagiert hast. Damit hast du schneller geschaltet, als der Rest von uns", lobte Klaus.

„Na ja, auch ein blindes Huhn findet mal ein Korn. Einen Moment. So. Ihr habt die Datei alle per E-Mail bekommen. Außerdem habe ich sie zur Sicherheit im Netzwerk gespeichert, damit wir eine Sicherung haben."

Anna musste lächeln. Sie wäre Hendrik jetzt am liebsten um den Hals gefallen. Allerdings war es besser, wenn sie und Hendrik es, sofern es etwas werden sollte, langsam angehen lassen.

„Gut, dann hören wir uns das Gespräch noch einmal an", forderte Peter. „Anna, da wir nach wie vor den Ansatz verfolgen müssen, dass du den Täter kennst, musst du besonders aufpassen, in Ordnung?"

Anna nickte. Irgendetwas an dem Telefonat war ihr aufgefallen. Allerdings kam Anna nicht darauf, was es genau war. Es war ernüchternd. In diesem Fall sah sie einfach nicht das große Ganze, obwohl das sont fast immer so war. Lag es daran, dass sie selbst auf einmal im Fokus stand? Oder war ihr Dienstantritt vor wenigen Tagen dafür verantwortlich? So blieb ihr nichts anderes übrig, als nach Hinweisen zu suchen und darauf zu hoffen, bald den entscheidenden Hinweis zu finden.

„Alles klar, dann lasst uns die Aufnahme anhören", forderte Anna.

Das Team begann damit, die Aufzeichnung anzuhören und jeder Einzelne machte sich Notizen zur Stimmlage und der Melodie der Stimme. Anna hatte während des Telefonats bereits das Gefühl, dass ihr die Stimme bekannt war. Allerdings konnte sie nicht ohne Weiteres sagen, was es war. Auch wenn die Hoffnung gering war, setzte Anna alles darauf, aus dem Telefonat etwas herauszuziehen.

-18-

Nachdem Anna den Vormittag mit der Analyse der Aufnahme des Täters verbracht hatte und sich immer wieder Notizen machte, begann sie nachmittags damit, die Videobotschaften des Täters nach den ersten zwei Morden zu wiederholen. Sie hoffte, das Stimmmuster, irgendwie auf die Videos zu übertragen.

Die Folterszenen von Tim übersprang sie dabei immer wieder. Anna hatte sich die Zeitmarken notiert, in denen der Täter in die Kamera sprach, um die traumatischen Szenen nicht andauernd sehen zu müssen. Allerdings reizte Anna die Zeit, die übersprungen wurde, bis ans Ende aus. Erst als der erste Keulenhieb traf, übersprang sie die Szenen.

Es verging einige Zeit, bis Anna in dem Bewegungsablauf des Täters etwas bemerkte, was im Vorfeld unentdeckt geblieben war. Der Täter schien das linke Bein nicht komplett zu belasten. Obwohl der Schläger nicht allzu schwer sein durfte, fiel Anna auf, dass sein Gewicht scheinbar immer nur das rechte Bein belastete. Auch wenn es vielleicht nur ein Strohhalm war, an dem Anna sich festhalten konnte, notierte sie dieses

Detail. Nach diesem vermeintlichen Erfolg hatte Anna sich vorgenommen, das andere Video ebenfalls durchzusehen. Die Schwierigkeit hierbei stellte die Tatsache dar, dass der Täter sich in diesem Video nicht bewegte, sondern nur vor der Kamera saß. Hierbei beschränkte Anna sich auf die Möglichkeit, aus dem Gesprochenen etwas herauszuhören.

Nach kurzer Zeit musste Anna aber einsehen, dass das Übertragen des Stimmbildes aus dem Anruf auf das Video nicht ohne Weiteres möglich war und so nicht den gewünschten Erfolg brachte. Allerdings hatte sie einen weiteren Schritt gemacht, was ihre Stimmung ein kleines bisschen hob.

Als Anna Feierabend machte und sich auf den Weg nach Hause machte, kam Yvonne mit ihr aus dem Gebäude.

„Wie war dein Tag gestern, konntest du etwas entspannen?", fragte Yvonne, während sie im Treppenhaus nach unten gingen.

„Ja, das konnte ich. Es war auch ganz gut, einmal nicht an dem Fall zu arbeiten. Das schlechte Gewissen verschwand zum Glück auch recht schnell wieder", gab Anna zu.

„Das ist doch gut."

„Es ist ja meine Aufgabe Ermittlungen durchzuführen und Täter zu fassen. Aber am liebsten hätte ich mich tatsächlich gänzlich herausgehalten. Aber wie ihr es ja schon gesagt habt: Der Täter möchte mich in irgendeiner Art und Weise brechen. Da bin ich mir mittlerweile sicher. Warum auch immer."

„Ich hoffe, du schaffst es, dem Druck standzuhalten. Bis morgen, einen schönen Feierabend, Anna."

„Danke, den wünsche ich dir auch. Ja, ich gebe mir Mühe, das alles auszuhalten."

Während Yvonne ins Auto stieg, schloss Anna ihr Fahrrad, welches sie von einer Werkstatt, die gefundene Fahrräder reparierte und verkaufte, gekauft hatte, auf und radelte zur Wohnung.

„Ich bin wieder da!", rief Anna in die Wohnung hinein, als sie die Tür aufschloss. Im Wohnzimmer saß Kathrin auf dem Sofa.

„Hey, wie war es bei dir heute?", fragte Anna, als sie sich zu Kathrin auf das Sofa setzte. Anna spürte, dass Kathrin etwas auf der Seele hatte. Ihre Freunde starrte ins Leere und reagierte nicht auf sie. „Was ist los, was ist passiert?"

„Was? Nichts, es ist alles in Ordnung. Es ist nichts passiert", antwortete Kathrin ruhig, ohne Anna anzusehen.

„Und wieso weiß ich, dass das gelogen ist? Du hast etwas, das kann ich dir ansehen."

„Ach was, es ist nichts. Ich habe gerade nur einen Durchhänger. Das ist aber morgen wieder weg. Versprochen", würgte Kathrin das Gespräch ab.

„Wenn du meinst. Sag mal, hast du vielleicht Lust, mit

in die Stadt zu kommen? Ich weiß, du hast gerade gesagt, du hast einen Durchhänger, aber dann können wir zumindest etwas essen gehen. Natürlich nur, wenn du magst."

Kathrin reagierte zunächst nicht, drehte sich nach kurzer Zeit aber zu Anna um. „Klar, das können wir machen. Warte kurz, dann mache ich mich fertig." Anna lief es kalt den Rücken herunter, als Kathrin sie angesehen hatte. Es schien, als ob Kathrin Anna als Gegner sah und überlegte, was sie mit ihr anstellen sollte. Auch wenn Anna grundsätzlich sportlich war, könnte Kathrin sie ohne Schwierigkeiten überwältigen.

Anna schüttelte sich einmal, um das Gefühl loszuwerden. Sie bildete sich bestimmt nur ein, dass Kathrin so über sie dachte. Wenn sie gleich unterwegs waren, konnte sie vielleicht etwas bessere Laune bekommen.

Anna versuchte nun mit dieser Aktion für Kathrin da zu sein, so wie sie mehrmals die letzten Tage für sie da war.

Anna nahm Kathrin mit in die Innenstadt, um etwas zu Essen und danach vielleicht etwas zu trinken.

Am Lappan angekommen, überlegten sie, wo sie hingehen konnten und bogen schlussendlich wieder in die Wallstraße ab. Dort kamen sie an einer Gruppe junger Männer vorbei, die ihnen hinterherpfiffen und nachgingen.

„Hey ihr Hübschen, warum lauft ihr denn weiter? Wir wollen uns doch nur mit euch unterhalten", hörte

Anna eine Männerstimme hinter sich.

„Nicht umdrehen", raunte Kathrin ihr zu. Sie hatte wieder diesen Blick drauf, den Anna bereits in der Wohnung gesehen hatte. „Es sind fünf Kerle, mit denen müssen wir uns gar nicht erst abgeben."

Anna hatte ein ungutes Gefühl in der Situation, drehte sich allerdings nicht um und ging weiter. Grundsätzlich konnte Anna sich auch wehren, aber wenn es in so einer Situation war, stieg die Nervosität noch einmal stärker an. Gerade, weil es sich hier um eine Gruppe Männer handelte, die Anna und Kathrin auf offener Straße nachstellte, obwohl sie deutlich signalisierten, dass sie auf keine Gespräche eingehen wollten. Normalerweise war sie diejenige, die in solchen Situationen deeskalierte, aber heute war es nicht wie sonst. Die letzten Tage hatten an Annas Nerven gezerrt, sodass sie das Gefühl hatte, überall eine Gefahr zu sehen.

„Hey, jetzt wartet doch mal und lasst euch ansehen. Ihr seid ganz nach unserem Geschmack." Das war alles, was Anna hörte, danach ging es sehr schnell. Der Mann, der die beiden ansprach, streckte seinen Arm nach Kathrin aus, die im selben Moment herumfuhr und sich den Arm fasste.

Anna hatte das Gefühl, dass Kathrin etwas anderes vorhatte, als ihm den Arm nur auf den Rücken zu drehen und ihn damit außer Gefecht zu setzen. Es hatte den Anschein, dass Kathrin innerhalb weniger

Augenblicke einen tiefen Hass gegen die Männer entwickelt hatte, sich aber noch soweit im Griff hatte,
nicht komplett die Kontrolle zu verlieren.

„Soll ich euch Versagern noch buchstabieren, dass ihr
weiterziehen sollt?", blaffte Kathrin den Mann an, der
sich jetzt nicht mehr selbstsicher in ihrem Griff
wandte, um den Schmerz zu verringern.

„Hey, du musst doch nicht gleich so sehr darum bet-
teln, dass wir uns alle um dich kümmern. Auf geht's
Jungs."

Im nächsten Moment kamen die restlichen vier Männer auf Kathrin zu, die auf diese Eskalation scheinbar
gewartet hatte. Anna erkannte ein Lächeln auf ihren
Lippen, die zusammen mit ihren unnachgiebigen Blicken einer Viper, die ihre Beute fixierte, gleichkamen.
In einer fließenden Bewegung löste Kathrin den Arm,
damit sie Platz hatte, um ihren Fuß in die Seite des
Mannes zu stemmen. Mit einem Ruck kugelte sie ihm
den Arm aus. Der Mann ging schreiend zu Boden.

Demjenigen, der ihr am nächsten stand trat sie die
Beine weg, in dem sie sich duckte und mit ihrem aus-
gestreckten Bein herumfuhr. Während der Mann fiel,
stieß sie ihn mit einem Faustschlag härter auf den Boden. Dem dritten Mann brach sie den Arm, der nach ihr
ausgestreckt war, indem sie diesen griff, in die Länge
zog und mit ihrem Ellenbogen auf den Unterarm häm-
merte. Auch hier war der Schmerzensschrei in der
ganzen Straße zu hören.

Kathrin sah zu den verbleibenden zwei Männern, erkannte aber, dass diese in ihrer Vorwärtsbewegung bereits Halt gemacht hatten und sich nicht trauten, näher auf Kathrin und Anna zuzugehen.

„Wollt ihr auch noch eine Runde, oder versteht ihr nun, dass es gar nicht geht, Frauen so nachzulaufen?!", fragte Kathrin, die Stimme vor Wut bebend. Anna hatte Kathrin so schon lange nicht mehr erlebt.

„Bist du irre? Willst du uns umbringen oder was? Na warte, die Polizei wird dir schon helfen! Die werden wir nämlich rufen!", winselte der Mann mit dem ausgekugelten Arm.

„Nicht nötig", sagte Anna kühl und sah zu den Männern herüber. „Die ist bereits anwesend. Ich bin bei der Polizei und um ehrlich zu sein, war diese Situation eine Notwehrsituation aus dem Lehrbuch, meine Herren. Ich schlage also vor, Sie verlassen den Ort und gehen nach Hause."

Auch wenn die Reaktion von Kathrin etwas übertrieben war, immerhin musste der Arm nicht unbedingt gebrochen werden. Aber das musste Anna den Männern jetzt nicht auf die Nase binden.

„Genau, seht zu, dass ihr Land gewinnt. Das nächste Mal bin ich nicht so gnädig", fügte Kathrin hinzu.

Anna stand wie vom Donner gerührt da. Irgendetwas stimmte mit der Szene gerade nicht mehr, als die Männer im wahrsten Sinne des Wortes geschlagen abzogen. Aber was war es? Anna wusste nicht, dass Kathrin so reagieren kann.

„Sag mal, woher kannst du das? Lernt man das bei der Bundeswehr?", fragte Anna, nachdem die Männer verschwunden waren.

„Ja zum Teil. Zumindest wie man in Stresssituationen ruhig bleibt. Die Selbstverteidigung habe ich im Laufe der Zeit als Hobby angefangen. Hat mir aber auch schon das eine oder andere Mal geholfen."

Es war merkwürdig, wie ausgeglichen Kathrin auf einmal war. War sie vor dem Abstecher in die Wallstraße noch schlecht gelaunt, schien es jetzt so, als ob die Auseinandersetzung ihr Freude bereitet hätte.

„Magst du mir irgendwann erzählen, was in Afghanistan passiert ist? Das gerade macht mir doch etwas Angst, muss ich sagen."

„Vielleicht wann anders, lass uns erst mal etwas essen und schauen, wie der Abend wird." Kathrin strahlte plötzlich, obwohl sie gerade eine nicht ungefährliche Situation erfahren hatte.

Anna und Kathrin entschieden sich dieses Mal für das Restaurant New York, New York und genossen neben dem italienischen Essen den einen oder anderen Wein. Während Anna auch mehrere Gläser Wasser trank, genoss Kathrin den Wein in vollen Zügen. Trotz der unangenehmen Begegnung zu Beginn des Abends wurde er noch schön, wie Anna fand.

Auf dem Weg zurück brauchte Kathrin Annas Hilfe, um

nach Hause zu kommen. Anna stützte Kathrin auf dem Weg durch die Innenstadt.

„Du bist eine so gute Freundin", lallte Kathrin, deren Zunge schwer geworden war.

„Ach was, du würdest das gleiche für mich tun. Außerdem wären wir wohl nicht dazu gekommen, etwas zu trinken, wenn du den Kerlen nicht die Leviten gelesen hättest", entgegnete Anna. Auch wenn sie zwischendurch Wasser getrunken hatte, merkte sie den Wein ebenfalls.

„Sag mal", begann Kathrin, als sie beinahe zu Hause waren. „Was läuft da eigentlich mit diesem Hendrik? Du warst doch bestimmt bei ihm, als du gestern nicht zu Hause warst, oder?"

Anna wurde rot. „So ganz weiß ich das auch noch nicht. Wir verstehen uns auf jeden Fall sehr gut und er hilft mir ähnlich wie du mit der ganzen Situation einigermaßen gut klarzukommen."

„Oh, das ist aber schön. Ich drücke dir die Daumen, dass alles gut wird, Anna. Du hast es nicht verdient, dass du alles Schlechte anziehst."

„Danke, da arbeite ich dran. Lass uns jetzt erst mal nach Hause, dann sehen wir morgen weiter."

Kathrin brachte auf dem Weg noch die verschiedensten Themen an. Über den besten Einkaufsladen oder über die Eigenart, dass im Herbst und Winter die Leute eine Kohlfahrt veranstalteten, was sie nicht verstand.

Wie konnte man einen Spaziergang machen und sich dabei betrinken, nur um Anschluss ein fettiges Essen zu sich zu nehmen, um danach weiterzutrinken? Anna kannte den Brauch der Kohlfahrten aus der Erzählung, hatte aber selbst auch noch keine mitgemacht, weshalb Anna Kathrin die Antwort auf die in diesem Moment so dringlich erscheinende Frage schuldig blieb.

Anna half Kathrin die Treppe zu ihrer Wohnung hoch und brachte Kathrin in ihr Bett. Eine Nacht konnte Kathrin es wohl aushalten, in ihrer guten Kleidung zu schlafen. Anna wollte sich gerade in ihr Zimmer zurückziehen, als Kathrin erneut begann, von einem Thema zu philosophieren, wie Anna dachte.

„Du wolltest doch wissen, was in Afghanistan passiert ist, richtig? Komm her, ich erzähle es dir."

Anna setzte sich zu Kathrin auf ihr Bett. „Hör mal, du musst mir das aber nicht jetzt erzählen, wenn du nicht willst, ich will dich nicht drängen."

„Doch, doch. Irgendwann erfährst du es ja sowieso. Die PTBS habe ich nicht von dem eigentlichen Einsatz in Afghanistan. Viel eher von dem, was dort geschehen ist."

Anna merkte, wie Kathrin sich verkrampfte. Sie wollte es erzählen, allerdings wehrten sich ihr Geist und Körper, in die Erinnerung zurückzukehren.

„Ich bin vergewaltigt worden. Durch meine eigenen Kameraden."

Anna hörte das Blut in ihren Ohren rauschen. Was

hatte Kathrin ihr da gerade erzählt? „Dir ist was passiert?"

„Ja, so sieht es aus. Die Soldatin ist von ihren eigenen Kameraden und vor allem Vorgesetzten vergewaltigt worden", flüsterte Kathrin, als ob sie hoffte, dass der Schrecken durch das Flüstern nicht so groß war.

Anna legte ihre Hand auf Kathrins. „Kathrin, ich hatte ja keine Ahnung, es tut mir so leid, wenn ich dich verletzt habe. Wenn du es mir erzählen möchtest, bin ich für dich da."

Anna sah, wie Kathrins Blick sich erneut veränderte. Es war, als ob ein Schutzschild hochgefahren wurde, damit dieser Moment der Schwäche und Verwundbarkeit nicht weiter zur Schau gestellt wurde.

„Danke, das weiß ich zu schätzen. Immerhin weißt du nun, dass nicht alles eitel Sonnenschein in Afghanistan gewesen ist."

Da war wieder dieser Ansatz von Wut in ihrer Stimme. Diese Erfahrung musste äußerst schlimm für sie gewesen sein.

„Kannst du mich bitte schlafen lassen? Ich glaube, ich muss mich jetzt ausruhen."

„Ja, natürlich. Gute Nacht, schlaf gut."

„Danke, du auch."

Nachdem Anna zurück in ihrem Zimmer war, konnte sie nicht ans Schlafen denken. Ihr Kopf raste vor Fragen, was Kathrin alles in Afghanistan erlebt haben musste. Sie lag in ihrem Bett und starrte an die Decke. Erst in den frühen Morgenstunden wurde Anna schlussendlich vom Schlaf übermannt.

-19-

Die Sonne schien zu dieser Jahreszeit um die Wette in der Region um Masar-e-Sharif, obwohl es keinerlei Gegner für sie gab. Durch sie erstrahlte die gesamte Landschaft. Gleichzeitig war es aufgrund des winterlichen Hochs kalt geworden. Über den Bergen, der Steppe und den Flusslandschaften lag eine wunderbare Ruhe, welche die Gegend ausmachte. Seit sich die NATO mit dem Wiederaufbau beschäftigte, war es vermeintlich ruhig geworden.

Allerdings war es wichtig, dass die Soldaten weiterhin in der Region stationiert waren, da die Taliban jederzeit einen erneuten Eroberungsangriff starten konnten. Aus diesem Grund waren die Soldaten in Afghanistan und halfen dabei, eine den westlichen Gesellschaften ähnliche, eigene Gesellschaft aufzubauen.

Kathrins Truppe war im Camp Marmal stationiert, dem größten Feldlager der Bundeswehr. Dort, im Einzellazarett, leistete Kathrin ihren Dienst als Chirurgin in der OP-Einheit, wenn es darum ging, die NATO-Truppen bei Verletzungen zu versorgen. Das entsprechende Studium hatte sie zu Beginn ihrer Laufbahn bei der Bundeswehr absolviert. Nach Abschluss des Studiums wurde sie in Afghanistan zunächst als Stabsärztin eingesetzt.

Aufgrund der fortgeschrittenen Mission war es regelmäßig ein hin und her, was die anfallende Arbeit in dem Lazarett betraf. Grundsätzlich wurde das Lazarett gut genutzt, allerdings gab es immer wieder Phasen, in denen die eingesetzten Soldaten andere Aufgaben übernahmen. Kathrins war im Bereich der Fahrzeugpflege eingesetzt. Für sie ging damit ein kleiner Wunsch in Erfüllung. Da sie als Jugendliche bereits gerne an Maschinen herumgeschraubt hatte, wurde mit dieser doppelten Tätigkeit beides kombiniert. Ihre Leidenschaft für Maschinen und die anspruchsvolle Aufgabe einer Chirurgin.

Solange es keinen Notfall gab, war Kathrin in den Werkstätten damit beschäftigt, die Fahrzeuge betriebsbereit zu halten. Wenn sie die diensthabende Chirurgin war, waren die Arbeiten auf Überprüfung der Betriebsstoffe und kleinere Arbeiten beschränkt, um bei Bedarf schnell steril im OP zu sein. Wenn der Dienstplan keinen Dienst als Chirurgin vorsah, kamen in den Werkstätten ebenfalls größere Reparaturen hinzu, die grundsätzlich mit einer größeren Verunreinigung einhergingen, die einen Einsatz im OP ausschlossen. Zu groß wäre der Zeitaufwand, sich so zu waschen, dass man operieren konnte.

Kathrin verbrachte ihre Zeit in Afghanistan mit einem kleinen Kern von zwei weiteren Soldaten, die für sie wie eine zweite Familie waren. Zum einen gab es dort den Oberstarzt Marcel Bruns, den sie aufgrund seiner politischen Einstellungen nur „Grüner" nannten. Egal, welches Thema angesprochen wurde, Bruns hatte zu allem eine politische Einstellung, die dazu dienen sollte, den Planeten zu retten. Zum anderen war dort der Stabshauptmann David Kaspers, mit dem sie regelmäßig in der Werkstatt eingesetzt war. Ihm wurde der Spitzname „Stier" gegeben, da seine Statur an einen Stier, allem voran wegen seines trainierten Nackens, erinnerte. Viel mehr hatte er für diesen Spitznamen nicht getan.

Aufgrund ihrer im Vergleich eher schmalen Statur wurde Kathrin der Name „Kolibri" verpasst, mit dem sie zufrieden war. Aus welchem Grund genau sich die drei Spitznamen gegeben hatten und sich nur mit diesen ansprachen, war Kathrin nicht mehr bewusst, allerdings hatte sie damit auch kein Problem.

Für Kathrin war es kaum vorstellbar, dass sich innerhalb dieses Ortes, der für die Soldaten einen sicheren Hafen darstellte, ein Martyrium abspielte, das aus ihrer Sicht seinesgleichen suchte.

Es war vor Weihnachten 2019, dass Kathrin mit Bruns und Kaspers am Rande einer Weihnachtsfeier etwas abseits der Hauptfeier eine kleinere eigene Feier hatte, an der nur sie drei teilnahmen. Neben dem anstehenden Weihnachtsfest feierten die drei, dass Bruns nach zwei Monaten eine Mission beendet hatte, die er innerhalb der Zivilbevölkerung ableisten musste. Dabei ging es darum, die Zivilisten nach Angriffen der Taliban zu versorgen. Zum Teil war Bruns mit der Versorgung mehrerer Familien betreut, die insgesamt laut Missionsleitung ruhig verlief.

„Auf die erfolgreiche Mission. Sag mal Grüner, wie war es denn genau bei den Einheimischen? Haben sie sich gut um dich gekümmert?", fragte Kaspers, während er seinen Becher zum Anstoßen in die Luft hielt. Man konnte sehen, wie sein Brustkorb beim Reden aufgrund seiner tiefen Stimme vibrierte. Kathrin und Bruns stießen zusammen an den erhobenen Gläsern an. Aufgrund der schwebenden Gefahr, in der sie durch die Taliban ständig waren, waren es nur alkoholfreie Getränke, um für den Ernstfall gewappnet zu sein. Auch, wenn ein wenig Alkohol genehmigt war.

„Ja, es war ganz gut. Auch wenn mir der ganze Einsatz langsam zu öde wird."

„Was ist da los, das kenne ich ja gar nicht von dir? Du warst doch sonst immer begeistert von diesem Einsatz", hakte Kathrin nach.

Bruns zuckte mit den Schultern. „Ich weiß nicht, die ganze Sache hier nimmt mich mittlerweile mehr mit, als gedacht." Kathrin sah ihn an. Etwas hatte sich in den letzten Monaten verändert. Sie konnte eine gewisse Melancholie aus seiner Stimme hören.

„Können wir dich irgendwie aufheitern?", bot Kathrin an.

Bruns' Augen funkelten einen Augenblick auf und er wechselte flüchtig einen Blick mit Kaspers. „Ach, ich weiß nicht, vielleicht ist das ja auch in den nächsten Tagen wieder weg."

„Wie du meinst, ansonsten sag Bescheid", entgegnete sie, bevor sie ihren Becher leerte. „Ich könnte noch etwas zu trinken gebrauchen, soll ich euch auch etwas mitbringen?"

„Ich habe noch, danke", erwiderte Kaspers.

„Ich auch, danke."

„Alles klar, dann bis gleich."

Als Kathrin mit ihrem neuen Getränk zurückkam, standen Bruns und Kaspers dicht zusammen und redeten miteinander.

„Was gibt es da zu besprechen?", wollte Kathrin wissen.

Bruns drehte sich zu ihr um und lächelte sie an. „Ach nichts, wir haben uns gerade nur darüber unterhalten, wie man die Motoren in Zukunft umweltfreundlicher betreiben kann."

„Du und dein Drang, die Welt zu retten. Und hat Stier schon eine Idee?"

„Na ja, es müsste eine gute Lösung im Bereich der synthetischen Kraftstoffe geben. Aber ich habe Grüner gerade gesagt, dass diese Produktion noch lange auf sich warten lässt."

Kathrin legte den Kopf schief. „Ach was, das kommt bestimmt. Die Politik bewegt sich ja auch immer weiter in den Bereich Klimaschutz, einfach mal abwarten."

„Du und dein unerschütterlicher Optimismus", lachte Bruns auf. „Das ist echt schon etwas, was mir hilft, hierzubleiben."

Kathrin musste ebenfalls lächeln. Bruns war nicht nur ebenfalls als Mediziner bei der Bundeswehr, er sah auch sehr gut aus und Kathrin konnte sich auch einen Kontakt nach dem Einsatz vorstellen. Dass er sie nun wegen ihrer optimistischen Art derart lobte, ging runter wie Öl.

„Und was machen wir mit dem angebrochenen Abend noch?", fragte Kathrin.

„Einfach weiterfeiern? So schnell werden wir ja nicht wieder die Möglichkeit zu einem gemütlichen Abend haben", schlug Bruns vor.

„Sollen wir also sonst zu den anderen zurück? Oder wollen wir den kleinen Kreis hier beibehalten?"

„Ach, lass uns doch erst noch hierbleiben. Kennst du schon das alte Kasino, das wiederhergerichtet werden soll?", fragte Kaspers.

„Nein, wo soll das denn sein?"

„Am anderen Ende des Camps, komm mit, wir zeigen es dir, wenn du möchtest", erklärte Bruns.

„Das klingt spannend, da bin ich dabei. Aber vorher

hole ich noch etwas zu trinken. Ein Bier ist wohl nicht schlimm, oder was sagt ihr?", freute sich Kathrin. Es war ihr ganz recht, dass sie mit Bruns und Kaspers zusammen feierte, die großen Veranstaltungen waren ihr eigentlich zu wider.

„Klar, das klingt gut. So ganz ohne Alkohol ist es ja doch keine Feier", stimmte Bruns zu.

„Super, das wollte ich hören. Halt mal meinen Becher, ich bin gleich wieder bei euch."

Kathrin drückte Bruns ihren Becher in die Hand und ging zur Getränkeausgabe, um drei Biere abzuholen. Es dauerte eine Weile, da der Stand gut besucht war. Wie verabredet warteten Bruns und Kaspers auf Kathrin, um sich gemeinsam die Baustelle anzusehen. Auf dem Weg zum Kasino nahm sich Kathrin ihren Becher zurück und trank diesen unterwegs aus. Ohne, dass Kathrin es bemerkte, warfen sich Bruns und Kaspers einen verschwörerischen Blick zu. Kurz nachdem Kathrin den Becher geleert hatte, wurde ihr schwindelig. Als sie den beiden sagen wollte, dass sie sich nicht wohlfühlte, wurde ihr schwarz vor Augen.

Kathrin wurde in einem Raum wach, in dem nur schummeriges Licht vorhanden war. Sie lag auf einer Liege und hatte keine Kleidung mehr an. Ihr Kopf dröhnte und ihr war schlecht. Sie konnte sich nicht daran erinnern, wie sie hierherkam oder was passiert ist.

Langsam versuchte Kathrin den Kopf zu heben, um zu sehen, wo sie war. Ihr war kalt und sie hatte Schmerzen in ihrem Schritt, die sich langsam in ihrem Bewusstsein festsetzten. Kathrin realisierte nicht, was geschehen war und konnte nicht erkennen, wo sie war.

Kathrin drehte sich auf die Seite und zog langsam ihre Beine an ihre Brust. Wieso war ihr so kalt? Was war geschehen? Wo kamen die Schmerzen her? Wieso konnte sie sich nicht richtig bewegen? War sie entführt worden? Musste sie sterben? Ohne es zu merken, rannen ihr die Tränen die Wangen herunter. Sie war bei Bewusstsein, aber konnte noch nicht einmal ein Wort sprechen oder sich aufrichten.

Kathrin weinte leise, während sie sich nicht schnell bewegen konnte. Allerdings schrie der Körper vor Schmerzen zwischen ihren Beinen und im Kiefer auf. Nackt und allein lag Kathrin auf der Liege. Sie wusste nicht, wie lange sie dort schon lag. Durch die Bewusstlosigkeit hatte sie die Orientierung verloren und musste gegen die aufkommende Panik ankämpfen.

Kathrin hörte, wie jemand den Raum betreten hatte und stellte sich instinktiv schlafend, um keinen weiteren Vorfall zu provozieren. Sie erkannte, dass es zwei Personen war. Bevor die beiden Personen bei ihr waren, blinzelte Kathrin, um etwas erkennen zu können. Sie sah, dass es zwei nackte, weiße Männer waren. Es waren keine Zivilisten, die sie in diese Situation gebracht hatten. Es mussten Soldaten sein. Während sie näherkamen, schloss Kathrin langsam die Augen. Sie erkannte noch, dass die Gesichter der Männer von Masken bedeckt waren. Der große, bullige Mann trug eine Hundemaske. Der schlankere, drahtige Mann hatte sein Gesicht hinter einer Maske versteckt, die bunt bemalt war. Was ihr in dem kurzen Moment auffiel, waren die stechenden orangenen Augen und dass die Maske an den Seiten mit Dornen gespickt war.

„Wird sie langsam wieder wach? Sie hat sich anders hingelegt", hörte Kathrin Kaspers fragen. „Hat sie geweint?"

„Manchmal können Tränen auftreten, wenn das Bewusstsein langsam wiederkommt. Diese K.O.-Tropfen sind etwas stärker als der durchschnittliche Kram, den man kaufen kann. Bewegungen des Körpers sind nicht ausgeschlossen, das hast du ja mitbekommen. Allerdings ist das Kurzzeitgedächtnis blockiert, weshalb wir uns keine Gedanken machen müssen. Da bleibt nichts haften", erwiderte Bruns.

Kathrin lief ein Schauer über den Rücken. Waren die zwei dafür verantwortlich, dass sie hier lag? Sie hatte alle Mühe, dass ihr Körper ihr anwesendes Bewusstsein nicht verriet. Ihre Angst wich nach und nach aufsteigender Wut.

„Alter, es war aber der Wahnsinn, wie Kolibri abgegangen ist. Die ist doch sonst immer so verklemmt. Wie hast du das hinbekommen?"

Bruns lachte auf. Vor wenigen Momenten hätte Kathrin dieses Lachen noch als schön empfunden, nun musste sie aufpassen, sich bei diesem Geräusch nicht zu übergeben.

„Das liegt an der Mischung der Tropfen. Da ist ein Anteil Ecstasy mit drin. Ich wusste auch nicht, dass die Tropfen so eine Wirkung haben. Aber es war ja nicht schlecht."

„Das stimmt und was machen wir jetzt mit ihr? Ich meine, gibt es körperliche Spuren?"

„Nein, da wir uns im Vorfeld so ausgiebig mit ihr beschäftigt haben, gibt es keine Spuren. Außerdem habe ich das Gefühl, dass Kolibri sich bald wieder melden wird."

„Wie kommst du darauf?"

„Wofür ist Afghanistan berühmt?"

„Die Taliban?"

„Nein, ich wollte auf Opium hinaus. Das Zeug macht schnell abhängig und ich komme fast direkt dran. Wenn du noch mal Lust hast, sollten wir das bestimmt hinbekommen", erklärte Bruns.

„Wie meinst du das?"

„Nun, sie hatte doch noch eine Pille geschluckt, bevor wir richtig gestartet waren, erinnerst du dich? Das war ein Opiat, das die Schmerzen nimmt und einen Rausch verursacht. Es ist wie bei den anderen Frauen. Da Kolibri die Wirkung vermissen wird, wird sie sich bald auf die Suche machen und wahrscheinlich den Medikamentenschrank als Bezugsquelle in Betracht ziehen. Dabei kann ich ihr auf die Schliche kommen und ihr einen Ausweg aus dem drohenden Disziplinarverfahren und dem Ausscheiden aus der Truppe bieten. Natürlich gegen die eine oder andere Gefälligkeit."

„Grüner, wie abgewichst bist du denn?! Du hast also echt an alles gedacht, was? Da stehen uns ja ganz interessante Zeiten bevor, oder? Klingt gut, da komme ich bestimmt drauf zurück."

„Ja, das habe ich. Ich muss doch vorausplanen. Kolibri ist ebenfalls Medizinerin, die wird schnell darauf kommen, was ihr verabreicht wurde. Ein kleines Extra mit dem Opium, um sie mir auszuliefern ist genau richtig, damit wir etwas länger unseren Spaß mit ihr haben."

„Und was machen wir, wenn die Sache enden soll? Oder sie uns auf die Schliche kommt?"

„Dann machen wir es uns einfach und verpfeifen sie an die Dienstaufsicht. Wie bei den anderen Frauen vorher auch. Die Bundeswehr ist bei Drogenmissbrauch sehr streng, das weißt du doch. Gerade wenn du im Einsatz bist." Bruns lachte. „Es ist immer wieder erstaunlich, wie leicht sich die Weiber auf unsere Seite schlagen, wenn wir ihnen nur ein wenig Honig um den Bart schmieren."

„Stimmt. Manchmal ist das Offensichtliche nicht sofort erkennbar. Aber das wäre dann bereits die dritte Frau, die mit Opium erwischt wird. Fällt das nicht irgendwann auf?"

„Weswegen genau? Wie gesagt, wir sind hier in einem Land, das den Großteil seiner Wirtschaftsleistung aus der Herstellung und dem Verkauf von Opium aufbaut. Dass sich dabei ein paar Frauen eindecken, und dann vielleicht mit dem Job nicht klarkommen, wird schon nicht weiter auffallen. Wir sollten uns so langsam darum kümmern, dass wir zurückkommen und Kolibri mitnehmen."

„Stimmt, aber wäre noch eine weitere Runde möglich? Bitte, wie sie abgegangen ist, das muss ich das noch einmal erleben. Außerdem sind wir gerade erst eine halbe Stunde weg. Uns erwartet sowieso niemand auf der Feier. Das Image, dass wir unter uns bleiben wollen, ist nicht das schlechteste, was wir uns aufbauen konnten."

„Klar, soviel Zeit nehmen wir uns noch, aber lass mich sie erst noch einmal vorbereiten. Na ja, es muss halt an allen Stellen passen, um nicht aufzufliegen. Das habe ich dir doch schon ein paar Mal erklärt."

Kathrin hörte nichts mehr und atmete so ruhig wie möglich, um selbst nicht aufzufliegen. Wenn die zwei sie ihren Schmerzen und dem Gespräch nach zu urteilen, unter Drogen gesetzt haben und im Anschluss vergewaltigt hatten, wäre es nicht gut, jetzt anzuzeigen, dass sie alles mitbekommen hatte. Das könnte mitunter lebensgefährlich sein. Da Kathrin nun wusste, wer

ihr das angetan hatte, konnte sie sich darum kümmern, dass Bruns und Kaspers ihrer Rache nicht entgehen konnten. So, wie die beiden es planten, dass sie
der Spielball für die sexuellen Fantasien dieser
Schweine wurde, würde es nicht kommen. Kathrin
war bereit zum Äußersten zu gehen, um das zu verhindern.

Das Letzte, was Kathrin merkte, war, wie ihr eine
Spritze in den Oberarm injiziert wurde, bevor es erneut schwarz wurde.

-20-

Nach Meyers Unfall hatten sich die Ermittlungen des Teams verlagert. Nun galt es so schnell wie möglich die Zeugen zu befragen, um dem Täter auf die Spur zu kommen. Hierfür teilte Klaus das Team neu ein. Yvonne, Peter und Sanders sollten sich um die Befragung kümmern, während Anna und Hendrik im Hintergrund bleiben sollten, um an der Mordserie zu arbeiten und dort Informationen einzuholen. Da der Täter sich direkt im Anschluss bei dem Team gemeldet hatte, mussten die Ermittlungen in dem Bereich fortgesetzt werden.

Sanders nahm sich den Unfallort vor dem Bäcker am Friedensplatz vor und befragte die Mitarbeiter der Bäckerei. Hinter dem Tresen standen zwei Frauen, von denen er die ältere wiedererkannte.

„Guten Morgen, Sanders, Kriminalpolizei. Ich bin hier wegen des gestrigen Unfalls. Können Sie mir erzählen, was genau geschehen ist?"

„Guten Morgen", antwortete die ältere Verkäuferin. „Um ehrlich zu sein, kann ich nichts sagen. Es ging alles so schnell und der Laden hier war voll. Da hatte ich nicht wirklich die Aufmerksamkeit für das Treiben vor dem Laden."

„Das habe ich mir gedacht. Aber konnten Sie etwas sehen, nachdem Sie bemerkt haben, was passiert ist?"

„Viel war es nicht. Es gab einen lauten Knall und danach hörte ich Schreie. Es hörte sich an, als ob ein Auto auf dem Gehweg unterwegs war und bei der Flucht mehrere Autos angefahren hat. Als ich aus dem Laden trat, sah ich lediglich, dass ein Auto mit hoher Geschwindigkeit auf der Ofener Straße Richtung Autobahn fuhr. Vielleicht hat dort noch jemand etwas gesehen."

„Konnten sie das Kennzeichen des Wagens erkennen?", hakte Sanders nach.

„Nein, leider nicht. Als ich realisierte, dass der Wagen den Unfall gebaut hatte, war er bereits an der Kirche vorbei."

„Verstehe, vielen Dank für Ihre Auskunft." Sanders verließ den Laden und ging auf dem Gehweg ein Stück weiter in Richtung Peterstraße zu der Stelle, an der Meyer angefahren wurde.

Die Spuren des Unfalls waren deutlich zu sehen. Auf dem Gehweg vor der Flänzburch lagen Mülltonnen, die noch nicht wieder aufgestellt wurden. Das Fahrzeug war durch die Straßenbäume gefahren und hatte eine Spur der Verwüstung auf diesem kleinen Stück hinterlassen. Bei seiner Flucht hatte der Fahrer noch drei weitere Fahrzeuge in Mitleidenschaft gezogen.

Während der Flucht schien es dem Täter egal zu sein, was er alles zerstört. Die Spurensicherung war gestern sofort zur Stelle gewesen, um jedem noch so kleinen Hinweis nachzugehen. Sanders hoffte, dass Meyer bald soweit auf dem Damm war, damit er den anderen mitteilen konnte, was passiert war. Er könnte sich vielleicht an etwas erinnern, was sie weiterbringt. Auch wenn Meyer ein eigenbrötlerischer Kerl war, wusste Sanders seine gute Arbeit zu schätzen.

„Was suchen Sie denn hier? Wollen Sie sich ansehen, wo der arme Mann gestern über den Haufen gefahren wurde?!", hörte Sanders einen alten Mann, der sich vor der Flänzburch aufhielt, angesprochen.

„Entschuldigen Sie? Nein, ich bin von der Kriminalpolizei und versuche nachzuvollziehen, was sich hier gestern ereignet hat", erklärte Sanders und zeigte seinen Ausweis vor.

„Achso, dann entschuldigen Sie, junger Mann. Seit gestern kommen hier viele Leute vorbei, nachdem der Bericht in der Zeitung war. Viele davon wollen nur schauen, wo sich der Unfall ereignet hat. Das finde ich unerträglich, deshalb spreche ich die Leute an und frage, was sie hier wollen."

„Das kann ich verstehen. Aber sagen Sie, haben Sie gestern etwas gesehen?"

„Ja, natürlich. Ich habe alles aus dem Fenster gesehen. Der Lärm war ja auch nicht zu überhören."

„Können Sie mir erzählen, was Sie gesehen haben?

Vielleicht kann ich daraus etwas ziehen, um dem Fahrer des Wagens auf die Spur zu kommen", fragte Sanders.

„Natürlich, der Mann war auf dem Weg vom Bäcker und hatte seine Brötchentüte noch unterm Arm, das ist heute ja ganz viel, dass die Leute zu Hause kein Frühstück mehr machen. Alles muss immer nur schnell, schnell gehen. Bloß keine Zeit verlieren. Na ja, aber wie dem auch sei. Als er auf dem Bürgersteig lief, machte ein Kleinwagen den Motor an und fuhr direkt auf ihn zu. Ich glaube, das hätte auch schlimmer ausgehen können, wäre der Mann nicht zur Seite gesprungen."

„Konnten Sie erkennen, was für ein Auto das war?"

„Was war es, auf jeden Fall etwas Kleines. War es ein VW? Oder doch ein Ford? Es tut mir leid, aber genau kann ich das leider nicht sagen."

„Okay und wie sieht es mit dem Kennzeichen aus? Konnten Sie das erkennen?"

„Nur, dass es ein auswärtiges Kennzeichen war. Ich glaube irgendetwas mit M als ersten Buchstaben. Das ging ja alles auch so schnell. Ehe ich mich versah, war der Wagen schon wieder weg. Aber eine Verwüstung hat er hinterlassen."

„Welche Farbe hatte das Fahrzeug? Konnten Sie das erkennen?", hakte Sanders nach. Er hatte kaum Hoffnung, dass es noch irgendetwas brachte, aber immerhin konnte er so alle möglichen Spuren aufnehmen.

„Auf jeden Fall ein dunkles Auto. Schwarz vielleicht? Oder ein dunkles Blau? Entschuldigen Sie, es war ja so früh morgens, ich kann im Dunkeln nicht mehr so gut gucken, da verwechsle ich schon mal die Farben Schwarz und Blau."

„Das ist vollkommen in Ordnung, mein Herr. Sie haben mir damit schon geholfen. Vielen Dank und einen schönen Tag noch", verabschiedete sich Sanders.

„Danke, Ihnen auch. Und viel Erfolg bei der Suche. Hoffentlich finden Sie den Täter schnell. Nicht, dass der noch mal so einen Irrsinn macht."

Sanders sah sich weiter um, während der alte Mann weiterging, konnte aber keine weiteren Spuren erkennen. Welche Farbe hatte das Auto genau? Er war doch auch anwesend, wieso hatte er sich das nicht eingeprägt? Es war so, als ob sein Kopf vorausgeahnt hatte und sich vor den schlimmen Szenen schützen wollen. Oder es lag daran, dass in dem Moment sein Kollege dringend Hilfe brauchte, weshalb er alles andere ausgeblendet hatte? Sanders machte sich daran, weitere Zeugen zu befragen, auch wenn er nicht die Hoffnung hatte, dass jemand einen entscheidenden Hinweis geben konnte.

Während sich Sanders, Yvonne und Peter mit der Zeugenbefragung befassten, sollten Anna und Hendrik sich weiter mit der Mordserie befassen. Anna fiel es

228

aber schwer, sich auf die Arbeit zu konzentrieren. Sie war geschockt von dem, was Kathrin ihr im Alkoholrausch offenbart hatte.

Als Anna an diesem Morgen zum Frühstück kam, schien es so, dass Kathrin sich nicht an den gestrigen Abend erinnern konnte. Trotz ihres Absturzes war Kathrin bester Laune. Auch als Anna sie fragte, ob sie über irgendetwas vom Vorabend reden möchte, lehnte Kathrin ab. Nicht, weil es ihr unangenehm war. Eher, weil sie nicht wüsste, was es zu reden gab. Da Kathrin sich scheinbar nicht mehr erinnern konnte, was sie erzählt hatte, entschied sich Anna dazu, nichts von Kathrins Geständnis zu erzählen, um die Situation nicht noch schlimmer zu machen.

Aufgrund dieser Situation und Annas Unwissenheit, wie sie damit umgehen sollte, war ihre Konzentration überall anders, nur nicht bei dem Fall mit der Mordserie. Anna musste darüber nachdenken, wie schnell sich der Fokus verändern kann. Vorgestern hatte sie sich auf den Fall konzentrieren können. Gestern wurde es schon schwieriger, nachdem Meyer angefahren wurde. Dieser Unfall hatte nicht nur Meyer aus den Ermittlungen genommen. Auch Sanders war nicht mehr voll dabei, was ihm aber niemand übel nahm. Da er mit Meyer länger zu tun hatte und ihn nicht nur in einem Moment kennengelernt hatte, war diese Entwicklung für Sanders ungleich schwieriger als für den

Rest des Teams.

Für Anna war es alleine dadurch schwierig, weil der Täter sie als Ermittlerin ausgesucht hatte. Jetzt, da sie wusste, dass ihre beste Freundin seit Jahren eine derartig belastende Situation mit sich herumtrug, brachte das alles zusammen Anna an die Grenzen ihrer Belastbarkeit. Zumal weder Kathrin noch sonst wer wusste, dass Anna Kenntnis davon hatte.

So verbrachte Anna den Tag mehr damit, etwas über die Vorgänge in der Bundeswehr in Erfahrung zu bringen, als an dem eigentlichen Fall zu arbeiten. Allerdings musste Anna feststellen, dass sie ohne militärischen Hintergrund an keinerlei Unterlagen kommen würde. Diese Richtung konnte sie also nicht weiterverfolgen.

Die Ermittlungen in der Mordserie kamen auch nicht weiter, da die Spuren jeweils im Sand verliefen. Die schriftliche Nachricht, die bei Wollers gefunden wurde, war nur eine Auftragsarbeit. Mit einem Auftraggeber, der seine Spuren verwischt hatte. Zumal die Zeit, die zwischen dem Kauf und der Tat bereits so lange her war, dass man aus den Nachrichten, die Lars Feidwel zur Verfügung gestellt hatte, keine Rückschlüsse mehr ziehen konnte. Die neu aufgekommene Hoffnung, mit dem Anruf einen Hinweis zu erhalten, lief ebenfalls ins Leere, da die verzerrte Stimme eine Erkennung beinahe unmöglich machte.

Der einzige Ansatz war, dass der Täter aus Annas

Umfeld kommen musste. Die bisherigen Verdächtigen, die genannt wurden, konnten ausgeschlossen werden, weshalb Anna wenig Hoffnung hatte, dass sie einen entscheidenden Hinweis erhalten würde.

Die Ermittlungen traten auf der Stellung und die Stimmung im Team war im Keller.

Darüber hinaus hatte Anna bisher noch nichts von Klaus gehört, ob sie weiter in dem Fall ermitteln sollte oder nicht. Die Rückmeldung der Dienststellenleitung stand noch aus. Bis dahin waren ihr mehr oder weniger die Hände gebunden.

Da Anna allerdings nicht untätig herumsitzen wollte, griff sich das Telefon und rief Sanders an.

„Sanders?"

„Hallo Manuel, Anna hier. Hast du schon etwas herausbekommen?"

Anna konnte Sanders seufzen hören. *„Leider nicht. Zumindest nichts, was uns dem Fahrer näherbringt. Bisher habe ich drei Wagenmodelle und zwei Angaben zu einem Kennzeichen. Leider kommen wir da nicht wirklich weiter."*

„Bisher konnten wir das Fahrzeug nicht ermitteln. Es passt in die bisherigen Ermittlungen, dass der Täter nun auch noch Glück hat und unerkannt abhauen konnte", sagte Anna resigniert.

„Wir müssen einfach weiterschauen. Nachdem, was mir bisher erzählt wurde, ist der Täter auf der Ofener Straße

in Richtung Autobahn geflohen. Yvonne und Peter sind gerade dabei, unter anderem bei der Jade-Hochschule nach Zeugen zu suchen."

„Ja, in der Zeitung wurde ja ebenfalls die Telefonnummer angegeben, an die Hinweise gegeben werden können. Aber bisher ist nicht der entscheidende Anruf eingegangen. Hast du schon etwas von Meyer gehört?"

„Bisher noch nichts, aber ich gehe gleich ins Krankenhaus, um nach ihm zu sehen. Ich hoffe, dass er es schafft."

„Das hoffen wir alle. Aber ich gehe erst mal davon aus. Hätte unser Täter es wirklich ernst gemeint, wäre Meyer jetzt nicht auf der Intensivstation. Welche Folgen auch immer für Meyer bereitstehen."

„Das glaube ich auch. Wie sieht es mit den Ermittlungen zu den Morden aus? Gibt es da etwas Neues?"

„Nein, zumal die Sache mit Meyer uns alle von den Ermittlungen ablenkt. Und ich darf wahrscheinlich nicht weitermachen. Klaus bespricht das gerade, aber ich weiß nicht, ob der Unfall Auswirkungen auf die Entscheidung hat."

„Ich glaube nicht, dass du ganz aus den Ermittlungen bist. Gerade, weil der Täter dich nicht aufgrund einer Formalie außen vorlassen wird."

„Mir wäre es sehr lieb, wenn der Fall geklärt werden kann. Alleine, dass ich die Zielscheibe geworden bin, macht mich fertig. Aber dass nun auch noch ein Kollege verletzt wurde, neben den Opfern, die bereits zu beklagen sind. Das ist sehr viel für mich. Ich weiß nicht, wie lange ich das noch kann."

Anna kostete die Situation sehr viel Kraft.

„Vielleicht solltest du dann auch eine Reihe zurücktre-
ten. Wie es den Anschein hat, ist das Ziel des Täters, dass
du scheiterst. Wir wissen, wozu der Täter fähig ist.
Wenn wir ermitteln und nicht du, müssten wir besser
aufpassen, damit wir nicht auch angegriffen werden.
Aber das kann man realisieren. Ein Schritt zurück kann
da manchmal helfen."

„Ich weiß", seufzte Anna. „Aber es fühlt sich so merkwürdig an. Ich bekomme das Gefühl, dass ich an allem
schuld bin, verstehst du?"

„Natürlich, aber lass mich dir eines sagen: Du trägst
nicht die Verantwortung für das, was geschehen ist. Die
hat ausschließlich der Täter, den wir fassen werden.
Ohne Wenn und Aber."

„Danke. Dann werde ich mich mal wieder daranmachen, damit wir den Täter ausfindig machen. Ich höre
mir zum x-ten Mal die Aufzeichnung von Hendrik an.
Vielleicht komme ich nun an das, was mir bisher verborgen blieb. Mehr kann ich momentan nicht machen."

„Mach das, ich bin auf dem Weg ins Krankenhaus, um
mich nach Erwin zu erkundigen. Ich melde mich da-
nach."

Anna beendet den Anruf und starrte einen Moment ins
Leere. Auch wenn Sanders es gut meinte, fühlte sich
Anna immer noch verantwortlich für die Toten und für

Meyer und seinen Unfall. In diesem Moment, wo alle wussten, wie verwundbar sie eigentlich waren, schwand Annas Hoffnung und eine Angst, was noch geschehen wird, nahm den Raum ein.

-21-

Sanders stand auf der Intensivstation und suchte nach einer Krankenschwester oder einem Arzt, der ihm mitteilen konnte, in welchem Zimmer sein Kollege lag. Er klopfte an die Stationsanmeldung.

„Entschuldigen Sie, können Sie mir sagen, wo Erwin Meyer liegt?"

„Wer sind Sie denn und in welchem Verhältnis stehen Sie zu Herrn Meyer?", fragte die diensthabende Krankenschwester zurück.

„Mein Name ist Manuel Sanders. Herr Meyer und ich sind beruflich in Oldenburg. Wir sind als Ermittler hier. Daher wollte ich mich erkundigen, wie es ihm nach dem Verkehrsunfall von gestern geht", erklärte Sanders.

Die Krankenschwester sah ihn prüfend an. „Ich kann Ihnen nichts zum Zustand des Patienten sagen. Aber er liegt in Zimmer 014. Bevor Sie dort hineinplatzen, muss ich einmal den Arzt fragen, wie sein Zustand ist. Wir sind hier schließlich auf der Intensivstation."

„Danke für Ihre Hilfe, ich warte dann hier."

„Gerne, setzen Sie sich auf einen der Stühle. Es kann

allerdings etwas dauern, bis ich den Arzt fragen kann. Gerade hier ist es nicht immer planbar."

Sanders nickte und setzte sich auf einen freien Platz. Er musste tatsächlich eine halbe Stunde warten, bis er auch nur einen Arzt gesehen hatte. Seinem Eindruck nach war dieser aber zurzeit nicht in Eile. Vielleicht war dies aber auch damit verbunden, dass der Arzt diese Situation kannte und nur im äußersten Notfall ins Rennen kam.

Der Arzt ging an Sanders vorbei und betrat in das Schwesternzimmer. Durch die Scheibe konnte Sanders erkennen, dass die Krankenschwester, mit der er vorhin gesprochen hatte, nun mit dem Arzt sprach und die Beiden ihm einen kurzen Blick zuwarfen. Nach dem Gespräch nickte der Arzt und ging auf Sanders zu.

„Herr Sanders, Schulz mein Name. Sie hatten sich nach Herrn Meyer erkundigt?", stellte sich der Arzt vor.

„Ja genau. Er ist gestern nach einem Verkehrsunfall eingeliefert worden."

„Ja, das findet er auch nicht lustig."

„Wie er findet es nicht lustig? Ist er wach?", fragte Sanders mit steigender Aufregung. „Wie geht es ihm? Kann ich mit ihm reden?"

Dr. Schulz lächelte. „Ja, er ist wieder wach. Die Operation ist gut verlaufen und er war zum Glück nie in einem sehr kritischen Zustand. Dadurch, dass er sofort eingeliefert wurde, konnten wir wertvolle Zeit sparen. Er teilte mir mit, dass er dem Wagen ausgewichen ist

236

und er nur an den Beinen erwischt wurde. Dadurch, dass er allerdings mit dem Kopf auf den Bürgersteig aufschlagen ist, kam es zu dem Schädel-Hirn-Trauma. Wenn Sie mitkommen wollen, können Sie gerne mit ihm reden."

Dr. Schulz ging den Gang der Intensivstation entlang, auf dem Sanders ihm folgte. Sanders hoffte, von Meyer wertvolle Informationen zu erhalten. Das konnte der entscheidende Punkt sein, um mit den Ermittlungen einen Durchbruch zu erzielen. Vor dem Zimmer klopfte Dr. Schulz an die Tür und wartete, dass Meyer ihn und Sanders hereinbat.

„Herr Meyer, gute Nachrichten: Sie haben Besuch", erklärte Dr. Schulz, während er in das Zimmer trat. Meyer hatte sich in seinem Bett bereits aufgesetzt. Er sah mit dem Verband um seinen Kopf ungewohnt aus.

„Hallo Erwin, wie geht es dir?", fragte Sanders vorsichtig.

„Manuel! Schön, dass du da bist. Ach, es geht schon. Nur Dr. Schulz hier sagt, dass ich wohl einige Zeit nicht laufen kann, da meine Beine in Mitleidenschaft gezogen wurden. Ein Schien- und ein Wadenbeinbruch. Aber immerhin sind es ‚nur' meine Beine", erklärte Meyer, während er Gänsefüßchen in der Luft nachzeichnete.

„Na ja und dein Kopf, aber das scheint alles gut zu sein. Was ist denn genau passiert? Ich hatte dich noch gesehen und im nächsten Moment wurdest du angefahren. Ich konnte leider nicht so schnell reagieren. Das Einzige, was ich tun konnte, war den Notruf absetzen und Erste Hilfe leisten."

Meyer sah ihn an. „Einzige? Manuel, du hast mir damit das Leben gerettet. Sei nicht so bescheiden. Ja, was ist passiert: Ich war bei dem Bäcker und hatte mir Frühstück geholt."

„Weißt du, wer dich angefahren hat? Oder besser gefragt: warum?", hakte Sanders nach.

„Ich schätze mal, dass es der Täter gewesen ist, dem ich den Aufenthalt hier zu verdanken habe, richtig? Zumindest fällt mir niemand anderes ein, der einen Ermittler anfährt und dabei, genau wie unser Mörder, eine Maske trägt."

„Was für eine Maske war es?"

„Eine Clownsmaske, aber keine von den Netten. Eher so eine wie damals, als vor ein paar Jahren diese Chaoten sich verkleidet hatten, um andere Menschen zu erschrecken."

„Das passt alles. Nachdem du im Krankenhaus warst und ich wieder in der Dienststelle, hat uns der Täter auch angerufen und gefordert, dass nur Anna Kramer sich um die Ermittlungen kümmert. Er sagte, du hättest vorgehabt, dich in das Rampenlicht zu stellen. Dem wollte er mit dem Angriff einen Riegel vorgeschoben."

Meyer schnaubte. „Ach, dabei habe ich ja nicht einmal

irgendetwas Brauchbares ermitteln können. Der Täter ist ein Phantom, das keine Spuren hinterlässt. Aus welchem Grund auch immer er mich angefahren hat. Ich habe nichts gegen ihn in der Hand gehabt. Bis zu dem Unfall zumindest."

„Wie meinst du das?"

„Na ja, es war ein schwarzer Mini, der mich angefahren hat. Das Kennzeichen kann ich dir auch sagen, vielleicht magst du das einmal durch das System jagen lassen."

Sanders fühlte sich mit einem Mal sehr erleichtert. „Gerne, das gebe ich gleich weiter."

„So, damit seid ihr auf dem neuesten Stand und habt das Kennzeichen. Vielleicht kommen wir dadurch wieder ein bisschen weiter", hörte Anna Sanders durch das Telefon.

„Super, sehr schön, dass es Meyer so weit gut geht. Abgesehen von den Beinen. Aber das wird wieder. Mit dem Kennzeichen arbeiten wir, Hendrik hat schon eine Anfrage gestartet."

Anna legt auf und sah zu Hendrik hinüber. „Haben wir schon irgendetwas?"

„Das Kennzeichen gehört zu einem Autovermieter, der seinen Hauptsitz in München hat. Allerdings auch eine Filiale in Oldenburg."

„Das heißt, es geht dahin?", fragte Anna.

„Da kann ich vorbeischauen. Ich muss sowieso noch etwas erledigen, da würde ich mir die Daten zu diesem Kennzeichen gleich abholen."

„Wenn du meinst, aber sei vorsichtig. Ich habe keine Lust, dich die nächsten Tage im Krankenhaus zu besuchen", mahnte Anna. Aus dem Augenwinkel sah sie, wie Hendrik die Mundwinkel nach oben zog.

„Keine Angst, ich passe auf mich auf. Bis später." Hendrik warf sich die Jacke über und ging aus dem Büro.

Anna hoffte, dass das Kennzeichen die Wende bringen würde. Bis Hendrik wieder zurück war, gab Anna die Informationen für das Fahrzeug an den Unfalldienst weiter und widmete sich im Anschluss ein weiteres Mal der Aufzeichnung des gestrigen Telefonats.

Anna setzte sich die Kopfhörer auf und startete die Audiodatei. Erst beim letzten Satz hatte Anna ein Gefühl, dass sie der Sache sehr viel näher war als zunächst gedacht. Aber genau wusste sie es nicht. Sie hörte sich alles noch einmal an.

Am Anfang der Nachricht regte sich nichts. Erst im letzten Drittel. Also wiederholte sie dieses Drittel noch einmal. Da war es wieder. Diese Ahnung vor etwas zu stehen und doch nicht zu erkennen, was es ist. Wie bei dem Sprichwort, den Wald vor lauter Bäumen nicht zu sehen. Anna wiederholte es wieder und wieder. Woher hatte sie dieses Gefühl? Und wieso hatte sie dieses Gefühl noch nicht, als der Täter angerufen hatte? Was hatte sich von gestern auf heute verändert? Die

Aufnahme lief aus und der Täter wiederholte zum gefühlt hundertsten Mal seine Drohung, dass er nicht
gnädig sein würde. Auf einmal fühlte Anna sich, als ob
sie vom Blitz getroffen wurde. Gnädig sein. Der Täter
wird beim nächsten Mal nicht so gnädig sein. Genau
diesen Satz hatte Kathrin gestern Abend den Männern
gesagt, nachdem sie diese verletzt hatte.

In dem Moment hatte Anna sich nichts dabei gedacht,
da sie andere Sorgen hatte. Jetzt kam die Szene noch
einmal in ihr Bewusstsein. Nach der Konfrontation mit
den Männern war Kathrin wie ausgewechselt gewesen. War sie vorher genervt und auch gereizt, hatte sie
nach der Begegnung geradezu beste Laune. Als ob sie
es genossen hatte, jemandem anderes Schmerzen zuzufügen.

Aber war sie deshalb auch der Täter? Oder eher die
Täterin? Bisher waren die Ermittlungen von einem
Mann ausgegangen. War Kathrin wirklich in der Lage,
Anna solche Schmerzen zuzufügen, indem sie sie der-
artig herausfordert? Warum sollte sie das tun?

Anna spürte, wie es ihr den Boden unter den Füßen
wegriss. Es fühlte sich an, als ob die Wände auf sie zu-
kamen und ihr keinen Platz zum Atmen ließen. Sie
musste sich darauf konzentrieren, ruhig zu atmen, damit sie nicht in eine Panikattacke verfiel. Es dauerte
eine Weile, bis sie sich wieder im Griff hatte und einen
klaren Gedanken fassen konnte. Sie sah auf den

Bildschirm. In der rechten unteren Ecke sah sie die Uhrzeit. Seitdem Hendrik losgezogen war, waren bereits vier Stunden vergangen. Wie lange saß sie schon an ihrem Platz und konnte nicht denken? Wie lange hat sie sich die Audiodatei angehört? War Kathrin die Täterin oder erst mal „nur" verdächtig? Es drehte sich alles in ihrem Kopf.

Sie musste wissen, was Hendrik machte und griff zum Telefon, um ihn zu erreichen. Nichts. Nur die Mailbox. Dreimal hintereinander. „Verdammt! Wie konnte ich so blöd sein?!", schrie Anna, während sie den Hörer auf den Apparat warf.

Anna sah auf die Uhr. Es war 16:00 Uhr. Wenn sie sich nicht täuschte, müsste Kathrin zu Hause sein. Es nützte nichts hier zu sitzen. Sie musste nach Hause. Kathrin zur Rede stellen. Auf dem Weg aus dem Büro kam sie an ihrer Dienstwaffe vorbei, die sie seit Mittwoch nicht bei sich hatte. Jetzt steckte Anna sie ein, sollte sich ihr Verdacht erhärten oder sogar bestätigen, war es wichtig, sich verteidigen zu können.

Auf dem Weg nach Hause rannen Anna Tränen über die Wangen, da sie nicht glauben wollte, dass Kathrin dazu fähig war, ihr das anzutun. Ohne es zu bemerken, wurde Anna auf dem Weg zur Wohnung immer langsamer und ließ sich Zeit. Sie wollte diese Konfrontation nicht. Sie wollte ihrer besten Freundin und mittlerweile auch Mitbewohnerin nicht vorwerfen, dass sie eine Mörderin ist. Sie stand unten an der Haustür und atmete tief durch. Der Weg durch das Treppenhaus hoch kam ihr noch nie so lange vor, wie in diesem Moment. Auch vor der Tür musste Anna sich noch einmal sammeln. Sie öffnete die Tür und trat in die Wohnung.

Irgendetwas war anders als sonst. Die Wohnung fühlte sich plötzlich fremd an. Erst heute Morgen noch, hatte Anna sich hier wohlgefühlt, aber jetzt fühlte es sich an, als ob es nur ein Instrument war, sie bei ihrem Neustart in Oldenburg scheitern zu sehen.

Im Wohnzimmer sah Anna, warum sich die Wohnung nicht wie gewohnt anfühlte. Es sah aus, als ob eine Bombe eingeschlagen hätte. Ein Regal an der Wand war umgeworfen, das Sofa verrückt und Kathrins Dekoration quer im Raum verteilt. Was war hier geschehen? Hatte Kathrin die gemeinsame Wohnung verwüstet?

Oder war es am Ende doch jemand anders? Es stand ja noch nicht fest, dass Kathrin die Täterin war. Anna sah sich im Wohnzimmer um. Zwischen dem Chaos fand sie eine Speicherkarte, die auf dem Laptop lag. Mit einem schaurigen Gefühl verband Anna die Speicherkarte mit dem Laptop und sah eine weitere Videodatei, die „Spiel mich ab" hieß. Anna drückte auf Wiedergabe.

Wieder die Person aus den vorherigen Videos. Wieder eine Maske. Dieses Mal war es die Maske aus Scream,

Ghostface. Wieder die verzerrte Stimme.

„Ich grüße Sie, Frau Kramer. Sie haben die Wohnung in einem desolaten Zustand vorgefunden, dafür möchte ich mich entschuldigen. Aber Ihre Mitbewohnerin war nicht leicht zu überwältigen, das können Sie mir glauben. Nun, wie dem auch sei. Ich habe Kathrin. Und Ihren Kollegen, Herrn Schütz. Da es Ihnen bisher nicht gelungen ist, mich aufzuhalten, kommen wir nun zum Finale unseres Spiels. Es geht ja auch schon lange genug und ich habe nicht ewig Zeit für Sie. Seien Sie heute Abend um 22:00 Uhr in der EWE-Arena am Bahnhof. Nehmen Sie den Eingang neben dem Ticketverkauf und kommen Sie die Treppe hinauf. Sollten Sie nicht erscheinen, sterben Kathrin und Hendrik. Dass Sie alleine kommen sollen, muss ich nicht extra erwähnen, oder? Ich freue mich auf Sie. Bis später."

Daraufhin wurde der Bildschirm schwarz.

-22-

Anna stand in der Wohnung vor dem Laptop und versuchte einen klaren Gedanken zu fassen. Der Täter hat Hendrik und Kathrin? War sie am Ende doch nicht die Täterin? Anna hätte alles gegeben, das zu glauben. Das Gefühl, was sie hatte, sprach allerdings gegen diesen Gedanken.

Hendrik war entführt worden. Hätte dieser Idiot doch einfach auf sie gehört und wäre mit ihr unterwegs gewesen. Aber hätte das etwas genützt? Irgendwann wären die beiden alleine unterwegs gewesen. Sie konnten nicht immer aufeinander hocken. Mit einem gemeinsamen Vorgehen hätten sie die Entführung wohl nur hinausgezögert. Anna ging in der Wohnung umher und überlegte, was zu tun war. Es war nun 17:20 Uhr, also noch etwas Zeit, bis sie in der EWE-Arena sein musste. Wie konnte sie die Zeit nutzen, um den Fall zu lösen? Auf Anna lastete ein ungeheurer Druck, dass Kathrin in irgendeiner Art und Weise mit der Mordserie in Verbindung stand. Wenn Anna nur herausfinden konnte, was damals in Afghanistan geschehen war. Eine Anforderung der Unterlagen bei der

Bundeswehr würde Wochen, wenn nicht sogar Monate dauern. Wenn sie die überhaupt bekommt.

Durch die Wohnung laufend sah Anna, dass die Tür zu Kathrins Schlafzimmer offenstand. Anna war bisher noch nie in ihrem Zimmer gewesen, warum auch? Für Anna war das eigene Zimmer ein Rückzugsort, den niemand zu betreten hatte. Daher wäre sie nie auf die Idee gekommen, in Kathrins Zimmer zu schnüffeln. Allerdings war die Situation nun eine andere. Einer Intuition folgend betrat Anna das Zimmer und sah sich um. Es war schlicht eingerichtet. Ein Bett, ein Kleiderschrank und neben dem Bett noch ein Nachtschrank. Was suchte Anna hier? Warum betrat sie dieses Zimmer? Ihr Bauchgefühl sagte ihr, dass sie hier vielleicht etwas finden konnte, was sie in irgendeiner Art und Weise weiterbringen konnte. Anna stand in Kathrins Zimmer und überlegte, wonach sie überhaupt suchen sollte.

Was sollte Anna in diesem Zimmer finden oder besser nicht finden, wenn Kathrin es nicht in der restlichen Wohnung aufbewahrte? Was könnte das sein, dass Kathrin vor Anna verheimlichen wollte? Hatte Kathrin einmal etwas in der Richtung gesagt? Anna ging zurück in den Flur und ging in die Küche. Dort sah sie den Kalender neben dem Kühlschrank hängen. Eher beiläufig sah sich Anna das Kalenderblatt an und stolperte dabei über einen Eintrag: Therapiesitzung, 15:00 Uhr.

Anna merkte, wie ihre Finger zu kribbeln begannen. Kathrin erzählte einmal, dass sie eine Therapie machte. Gab es dazu Unterlagen, die sie aufbewahrte? Kathrin war eine außergewöhnlich ordentliche Person, die sich nicht damit zufriedengeben konnte, Dokumente einfach so aufzuheben. Sie bestand darauf, dass alles im Zweifelsfall leicht zu finden sein musste. Oftmals hatte Anna Kathrin deshalb scherzhaft einen Freak genannt. Anna war in der Hinsicht anders. Sie war eher der Typ Schuhkarton. Vielleicht konnte Anna allerdings nun davon profitieren.

Sie ging in das Büro, in dem Kathrin die Unterlagen fein säuberlich abgeheftet hatte. Sie ging davon aus, dass Kathrin die Unterlagen für ihre Therapie unter einem unauffälligen Begriff ablegt hatte und suchte die Ordner ab. Sie sah zwei Ordner, einen mit Bundeswehr, den anderen mit Gesundheit beschriftet. Sie nahm beide und ging zurück in die Küche, um die Inhalte zu sichten. Im Ordner Gesundheit kam nichts Ungewöhnliches zum Vorschein, lediglich Rechnungen, die an die Krankenversicherung und die Beihilfe gesandt und entsprechend abgerechnet wurden.

Anna stütze den linken Arm auf dem Tisch ab, während sie sich den Ordner Bundeswehr ansah. Auch hier nicht viel, was einen weiterbrachte. Anna stieß auf das Abschlusszeugnis des Medizinstudiums, das Kathrin bei der Bundeswehr absolvierte. Also besaß

Kathrin auch medizinische Kenntnisse, gerade als ehemalige Chirurgin wusste sie, wie sie auch Schnitte setzen musste.

Am Ende des Ordners las Anna einen Bericht, der von Anfang 2020 war. Es handelte sich um einen Untersuchungsbericht von Kathrin. Sie war mit dem Verdacht einer Vergiftung zur Untersuchung gekommen. Sie hatte die Befürchtung, auf einer Feier K.O.-Tropfen verabreicht bekommen zu haben, da sie sich nicht an den vollen Abend erinnern konnte. Das Untersuchungsdatum war bereits im Dezember 2019, allerdings dauerte es, bis der schriftliche Bericht geschrieben war.

Ob das mit der Vergewaltigung zusammenhing? Es würde passen, dass Kathrin etwas ins Getränk bekommen hatte und sie sich an nichts mehr erinnern konnte. Im Bericht hieß es, dass eine entsprechende Vergiftung nachgewiesen werden konnte. In Kathrins Blut war eine Mischung aus K.O.-Tropfen und Ecstasy gefunden worden, die durchaus hätte tödlich enden können. Darüber hinaus gab es auch noch den Nachweis eines Opiats.

Anna zog es den Magen zusammen. Wenn es schlecht gelaufen wäre, wäre Kathrin nun nicht mehr am Leben. War dieses Ereignis am Ende Auslöser für Kathrins Verhalten? Konnte sie aus diesem Grund zu einer Mörderin werden? Aber selbst wenn ja, welchen Part spielte Anna in dieser Sache? Warum hatte der

Täter es explizit auf sie abgesehen? Diese Frage ergab keinen Sinn.

Anna blätterte in dem Ordner weiter und fand einen weiteren Bericht aus Kathrins Zeit in Afghanistan. Es handelte sich um einen Ermittlungsbericht der Militärpolizei. Zwei Soldaten hatten Selbstmord begangen und in ihrem Abschiedsbrief die Schuld für die Vergewaltigung von Kathrin auf sich genommen.

Unter dem Bericht hatte Kathrin handschriftlich das Wort „Tagebuch" geschrieben. Anna stutzte, hatte Kathrin ein Tagebuch über die Geschehnisse geführt? Wenn ja, wo konnte sie das finden? Sie sah sich in Kathrins Büro um. Hier war nirgendwo etwas, das wie ein Tagebuch aussah. Anna ging erneut in den Flur und überlegte. Wo hatte Kathrin früher ihre geheimen Dinge versteckt? Als beste Freundin hatte Anna damals Kenntnis von Kathrins Geheimbasis, die nur sie und Anna kennen durften. Das war in einem Fach in ihrem Kleiderschrank, wie es Anna wieder einfiel. Sie ging erneut in Kathrins Zimmer und öffnete den Kleiderschrank. Sie sah die Kleidung in dem Schrank, interessierte sich aber mehr dafür, was sich unten in der Ecke befand. Dort, hinter der Kleiderstange, fand Anna eine kleine Kiste, in der sich ein Ringbuch befand. Gespannt nahm sie das Buch heraus und las die erste Seite:

„Da meine Therapeutin sagte, ich solle einmal alles für

mich aufschreiben, um loslassen zu können, gebe ich dem Ganzen hiermit eine Chance. Auf den kommenden Seiten schildere ich für mich, was in Afghanistan passiert ist. Nicht, damit ich es vergesse, sondern damit es einmal aufgeschrieben ist und somit weniger Raum in meinem Kopf einnehmen muss.."

Anna setzte sich auf das Bett, um Kathrins Aufzeichnungen zu lesen. Es verging einige Zeit, in der Anna von den Vorkommnissen in Afghanistan erfuhr. Auch wenn Anna geschockt war von dem was sie las, war ein Teil von ihrem Unterbewusstsein dabei, sie zu ermahnen, nicht blind auf dieses Tagebuch zu vertrauen.

Als Anna auf die Uhr sah, erkannte sie, dass es Zeit war, zur EWE-Arena aufzubrechen. Sie war aufgewühlt von dem, was sie erfahren hatte. Gleichzeitig aber auch wegen ihres Verdachts, der sich anscheinend immer weiter bestätigte. Der Weg zur EWE-Arena dauerte an, da die Stadt auch zu dieser Zeit voll war. Auf dem Weg zur Arena rief Anna bei Klaus an.

„Hallo?"

„Klaus? Anna hier. Ich muss mit dir reden", begann Anna.

„Anna, hallo, so spät noch? Was ist passiert?"

„Hendrik wurde entführt", erklärte Anna mit brüchiger Stimme. „Ich soll in die EWE-Arena kommen. Neben Hendrik wurde auch meine Mitbewohnerin Kathrin Reinders entführt. Unsere Wohnung ist ein einziges Schlachtfeld."

„Was?! Und du bist auf dem Weg? Das kannst du nicht machen, das ist eine Falle!", warnte Klaus.

„Klaus, das weiß ich. Deshalb rufe ich dich doch an. Wir wissen doch beide, dass die Beiden so gut wie tot ist, wenn ich mit SEK und weiß der Himmel was allem da reingehe. Ich brauche aber ein Back-up."

„Und wie soll das aussehen?"

„An sämtlichen Ein- und Ausgängen werden sich Polizisten positionieren, die den Täter beim Verlassen des Gebäudes abfangen können. Aber tut mir einen großen Gefallen und kommt nicht mit Blaulicht und in Uniform an die Arena. Es muss unbedingt der Eindruck entstehen, dass es lediglich Passanten sind, die auf dem Gelände unterwegs sind."

Anna konnte Klaus am Telefon atmen hören. Es dauerte eine Weile, bis Klaus wieder sprach. Er schien den Vorschlag von Anna auf die Erfolgschancen hin abzuwägen.

„In Ordnung. Aber pass auf dich auf. Wenn etwas nicht planmäßig läuft, können wir dir da drinnen nicht wirklich helfen, das weißt du?"

„Da drinnen bin ich sowieso auf mich alleine gestellt. Sollte sich auch nur eine weitere Person zeigen, sind Hendrik und Kathrin tot. Da müssen wir uns nach dem Unfall von Meyer keine Gedanken mehr machen, dass es sich nur um leere Drohung handelt."

„Das stimmt. Pass auf dich auf. Ich veranlasse, dass die

Eingänge überwacht werden. Wann sollst du da sein?"

„Um 22:00 Uhr."

„Also habe ich noch eine Viertelstunde, bis du da bist. Für so eine Aktion brauche ich mehr Vorlauf. Frühestens 22:30 Uhr kann ich alles organisieren.."

„Danke Klaus, das ist schon besser als gar nichts." Anna beendete das Gespräch und setzte ihren Weg fort.

An der EWE-Arena angekommen, konnte Anna von außen nicht sehen, ob jemand darin war oder nicht. Die Beleuchtung war komplett abgeschaltet und auch durch die Fensterscheiben konnte Anna nichts außer den beleuchteten Schildern über den Notausgängen erkennen. Was erwartete sie auch? Das in der Arena Festtagsbeleuchtung brannte, obwohl keine Veranstaltung geplant war? Offensichtlicher konnte der Täter ja nicht auf sich hinweisen.

Anna ging zu dem Eingang neben dem Kartenvorverkauf, wie es ihr in der Videobotschaft gesagt wurde. Sie rechnete damit, dass der Täter sie erneut auf eine falsche Fährte führte und gleich die Alarmanlage der Arena losging, aber nichts dergleichen. Die Tür ging auf. Anna drehte sich noch einmal um die eigene Achse, um sicherzustellen, dass sie alleine die Arena betrat. Im Inneren hielt sie ihr Handydisplay vor sich, damit das fade Licht ihr ein wenig vom Weg zu den Treppen zeigte. An der Treppe angekommen, stieg sie diese mithilfe des Geländers vorsichtig hoch. Auf ihrem Handy erkannte sie, dass sie pünktlich war. 21:58 Uhr. Es war lediglich eine Tür, die zum Spielfeld führte, in der Mitte auf. Ein leichter Lichtschein kam aus der geöffneten Tür, die auf die Zuschauerränge führte. Anna stand vor der Tür und schaute auf ihrem Handy, wann es 22:00 Uhr war. Sie wollte dem Täter keinen Grund geben Kathrin und Hendrik etwas anzutun, nur weil sie eine oder zwei Minuten zu früh war.

Hoffentlich konnte Klaus genügend Zivilstreifen mobilisieren. Zu dieser Zeit war es schwierig, alle Ein- und Ausgänge der EWE-Arena zu besetzen. Zumal die Polizisten in Zivil unterwegs sein mussten. Anna atmete tief ein und aus, um sich zu sammeln. Es war nun sowieso egal, da Anna keine Zeit mehr hatte. Sie musste sich wieder den Regeln des Täters unterwerfen, um zumindest eine Chance zu haben, Hendrik und Kathrin zu retten.

Als die Uhr 22:00 Uhr anzeigte, ging Anna die letzten Stufen durch die Tür zu einer Brüstung, von der sie auf das Basketballfeld blicken konnte. Dort, im Schein einer Schreibtischlampe, erkannte sie, dass sich Hendrik und Kathrin auf Stühlen gefesselt gegenübersaßen.

Anna überlegte, was sie tun konnte, um die zwei zu befreien, als sich die Anzeigetafel in der Mitte der Arena einschaltete und eine Person mit einer Hundemaske auf der Tafel erschien.

-23-

Die Tage nach der Weihnachtsfeier vergingen quälend langsam. Kathrin konnte sich nicht davon abhalten, einen Plan für Bruns und Kaspers auszuarbeiten. Da sie mitbekommen hatte, was Bruns ihr verabreicht hatte, war der nächste Tag damit verplant, ein Blutbild anzufordern, um schwarz auf weiß zu haben, dass Kathrin etwas untergemischt wurde. Außerdem war es notwendig, sich für die üblicherweise unbeliebte Nachtschicht zu melden, da sie Zeit brauchte, um die notwendigen Vorbereitungen zu treffen. Gleichzeitig vermied Kathrin es so, Bruns oder Kaspers über den Weg zu laufen. Sie hatte kein Interesse zu sehen, was sie sich dachten.

„Reinders?", hörte sie den Arzt aufrufen. Kathrin stand auf und ging in den Behandlungsraum.

„Was kann ich für Sie tun?", fragte der Arzt, während er sich auf den Hocker setzte.

„Nun, ich weiß nicht genau, wie ich es sagen soll…", begann Kathrin. „Es ist etwas heikel."

„Immer frei heraus, nur so können wir Ihnen helfen."

„Aber das muss hier im Raum bleiben, davon darf niemand erfahren. Bitte."

„Selbstverständlich. Nichts, was hier passiert, wird jemand erfahren. Sie wissen doch auch, dass nur ich auf die Patientenakten zugreifen kann."

Natürlich wusste Kathrin das. Allerdings war es ihr sehr wichtig, noch einmal zu erwähnen, dass die Untersuchung an niemand anderes weitergetratscht werden sollte.

„Ich weiß. Nun, es ist so, ich habe den Verdacht, dass mir gestern etwas ins Getränk gemischt wurde. Ich habe keine Erinnerung mehr. Ich habe gestern zwar ein Bier getrunken, aber das erklärt nicht diesen kompletten Filmriss."

„Okay, das ist ja eine starke Ankündigung. Was war das Letzte, an was Sie sich erinnern?"

„Ich habe ein Bier geholt und ein Wasser getrunken. Danach setzt meine Erinnerung erst wieder ein, wie ich auf meiner Stube lag."

„Das klingt tatsächlich so, als ob es etwas mehr als Bier gab. Das sollten wir einmal untersuchen. Machen Sie bitte den Arm frei. Wir müssen einmal Blut ziehen."

Kathrin krempelte den linken Ärmel bis zum Ellenbogen hoch und hielt diesen zur Blutabnahme bereit. Sie war erleichtert, dass der Arzt sie nicht für verrückt erklärte, sondern sofort darauf einging und eine Untersuchung anregte. Sobald Kathrin das Ergebnis hatte, konnte sie mit Gewissheit sagen, was ihr verabreicht wurde.

„Können Sie mir sagen, wann ein Ergebnis zu der Blutprobe vorliegt?", fragte Kathrin, nachdem der Arzt ihr Blut abgenommen hatte.

„Ich schätze, dass es morgen so weit ist. Dann können Sie am besten noch einmal wiederkommen und wir besprechen das Ergebnis. Keine Sorge, ich selbst werde das Blut untersuchen. Es wird also niemand etwas erfahren. Allerdings muss ich es melden, wenn sich der Verdacht erhärten wird."

„Das weiß ich. Aber bevor ich hier einen Verdacht äußere, muss ich selbst Gewissheit haben. Deswegen bin ich heute direkt hierhergekommen."

Der Arzt nickte und verabschiedete sich von Kathrin. Nun hieß es warten. Allerdings konnte Kathrin nicht untätig herumsitzen. Sie nutzte den Tag auf ihrer Stube, um sich ihren Plan zurechtzulegen.

Kathrin konnte es immer noch nicht fassen, was ihre vermeintlich besten Freunde ihr angetan hatten. Auch, wenn die Schmerzen, die sie in ihrem Schritt hatte, eine stumme Anklage dessen waren, was geschehen war. Sie konnte es nur erahnen, auch wenn sie das eigentlich gar nicht wollte. Sobald sie das Ergebnis hatte, konnte sie die nächsten Schritte gehen.

Irgendwie musste sie an Bruns und Kaspers herankommen, ohne dass es Zeugen gab. Wie konnte das am besten geschehen? Sollte Kathrin ebenfalls Betäubungsmittel einsetzen? Und sie dann verschleppen? Bei Bruns wäre das keine Schwierigkeit, Kaspers hingegen... Dessen mächtigen Körper zu bewegen, wenn dieser bewusstlos zusammengesackt war, konnte Kathrin wohl nicht bewerkstelligen. Zumal sie sich selbst auch noch schwach fühlte. Das Zeug, was ihr gegeben wurde, hatte sie an den Rand der Erschöpfung gebracht. Also musste es einen anderen Weg geben, an ihn heranzukommen. Am besten in der Werkstatt. Dort konnte sie ohne Probleme mit ihm alleine sein. Bruns könnte sie im Lazarett stellen. Nur was sollte sie mit beiden machen? Hatten sie lediglich eine Abreibung verdient? Oder war es nötig, mehr zu tun?

Kathrin entschloss sich, die medizinischen Akten in den kommenden Tagen zu durchforsten. Einer der Vorteile im medizinischen Team zu sein war es, an die Informationen ohne große Probleme heranzukommen. Bruns und Kaspers hatten sich darüber unterhalten, dass es bereits mehrere Frauen gab, die sie auf die Art und Weise misshandelt hatten. Zumindest dies war die einzige Schlussfolgerung, die Kathrin ziehen konnte, nach dem was sie gehört hatte. Im Endeffekt war sie damit eine von vielen, die den beiden zum Opfer gefallen waren.

Nach einer Weile stand Kathrins Entschluss, sich an Bruns und Kaspers zu rächen, fest. Der Entschluss sorgte dafür, dass Kathrin an nichts anderes mehr denken konnte. Sie steigerte sich in den Gedanken hinein und ließ ihrer Fantasie freien Lauf, was sie machen konnte. Kathrin ließ sich von diesen Gedanken treiben und fand darin einen kleinen Trost, um mit dem, was passiert war, umzugehen. Die Neigung zum Jähzorn hatte Kathrin schon als kleines Kind gehabt. Diese Eigenschaft sorgte bereits mehrfach dafür, dass sie sich in Dinge hineinsteigern konnte, bei denen andere schon lange klein beigegeben hätten. Es war ein schönes Gefühl, diesen Antrieb zu spüren. Im Gedanken an ihre Rache verbrachte sie den Tag damit, verschiedene Pläne zu schmieden, diese umzuschmeißen, neue Pläne zu entwickeln und diese an ihr Ziel anzupassen.

Am nächsten Tag wartete Kathrin darauf, dass die Untersuchungsergebnisse kamen. Sie hatte einen Kloß im Hals und wippte nervös auf und ab. Auch eine Eigenart, die sie seit ihrer Kindheit hatte und nicht ablegen konnte. Als der Arzt zu ihr kam, stand sie auf und ging auf ihn zu.

„Frau Reinders, ihr Verdacht hat sich bestätigt. Sie haben Spuren eines Betäubungsmittels im Blut gehabt, welches charakteristisch für die sogenannten K.O.-Tropfen sind. Ihnen wurde etwas in ihr Getränk gegeben", erklärte der behandelnde Arzt.

Kathrin musste schlucken. Sie hatte damit gerechnet, dass etwas gefunden wurde, aber jetzt den Beweis dafür zu haben war wie ein Schlag in die Magengrube.

„Das heißt, Sie melden es jetzt? Wie geht es jetzt weiter?", fragte Kathrin.

„Ja, ich werde es melden müssen. Alles Weitere werden ihre Vorgesetzten regeln. Aber wir haben da noch etwas in Ihrem Blut nachgewiesen."

„Und das wäre?" Kathrin ahnte bereits, was es war. Bruns hatte ja erklärt, dass er ihr Drogen eingeflößt hatte, um sie gefügig zu machen.

„Es wurden ein Opiat und Ecstasy nachgewiesen. Da wir die Substenzen in Verbindung mit den K. O.-Tropfen nachgewiesen haben, müssen wir zunächst davon ausgehen, dass Ihnen die Betäubungsmittel während der Bewusstlosigkeit eingeflößt wurden. Auch wenn Sie sich an nichts erinnern, sind Sie nicht regungslos."

„Das heißt also, ich muss den Dienst quittieren? Ich meine, die Drogenpolitik ist generell scharf, aber im Einsatz ja noch einmal schärfer", sorgte sich Kathrin. Die Bundeswehr war alles andere als bekannt dafür, mit Drogenabhängigen zusammenzuarbeiten.

„Nun, soweit würde ich noch nicht gehen. Da es scheinbar das erste Mal ist, können wir einen Prozess starten, damit sich ihr Körper gar nicht erst an das Opiat gewöhnt. Dadurch, dass Sie nicht bei Bewusstsein waren, gibt es vermutlich keine Auswirkungen auf Ihre Psyche. Es kann sein, dass der Suchteffekt noch nicht eingetreten ist. Ansonsten werden wir eine Therapie vorbereiten, in der Sie mit Substituten das Opiat austauschen und die beginnende Abhängigkeit abbauen. Wir müssen schauen, wie Sie sich in den kommenden

Tagen fühlen und ob Sie eindeutige Entzugserscheinungen zeigen."

„Aber nichtsdestotrotz muss ich mich mit meinen Vorgesetzten auseinandersetzen", raunte Kathrin. Es war ihrer Sache nicht dienlich, dass ausgerechnet Bruns ihr Vorgesetzter war, der sie in diese Situation gebracht hatte.

„Nun, das ist etwas, dass Sie direkt mit dem Generalarzt besprechen müssen. Alle anderen Vorgesetzten werden hierbei übersprungen. Da sind die Richtlinien eindeutig. Ich werde einen Vorbericht fertigen, allerdings sollten Sie ihn bereits heute aufsuchen und ihn auf die bestehende Situation vorbereiten."

Kathrin nickte. Das würde ihr Problem lösen. Der Generalarzt August Witte war ihr grundsätzlich bekannt, da er die Leitung der Sanitäter im Camp übernommen hatte. Damit könnte sie auf die eine oder andere Art und Weise eine Rückendeckung erhalten, um an ihren eigentlichen Zielen zu arbeiten. Oder sie würde direkt nach Hause geschickt werden. Das konnte allerdings nicht sie einschätzen.

Nach der Besprechung der Blutuntersuchung ging Kathrin auf direkten Weg zu den Räumlichkeiten von Witte, um ihn über die Ereignisse zu unterrichten. Kathrin wusste nicht, ob sie ihn überhaupt sprechen konnte, oder ob sie sich erst mal einen Termin geben lassen musste, also versuchte sie ihr Glück und hoffte, dass Witte ein paar Minuten hatte. Als Kathrin sich anmeldete, teilte man ihr mit, dass man nicht genau wusste, ob Witte Zeit hatte. Man würde es aber versuchen. Es dauerte einen Augenblick, bis sie zu Witte gerufen wurde.

„Ja, was gibt es?", fragte er, ohne von seinen Unterlagen hochzuschauen.

„Stabsärztin Reinders. Ich habe einen Verdacht auf Missbrauch von Betäubungsmitteln zu melden."

Nun schaute Witte von seinen Unterlagen hoch und fixierte Kathrin. Kathrin spürte, dass dieses Thema für Witte ein sehr unangenehmes war. Sie merkte, dass er in diesem Camp scheinbar nicht zum ersten Mal mit dem Thema in Berührung kam.

„Setzen Sie sich. Um was genau geht es?"

„Danke. Nun, ich komme gerade vom ärztlichen Dienst. Ich habe gestern eine Blutuntersuchung angefordert, die zu dem Ergebnis kam, dass mir während der Weihnachtsfeier vorgestern K.O.-Tropfen und ein Opiat untergemischt beziehungsweise verabreicht wurden", erklärte Kathrin ihren Verdacht. Spätestens jetzt hatte sie Wittes volle Aufmerksamkeit.

„Bitte was? Wie genau sind Sie auf den Verdacht gekommen? Sprechen Sie frei heraus. Bei diesem Thema müssen wir uns nicht mit Förmlichkeiten aufhalten." Das war Witte. Wenn es darauf ankam, konnte man mit ihm in einem normalen Ton reden.

„Nun, ich konnte mich an die Feier nicht bis zum Ende

erinnern und das, obwohl ich nur ein Bier hatte. Das kam mir verdächtig vor, weshalb ich eine Blutuntersuchung gefordert habe. Da sich neben dem Gedächtnisverlust auch das Gefühl einstellte, von einem Lastwagen überfahren worden zu sein, kam mir schnell der Verdacht, dass ich etwas zu mir genommen hatte, was ich nicht hätte nehmen wollen."

„Verstehe ich Sie richtig, Reinders: Sie sagen, Sie hatten den Verdacht, dass Ihnen K.O.-Tropfen verabreicht wurden? Haben Sie einen Verdacht, wer Ihnen das angetan haben kann?"

„Na ja, ich habe den Abend mit Stabsoberarzt Bruns und Stabshauptmann Kaspers verbracht. Ich kann aber nicht sagen, ob sie es waren. Ein Vorbericht soll in den kommenden Tagen zu Ihnen kommen. Ich möchte Sie nur schon einmal auf die Sache vorbereiten. Aber bitte behalten Sie diesen Verdacht für sich."

Witte schnaubte. „Das kann ich nicht, ich muss Bruns und Kaspers zu diesem Vorfall befragen. Wenn sie tatsächlich etwas damit zu tun haben, werde ich es herausfinden. Außer den beiden wird das niemand erfahren. Allerdings kann ich sie erst befragen, wenn ich den Vorbericht erhalten habe."

„Das ist in Ordnung. Ich hoffe nur, dass mir dieser Verdacht nicht negativ ausgelegt wird."

„Von meiner Seite aus nicht und Bruns und Kaspers werden sich ebenfalls zurückhalten. Dafür werde ich sorgen." Witte sah gedankenverloren an Kathrin vorbei. Es schien, als ob er genau seine nächsten Schritte planen müsste.

„Darf ich Sie etwas fragen? Sie sehen aus, als ob das eine noch größere Sache ist als ohnehin schon. Täusche ich mich dabei?", fragte Kathrin.

Witte sah wieder zu ihr. Sie konnte erkennen, dass er nicht darüber reden wollte. Nach einiger Zeit gab er seinen anfänglichen Widerstand auf. „Dazu kann ich nichts sagen. Aber es stellt mich vor ein Problem, wenn hier in dem Camp tatsächlich Individuen sind, die ihre eigenen Kameradinnen durch Betäubungsmittel in Gefahr bringen."

„Können Sie mir sagen, wann Sie planen, mit Bruns und Kaspers reden zu wollen?", hakte Kathrin nach.

„Es geht darum, dass ich den beiden dann bis dahin eher aus dem Weg gehen möchte."

„Ich schätze, dass ich sie bis heute Abend befragt haben kann. Zunächst werde ich mir den Bericht so schnell wie möglich besorgen. In den nächsten Tagen ist keine Option. Aber das sollte ich bis heute Nachmittag arrangiert haben. Kann ich sonst noch etwas für Sie tun, Reinders?"

„Nein, danke für Ihre Zeit. Alles Weitere wird sich zeigen."

Kathrin stand auf und verließ die Unterkunft von Witte. Jetzt hatte sie den Stein ins Rollen gebracht. Wenn Bruns und Kaspers tatsächlich heute noch zu den Vorwürfen befragt würden, konnte Kathrin sich um den Rest in den kommenden Tagen kümmern.

Während sie durch das Camp lief, hatte Kathrin ein Lächeln auf den Lippen. Sie war noch nicht fertig mit Bruns und Kaspers Das sollten sie schon bald zu spüren bekommen.

-24-

Anna sah auf die Anzeigetafel des Basketballfelds. Es war irritierend, dass die Anzeige in vier Richtungen zeigte. Es war wieder eine vermummte Gestalt zu sehen, dieses Mal war es eine Hundemaske. Anna hatte keine Ahnung von Hunden, wenn sie ihn hätte beschreiben müssen, hätte sie wohl Blond gesagt.

„Frau Kramer, es ist schön, dass Sie es einrichten konnten. Wie Sie sehen, sind Herr Schütz und Frau Reinders gerade ein wenig unpässlich. Das kann daran liegen, dass Sie sich für unser Finalspiel qualifiziert haben. Unsere beiden Protagonisten stellen jeweils ein Land dar, das Sie wahrscheinlich damals im Erdkundeunterricht als ein Land der sogenannten ‚Dritten Welt' kennengelernt haben. Was soll diese Konstellation, fragen Sie sich? Nun, das werde ich Ihnen erklären:

Sie, Frau Kramer, sind die Repräsentantin unserer westlichen Welt, die maßgeblich an den Emissionen von Treibhausgasen beteiligt ist. Beide Länder stehen in einem direkten Verteilungskampf um Land, Nahrung und Medizin. Der Verlierer hat diese lebensnotwendigen Ressourcen nicht mehr. Allerdings können beide diese nicht selbst herstellen, sondern müssen diese beziehen. Und das von Ihnen, Frau Kramer. Sie als die westliche Welt können nun entscheiden, mit welchem Land möchten Sie leben? Wirtschaften? Bei welchem Land haben sie kein schlechtes Gewissen, es in den Abgrund fallen zu lassen? Ich muss wohl nicht erwähnen, dass derjenige, gegen den Ihre Entscheidung fällt, sterben wird.

Sehen Sie sich einmal die Plätze an, auf denen unsere Kandidaten Platz genommen haben: Wie Sie vielleicht von dort oben erkennen können, befinden sich unter den Stühlen Sprengladungen. Keine Angst, Ihnen wird nichts geschehen. Aber je nachdem, für wen Sie sich entscheiden, hat nicht jeder dieses Glück. Nicht zu vergessen: Sie können nicht beide retten."

Anna hörte den Worten genau zu und beobachte Hendrik und Kathrin. Bildete sich Anna ein, dass Kathrin im Angesicht des drohenden Todes keine Anzeichen von Angst zeigte? Lag es an ihrer Erfahrung als Soldatin? Hendrik auf der anderen Seite konnte seine aufkommende Panik nicht verbergen, selbst wenn er das versuchte.

„Kommen wir nun zum eigentlichen Teil des Spiels. Sie müssen sich entscheiden und wenn Sie das getan haben, sehen Sie hinter sich ganz oben einen PC, der zwei Nummern anzeigt. Wählen Sie diejenige aus, bei der die entsprechende Sprengladung nicht zünden soll. Damit ist das Spiel am Ende. Und Sie ebenfalls." Mit diesen Worten schaltete sich die Anzeigetafel aus.

Anna drehte sich um die eigene Achse und sah einen weiteren Lichtschein am oberen Ende der Tribüne. Dort angekommen, erkannte sie auf dem Boden stehend, einen Monitor mit Maus, auf dem zwei Nummern standen. „Kathrin 938556" und „Hendrik 938555". Der Täter meinte das, was er vorhin erklärt hatte, offensichtlich ernst. Aber das hatte der Täter in den vergangenen Tagen bereits mehrfach unter Beweis gestellt. Anna stand auf der Tribüne und überlegte, was sie machen konnte.

Wie konnte sie diese Situation bewältigen? Wie viel Bedenkzeit hatte Anna? Starben tatsächlich beide, wenn sie nichts tat? Ihre Gedanken fingen an zu rasen, was bei Anna einen Kopfschmerz auslöste.

Um sich zu beruhigen, stand Anna auf und atmete bewusst tief ein und aus. Sie analysierte die Gegebenheit in der Arena. Erst jetzt fiel ihr die ausgefahrene Tribüne auf, über die sie zu Hendrik und Kathrin gehen konnte. Vielleicht würde sie dort etwas hilfreiches finden.

Auf dem Weg hinunter zum Spielfeld gingen Anna allerhand Dinge durch den Kopf. Alles kreiste um den Gedanken, dass Kathrin womöglich etwas mit der Sache zu tun hatte. Die Formulierung von Kathrin klang so ähnlich, dass es ein riesiger Zufall sein musste, wenn Anna sich irren sollte. Gleichzeitig wollte Anna sich irren. Sie konnte sich nicht ausmalen, dass

Kathrin für den Tod von drei Menschen verantwortlich war und einen weiteren durch eine Injektion zum Tode verurteilt hatte. Ganz abgesehen von dem Unfall mit Meyer.

Anna kam unten am Spielfeld an und ging einer Intuition folgend zu Kathrin, die sie flehend ansah.

„Anna, bitte, du musst mir helfen. Du musst mich hier rausholen."

Anna sah, dass Kathrin an einen Stuhl mit Armlehnen gefesselt war. Es sah so aus, als ob es sich um elektronische Fesseln handelte. Von den Armlehnen ging ein Kabel über die Rückseite der Rückenlehne unter die Sitzfläche des Stuhls. Als Anna sich hinunterbeugte um zu sehen, wohin das Kabel führte, erkannte sie die angesprochene Sprengladung.

„Anna! Hörst du mir zu?! Du musst mir helfen. Bitte! Komm schon, wie lange kennen wir uns jetzt? Ist das denn gar nichts wert? Wieso zögerst du die Entscheidung heraus?", hörte Anna Kathrin erneut.

Anna war sich nicht sicher, was sie machen sollte und sah Kathrin an. Sie hatte keine Blessuren, die ein Zeugnis dessen wären, was Anna in der Wohnung vorgefunden hatte. Ihre Hände, ihr Gesicht, alles war makellos. Für den erklärten Kampf, den sie sich angeblich geliefert hatte, nicht wirklich treffend. So, wie die Wohnung aussah, hätte Kathrin zumindest ein paar Kratzer abbekommen müssen. Aber da war nichts.

Kathrin begann unruhig auf dem Stuhl

herumzurutschen. „Verdammt noch mal, Anna! Jetzt hör mit der Scheiße auf und hol mich aus diesem Ding!"

„Das kann ich nicht", erklärte Anna ganz ruhig.

„Was? Wieso? Jetzt ist nicht der Zeitpunkt für solche Scherze!", fauchte Kathrin.

„Nein, ich kann es schlicht und ergreifend nicht. Schau, diese Vorrichtung ist darauf ausgelegt, euch auseinanderzusprengen. Meinst du allen Ernstes, dass ich dich hieraus befreien kann, ohne dass wir alle in die Luft fliegen?"

„Dann gib den verdammten Code ein! Ihm können wir helfen, wenn ich befreit bin. Ich war damals als Sanitätsoffizierin eingesetzt. Ich kenne mich mit Wunden, auch Sprengwunden, durchaus aus", erklärte Kathrin.

„Das, was ihr unter euren Hintern habt, wird aber nicht nur für eine Sprengwunde sorgen. Da kannst du Nadel und Faden bereithalten und versuchen Hendrik wieder zusammenzunähen. Gib mir Zeit, ich muss mir etwas überlegen."

„Glaubst du, du hast die Zeit?", hakte Kathrin nach.

Es stimmte. Anna hatte keine Zeit. Gefühlt stand sie Stunden bei Kathrin, auch wenn es in Wahrheit vielleicht eine oder zwei Minuten waren. Der Stress in dieser Situation sorgte dafür, dass Annas Zeitempfinden im Eimer war. Anna hockte neben Kathrin und betrachtete die Sprengladung. Es war zu riskant, sie zu entschärfen. Da sie nicht wusste wie die Verkabelung aufgebaut war, konnte sie nicht einfach an einem der Kabel ziehen.

Im ersten Moment bemerkte sie es nicht richtig, aber es schien eine Nummer an der Ladung vorhanden zu sein: 938555. Anna gefror das Blut in den Adern. Hätte sie ohne zu zögern auf Kathrin gedrückt, wäre sie trotzdem getötet worden. Sie eilte zu Hendrik herüber und schaute auch bei ihm auf die Sprengladung: 938556. Die Nummer, die laut der Grafik auf dem Bildschirm für Kathrin gedacht war.

Das war kein Zufall. Die Ziffern wurden vertauscht. Anna sah Hendrik an. „Wo bist du denn gewesen? Man kann dich einfach nicht alleine lassen", flüsterte sie.

Hendrik sah sie an. Gefasst. Er wollte Anna etwas mitteilen und bedeutete ihr, dass sie näherkommen sollte. Hendrik flüsterte ebenfalls. „Kathrin hat den Wagen gemietet, der Meyer angefahren hat."

Anna sah Hendrik geschockt an. Damit war ein weiteres Puzzlestück in dem sich zeichnenden Bild eingesetzt. Dass Kathrin der Wagen gestohlen wurde, nachdem sie sich diesen gemietet hatte, war unwahrscheinlich. Zumal Kathrin sich keinen Wagen mieten musste. Ihr Wagen stand noch bei der Wohnung an der Straße. Außer, sie wollte nicht mit ihrem eigenen Auto fahren um nicht erkannt zu werden. Damit konnte Anna sich nicht mehr einreden, dass Kathrin nur ein Opfer war.

„Danke. Ich sorge dafür, dass du hier rauskommst."
Anna gab Hendrik einen Kuss auf die Wange und ging
in die Mitte der Stühle. Im Aufstehen sah sie, dass Hendriks Blick eine Art von Zufriedenheit ausstrahlte.
Gleichzeitig brannte Kathrins Blick auf ihr. Sie spürte
das Gewicht ihrer Waffe in ihrer Jacke. Sie sah zu Kathrin herüber. War es am Ende nur Glück, dass Meyer
das Kennzeichen angeben konnte? Anna war bereits
wieder auf dem Weg auf die Tribüne, als die Anzeigetafel sich erneut einschaltete. Es war erneut die Gestalt
mit der Hundemaske.

*„Frau Kramer, was dauert das denn so lange? Wollen Sie
uns hier die ganze Nacht warten lassen? Sie müssen sich
schon entscheiden, ewig geht das hier nicht weiter. Aber
vielleicht brauchen Sie noch etwas Motivation, um eine
Entscheidung zu treffen: sollten Sie nicht innerhalb der
nächsten drei Minuten eine Wahl getroffen und in den
Computer eingegeben haben, werden beide Sprengladungen automatisch gezündet."*

Anna sah auf den Bildschirm mit den Nummern am
oberen Rand der Tribüne. Dort stand nun unter den
zwei Schaltflächen in großen roten Zahlen *03:00*. Und
diese Zahl begann herunterzuzählen.

-25-

Kathrin hatte jede Menge zu tun. Sie musste sich vorbereiten, damit sie Bruns und Kaspers gegenüberstehen konnte. Sie wusste nicht genau, wie sie es machen sollte, aber sie wusste, dass sie die Zwei stoppen musste. Eines der Bilder aus der Nacht in der sie vergewaltigt wurde, hatte sich vor ihrem geistigen Auge eingebrannt: die Masken. Wie konnten sie so makaber sein und sich mit Masken verhüllen? Hatten sie so eine Angst, dass ihre tollen Medikamente nicht richtig wirkten? Wobei man gestehen musste, dass sie ja auch nicht die gesamte Zeit gewirkt hatten.

Neben der Tortur, die sie durchstand, waren es diese Masken, die ihr im Schlaf begegneten. Sie waren es, die bei Kathrin für Albträume sorgten. Der Schlaf war weder lang noch erholsam.. Sie wusste nicht, wie lange es dauern würde, bis sie damit umgehen konnte. Allerdings sah sie einen Ausweg, der das Ganze erträglicher machen konnte. Sie würde sich rächen.

Kathrin musste sich aber auch eingestehen, dass die Masken verfingen. Bei ihren Planungen war der Gedanke ebenfalls eine Maske aufzusetzen, sehr reizvoll. Es würde bedeuten, dass Bruns und Kaspers von den

Geistern, die sie gerufen hatten, heimgesucht werden würden. Eine Maske hatte sie schon im Blick, mit der sie arbeiten würde. Vor Jahren hatte sie sich mal eine Guy-Fawkes-Maske gekauft, als der Film V wie Vendetta in die Kinos kam. Diese Maske war dann irgendwann einmal mit nach Afghanistan gekommen, um sie an die Heimat zu erinnern. Die sollte nun für Bruns und Kaspers eine Mahnung sein. Nur die Konsequenzen, die sie durch Witte zu befürchten hatten, sofern es denn welche gab, waren für Kathrin nicht genug. Sie mussten wissen, dass Kathrin wusste, was passiert war. Allerdings wusste sie nicht die volle Wahrheit. Noch nicht. Daher entschloss sich Kathrin dazu, Feuer mit Feuer zu bekämpfen und Bruns ebenfalls Drogen zu verabreichen. Aber es würde kein Opiat werden, Kathrin hatte andere Pläne.

Von einem Einsatz hatte die Truppe LSD-Einheiten einbehalten. Wenn es Kathrin gelang daran zu kommen, könnte sie Bruns und vielleicht auch Kaspers auf eine Reise schicken und dabei mehr über ihr Verhalten im Camp herausfinden. Das LSD wurde im Giftschrank im Lazarett aufbewahrt, in dem auch Kathrin arbeitete. Es sollte nicht zu schwer sein, dort zwei Einheiten herauszubekommen.

Als die Nacht anbrach, machte Kathrin sich auf den Weg zum Lazarett, um erneut die Nachtschicht abzuleisten. Es war einfacher, wenn der Betrieb etwas heruntergefahren war. Tagsüber an den Giftschrank zu kommen, war aufgrund der vollen Besetzung beinahe unmöglich. Nachts, wenn der Großteil der im Lazarett tätigen Soldaten nicht arbeitete, war es deutlich einfacher.

Kathrin wartete, bis der zweite anwesende Arzt zum Rauchen vor die Tür ging und sie alleine im Lazarett war. Sie ging mit einem anderen Medikament an den Schrank, in dem die LSD-Einheiten lose gelagert wurden, um bei einem möglichen Beobachter keinen Verdacht zu erwecken. Auf dem Weg zum Giftschrank drehte sich Kathrin beiläufig um, damit sie prüfen konnte, ob sie unbeobachtet war. Sie verstaute das Medikament im Schrank und nahm in einer fließenden Bewegung mehrere Einheiten des LSD aus dem Schrank und ließ diese in einer Tasche ihres Kasacks verschwinden. Auch wenn alles routiniert erschien, schlug Kathrin das Herz bis zum Hals und sie hatte das Gefühl, jederzeit erwischt zu werden.

Nachdem sie den Schrank wieder verschlossen hatte, stellte Kathrin sich so hin, dass sie den Eingang überwachen konnte. Dabei verstaute sie die Esspapierstreifen, auf denen das LSD geträufelt war, in einer Plastikverpackung, damit diese nicht mit Feuchtigkeit in Berührung kamen. Diese Verpackung ließ sie in ihrer Hose verschwinden. Ohne, dass es jemandem aufgefallen war, hatte Kathrin Teil eins ihres Plans erfüllt.

Nun musste sie die Nachtschicht hinter sich bringen und konnte in den nächsten Tagen Bruns und Kaspers aufsuchen und sie mit dem LSD dazu bringen, ihre Taten zu gestehen. Alles Weitere würde man dann sehen. Aber Kathrin war es wichtig, dass die Taten gestanden wurden.

Am nächsten Tag bereitete Kathrin alles vor, damit sie Bruns und Kaspers gegenübertreten konnte. Sie schaute, in welchem Bereich des Camps eine ruhige Ecke war und bestellte dann Bruns dorthin. In einem ersten Impuls wollte Kathrin ihn auf die Baustelle bestellen, entschied sich allerdings dagegen, da sie keinen Verdacht erwecken wollte. Schlussendlich war es ein Bereich des Lazaretts geworden, der zurzeit nicht genutzt wurde und als Ausweichstandort diente. Dort waren sie ungestört und niemand würde hier jemanden suchen.

Sie versteckte sich hinter dem Eingang und wartete darauf, dass Bruns auftauchte. Da sie das LSD nicht einfach so verabreichen konnte, musste sie ihn zunächst betäuben. Dafür hatte sie sich ebenfalls an dem Giftschrank bedient und ein Fläschchen Chloroform entwendet. Kathrin hielt ein Tuch über die geöffnete Flasche, um so schnell wie möglich den Stoff zu benetzen. Gleichzeitig war sie so nicht den Dämpfen ausgesetzt, während sie wartete. Es verging eine gefühlte

Ewigkeit, bis Kathrin die Türen hörte und sie aus ihrem Versteck sah, wie sich Bruns umschaute. Er wusste, dass er zu spät war, aber das wollte er immer so. Er war immer auf seinen Auftritt bedacht, damit er im Mittelpunkt stand.

Kathrin nahm das Tuch und schlich sich hinter Bruns. In einer fließenden Bewegung umklammerte sie ihn von hinten und presste ihm das Tuch ins Gesicht, damit er das Chloroform abbekam. Bruns wehrte sich eine Zeit lang, allerdings bemerkte Kathrin zügig, wie ihn die Kräfte verließen. Nachdem er das Bewusstsein verloren hatte, schleifte Kathrin ihn auf einen Stuhl und band ihn fest. Die Wirkung dürfte nicht allzu lange anhalten, deshalb musste sie sich beeilen. Nachdem Kathrin sich vergewissert hatte, dass Bruns nicht wieder freikam, nahm sie zwei LSD-Einheiten auf dem Esspapier und legte sie ihm auf die Zunge. Sie wusste, dass sie ein Risiko einging, ihm zwei Einheiten auf einmal zu geben, allerdings war ihr das in diesem Moment egal. Sollte Bruns einen Horrortrip erleben, wäre das ein weiteres Plus ihrer Rache.

Das Chloroform schlich wenig später aus und Bruns kam langsam zu sich. Vor ihm hatte sich Kathrin mit einem schwarzen Pullover und ihrer Maske aufgebaut. Sie hoffte, dass das LSD seine Wirkung entfalten würde und Bruns auf einen Trip schickte, auf dem er verriet, was er und Kaspers hier im Camp veranstalteten.

„Wo bin ich? Wer bist du?", fragte Bruns benommen.

„Ich bin hier, um dir Fragen zu stellen", erklärte Kathrin und versuchte, ihre Stimme tiefer klingen zu lassen, um sich nicht direkt zu verraten.

„Welche Fragen hast du denn?"

„Was treibst du hier im Camp? Zusammen mit Stier?", fragte Kathrin und hätte sich im nächsten Moment ohrfeigen können. Die Spitznamen benutzten nicht viele im Camp.

Bruns überlegte. „Nicht viel. Wir machen hier unseren Dienst. Und suchen uns immer mal wieder jemanden aus, mit dem wir unseren Spaß haben können."

„Was meinst du mit Spaß haben?"

„Na was schon?", kicherte Bruns. „Natürlich Sex. Stier und ich sind uns ähnlich, was unsere Vorlieben angeht und deshalb suchen wir uns immer zusammen jemanden aus."

„Wofür?"

„Na, um mit ihr zu schlafen. Du stehst aber auch auf dem Schlauch."

Es schien, dass das LSD den gewünschten Effekt hatte. Bruns war zum Schwatzen aufgelegt und Kathrin konnte erfahren, was sie wollte.

„Wie läuft das denn ab? Ich meine, es wird doch nicht jede Frau gleich mitkommen, oder?"

„Nein aber dafür gibt es ja Hilfsmittel."

„Und welche sind das?"

„Die nennen sich K.O.-Tropfen. Soll ich dir mal welche davon besorgen? Die sind der Wahnsinn. Zwei davon in ein Getränk und du hast vier Stunden Zeit zu machen, was du willst, wenn du verstehst."

Bruns versuchte Grimassen zu ziehen, aber irgendwie gelang ihm das nicht. Es sah eher aus, als ob er einen Schlaganfall hatte. Die Bewegungen waren minimal und nur bei genauem Hinsehen erkennbar.

„Und was macht ihr dann genau?", hakte Kathrin nach.

„Wir schlafen mit den Frauen, so wie wir es wollen."

„Aber gibt es dabei keine Spuren? Die Frauen müssen doch merken, dass etwas mit ihnen geschehen ist."

„Nicht, wenn du ihnen ein Opiat untermischst", erklärte Bruns unter dem Versuch eines Grinsens. Er war vollkommen auf seinem Trip.

„Das heißt, ihr habt die Frauen betäubt, ihnen ein Opiat gegeben und im Anschluss daran vergewaltigt?"

„Was? Vergewaltigt?" Bruns wurde schlagartig leichenblass. „Wir haben was gemacht?"

„Ihr habt die Frauen vergewaltigt. Ich kann mir nicht vorstellen, dass eine Frau freiwillig ihre Kontrolle abgibt und um K.O.-Tropfen bettelt." Auch wenn es in Kathrin brodelte, versuchte sie so ruhig wie möglich zu sein. Sie gab ihrer Stimme nur ein klein wenig mehr Vorwurf, was bei Bruns direkt eine Wahnvorstellung auslöste. Sie fragte sich, was das Bild war, das Bruns in diesem Moment von ihr sah.

„Aber den Frauen hat es Spaß gemacht, das haben wir

278

gesehen."

„Nur, weil Frauen bei einer Vergewaltigung einen Orgasmus haben können, macht das die Tat nicht weniger schlimm für die Opfer. Es bleibt eine Vergewaltigung. Das es ,ihnen gefallen hat' wage ich zu bezweifeln, da der Körper lediglich reagiert hat. Die Frauen selbst haben nichts davon mitbekommen." Kathrin musste sich immer wieder zurücknehmen, um Bruns nichts anzutun.

„Was habt ihr denn mit den Frauen gemacht, wenn ihr sie loswerden wolltet?"

Bruns schüttelte den Kopf und begann zu weinen. „Das wollte ich nicht. Ich wollte nicht, dass es ihnen nicht gefällt."

Das war gelogen, wie Kathrin wusste. Es ist interessant, wie sehr sich ein Bewusstsein mit einem Halluzinogen verändern konnte.

„Wenn wir auf eine Frau keine Lust mehr hatten", setzte Bruns schluchzend fort, „haben wir sie bei den Vorgesetzten wegen des Verdachts auf Drogenmissbrauchs gemeldet. Da sie mit den Opiaten versorgt wurden, hatten sie in aller Regel noch etwas im Blut oder in den Haaren."

„Und wie vielen Frauen habt ihr damit das Leben zerstört?" Kathrin bemühte sich nicht mehr, ihre Stimme zu verstellen. Ihre Wut war zu groß. Außerdem begann Bruns' Horrortrip gerade, da war es nicht schlimm, wenn er Kathrins Stimme hörte.

„Wir haben nach 15 aufgehört zu zählen", gab Bruns zu.

„Und wessen Idee war das? Deine oder die von Stier?"

„Meinst du allen Ernstes, Stier könnte sich so etwas überlegen? Klar, der kann gefühlt einen Panzer stemmen, aber dafür brennt oben bei ihm kein Licht. Aber wieso zerstört? Wir haben doch nichts getan." Bruns begann stärker zu weinen.

„Und ob ihr etwas getan habt. Ihr habt die Leben dieser Frauen zerstört. Nicht nur, dass ihr über ihren Körper entschieden habt, habt ihr euch zeitgleich zum Gott über deren Diensttätigkeit aufgeschwungen und die Frauen aus dem Dienst entfernen lassen, als ihr derer überdrüssig wurdet", Kathrin folgte einer Intuition, ihre Anklage vorzutragen.

„Bitte, das haben wir nicht gewollt. Wie können wir das wieder gut machen?"

„Verschwende keine Floskeln auf meine Urteilsfindung! Ihr gehört bestraft! Für eure abscheulichen Verbrechen müsst ihr zur Verantwortung gezogen werden."

Ja, aber wie? Was konnte er machen, dass Kathrins Rachsucht gestillt wäre? Wenn er wieder zu Sinnen kam, würde sie ihn bis in alle Ewigkeit vergewaltigen. Solange, bis sie ihn umbrachte.

„Du kannst deine Strafe wählen: Entweder du gehst zu jeder Frau, deren Leben du zerstört hast und bittest um Entschuldigung, indem du für die Schäden, die du angerichtet hast, zahlst. Oder du scheidest auf deinen eigenen Wunsch aus dieser Welt. Auf diese Weise können deine Opfer ein wenig Trost finden."

Bruns schien zu überlegen. War das LSD bereits am Ende seiner Wirkung? Oder was war es, dass er abwog? Kathrin konnte durch die Maske erkennen, dass er überlegte, mit welcher Strafe er eher zurechtkam.

„Du hast recht. Ich gehöre bestraft. Aber die Zahlung von Geld ist nicht das richtige Mittel, um es wieder gut zu machen. Ich wähle den Freitod. Binde mich los und ich werde mich selbst richten."

Kathrin starrte Bruns an. Konnte sie ihn gefahrlos befreien oder war das ein Trick, um freizukommen? Sie nahm sich ein Skalpell und löste mit einem langen Arm die Fesseln vom Stuhl, immer darauf bedacht, ihm nicht zu viel Angriffsfläche zu bieten. Gerade als Kathrin den Arm zurückziehen wollte, schnellte Bruns' Hand nach oben und packte Kathrin am Handgelenk. Mit einem kalten Blick starrte Bruns Kathrin an und nahm ihr mit seiner freien Hand das Skalpell aus der Hand.

Jetzt war alles aus und Kathrin geliefert. Er würde sie umbringen. Sie hatte einen Moment nicht aufgepasst und nun war es soweit. Bruns konnte sich bewaffnen und sich Kathrin entledigen.

„Weißt du, wie ein Freitod glimpflich abgeht? Man

muss die Beinschlagader durchtrennen. Dann verblutet man innerhalb von Minuten", erklärte Bruns, während er Kathrin weiterhin ansah.

Beiläufig atmete er tief und schnitt er sich die Ader im Oberschenkel auf. Ohne mit der Wimper zu zucken, öffnete er den Schenkel und durchtrennte das Blutgefäß. Kathrin sah, wie er in einem Akt völliger Selbstzufriedenheit das Skalpell auf seinen Schoß legte und langsam die Augen schloss. Kurz darauf rutschte der bewusstlose Körper in sein eigenes Blut.

Kathrin machte auf dem Absatz kehrt und achtete darauf, dass kein Blut an ihre Schuhe rann. Sie trug Handschuhe, daher würde man ihre Fingerabdrücke nicht entdecken. Irgendwann würde man Bruns entdecken, allerdings sah es danach aus, dass er sich selbst umgebracht hatte. Kathrin musste grinsen. Ohne sich die Hände allzu schmutzig gemacht zu haben, hatte sie den Ersten der zwei abgearbeitet. Sie musste sich beeilen. In einer halben Stunde musste sie in der Werkstatt sein. Dort wartete sie dann auf Kaspers.

-26-

02:55. Es vergingen einige Sekunden, bis Anna reagierte. Dieser Countdown erhöhte den Druck ins Unermessliche. Die Zahlen waren offensichtlich vertauscht. Was also, wenn dies eine Falle ist? Was, wenn Kathrin am Ende an alles gedacht hatte und Anna gar nicht gewinnen konnte? Anna begann flach zu atmen. Sie schüttelte resigniert den Kopf.

02:45.

Sie konnte hier nicht gewinnen. Es ging auch nicht um Hendrik oder Kathrin. Es ging die ganze Zeit um sie. Aber warum sollte Kathrin einen solchen Hass auf ihre vermeintlich beste Freundin haben?

02:35.

Das Denken fiel Anna schwer. Sie wusste, welche Nummer sie drücken musste, hatte allerdings Skrupel. Aus Angst eine falsche Entscheidung zu treffen. War das vielleicht auch eine Falle? Wie konnte Anna diese Situation lösen? Waren am Ende die falschen Zahlen auf den Sprengladungen angebracht? Konnte Kathrin doch etwas zustoßen? Selbst wenn, hätte sie es nicht verdient, bestraft zu werden? Sie schien sich ihrer

Sache ja sicher zu sein, sonst hätte sie sich nicht selbst in diese Situation gebracht.

02:25.

Wenn sie nur wüsste, was der Hintergrund dieses ganzen Irrsinns war. Warum mussten diese Menschen sterben oder wurden verletzt? Nur weil Anna von Hannover nach Oldenburg versetzt wurde? Was sollte diese Versetzung auslösen? Das ergab keinen Sinn. Aber den brauchte Anna, um ihre Entscheidung zu fällen.

02:15.

Anna sah der Uhr beim Ablaufen zu. Was war es, das sie störte? Kathrin schien doch diejenige zu sein, die die Morde begangen hatte. Aber warum stellte sie sich dann dieser Falle, wenn sie doch sonst immer dafür gesorgt hatte, dass sie nicht angetastet werden konnte.

02:00.

Es passte nicht zu ihrem Vorgehen. Anna erinnerte sich an die Wohnung zurück und daran, dass Kathrin nicht einen Kratzer hatte. Sie war gänzlich unbeschadet. Anna drehte sich um und sah, dass Hendrik sie mit seinem Blick fixierte. Er neigte seinen Kopf in Kathrins Richtung. Seinem Blick folgend sah Anna, dass auch Kathrin sie ansah.

01:40.

Als Anna zu Hendrik und Kathrin sah, schoss ihr die Lösung in den Kopf. Es war egal, wie Anna sich entscheiden würde. Kathrin würde es schaffen. Entweder gab es eine minimale Explosion, die nicht weiter ins Gewicht fallen würde oder, und das war wahrscheinlicher, gar keine. Kathrin hätte sich nicht in Gefahr gebracht, dafür war sie zu berechnend und abgeklärt. Das erklärte auch die vermeintliche Ruhe, mit der sie die Ankündigung aufgenommen hat. Wer weiß, dass ihm nichts geschieht, fürchtet sich nicht.

01:20.

Aber was bedeutete das für Hendrik? Wenn Anna sich für Hendrik entschied, dessen Nummer vertauscht war, starb er. Also musste sie sich für Kathrin entscheiden, damit die Sprengladung unter ihm nicht hochging. Also Kathrin für Hendrik, weil Hendrik für Kathrin Hendrik am Ende umbrachte. Da war Anna sich sicher.

01:00.

Die letzte Minute. Wie konnte Anna Kathrins Flucht verhindern? In ihrer Aufregung rannen ihr die Tränen über ihr Gesicht. Der Ton einer Nachricht rieß sie aus den Gedanken. Sie holte ihr Telefon hervor. Darauf sah sie eine Nachricht von Klaus: *„Stehen um die Arena, es kommt niemand unbemerkt rein oder raus."*

00:40.

In dem Moment als Anna die Nachricht las, fiel ihr eine große Last von den Schultern. Das bedeutete, selbst wenn Kathrin fliehen sollte, konnte sie nicht weit kommen. In diesem Moment spürte Anna eine aufkommende Hoffnung und Zuversicht, dass sie es hinbekommen würde, diesen Fall hier und jetzt zu beenden.

00:10.

Anna wandte sich wieder dem Bildschirm zu und wählte Kathrin aus, in der Hoffnung, dass die Nummer, die bei Hendrik stand, die Richtige war. Anna hoffte, dass sie recht hatte, dass die Sprengladung damit nicht explodieren sollte. Der Countdown verschwand und Anna eilte an die Absturzsicherung der Tribüne.

-27-

Die Werkstatt war wie erwartet leer. Es war bereits Nachmittag. Da war nicht mehr ganz viel los. Kathrin hatte Kaspers zu einer höher gelegene Ebene oberhalb des eigentlichen Werkstattbereichs, in dem noch Maschinen zur Überprüfung oder Reparatur standen, gebeten. Bei ihm war es einfacher, ihn zu überzeugen vorbeizukommen. Sie musste nur so tun, als ob sie mit ihm schlafen wollte. Was bei Bruns nie im Leben geklappt hätte, da er den Braten Meilen gegen den Wind gerochen hätte, war mit Kaspers kein Problem. Er war halt doch schlichter und einfacher zufriedenzustellen. Es war alles so weit vorbereitet und es fehlte nur noch Kaspers.

Kathrin saß auf einem Tisch, auf dem Papier und Stifte lagen, als sie hörte, wie sich unter ihr die Tür öffnete. Sie hörte, wie die Tür unten abgesperrt wurde, was ihr signalisierte, dass Kaspers ihrer Einladung gefolgt war. Kaspers kam die Treppe hinauf und lächelte, als er Kathrin sah.

„Kolibri, ich hätte nicht erwartet, so ein Angebot von dir zu bekommen."

Kathrin spielte an ihren Haaren herum. „Ach weiß du, mich hat dein Körper schon immer fasziniert. Da dachte ich mir, was soll ich mich immer nach dir sehnen, wenn ich dich ganz für mich haben kann."

„Das freut mich, dass ich dir so sehr gefalle. Und was möchtest du mit mir anstellen?"

„Ich würde gerne mit dir einen besonderen Trip haben. Schau mal, ich habe hier etwas, das uns in ganz neue Dimensionen bringt. Du glaubst nicht, wie gut der Sex damit wird. So viel intensiver."

Kaspers lag den Kopf schief. „Was ist das?"

„Lass dich überraschen", entgegnete Kathrin und reichte ihm das Esspapier mit dem LSD. „Wir müssen es nur auf die Zunge legen und danach kann es losgehen, mein Süßer." Es kostete Kathrin sehr viel Überwindung, ihm derartig Honig ums Maul zu schmieren. Die Erinnerungen an die Weihnachtsfeier waren für Kathrin allgegenwärtig.

Kathrin erkannte, Kaspers Zweifel. Aber die Versuchung, ohne Betäubung mit ihr zu schlafen, war zu groß. Bruns hatte recht gehabt, Kaspers war nicht schlau genug, um das Ganze aufzuziehen. Er war mehr der Sündenbock, auf den man im Zweifel alles schieben konnte. Kaspers war eher für das Grobe zuständig, quasi der Muskel, während Bruns das Gehirn in dem Duo war und alles plante. Sie konnte sich gut vorstellen, dass es für Bruns ein Leichtes gewesen sein muss, ihn zu manipulieren. Es war nicht schlecht, dass

Kathrin sich zuerst um Bruns gekümmert und nun den vermeintlich leichteren Gegner als zweites Opfer hatte.

Kathrin hielt ihm weiterhin das LSD entgegen, das Kaspers annahm und sich auf die Zunge legte. Kathrin tat es ihm gleich. Allerdings gab es einen Unterschied: Kathrins Esspapier hatte kein LSD, welches nun über den Speichel und die Zunge aufgenommen wurde. Dieses Vergnügen hatte lediglich Kaspers. Insgeheim wünschte Kathrin ihm einen schönen Trip.

Kaspers verlor aber keine Zeit und wollte mit Kathrin zur Sache gehen. Kathrin hielt ihn in einem vorgetäuschten Akt der Verführung auf Abstand und spielte mit ihm, was Kaspers zu gefallen schien. Kathrin begann schrittweise ihre Kleidung abzulegen. Sie musste Zeit gewinnen, bis das LSD wirkte. Was, wenn es bei Kaspers keine Wirkung hatte? Dann hatte Kathrin sich in eine Position gebracht, aus der sie wahrscheinlich nicht ohne Weiteres herauskommen würde. Als sie ihm erneut in die Augen blickte, sah sie, dass ihre Sorgen unberechtigt waren. Sein Blick schweifte ab und verlor sich an kleineren Dingen. Das LSD verfehlte nicht seine Wirkung. Es wäre auch verwunderlich gewesen, hatte Kathrin doch sicherheitshalber drei Einheiten genommen. Bei der bloßen Masse von Kaspers war es ihr lieber, ihm zu viel zu verabreichen.

„Stier? Wie geht es dir? Spürst du schon etwas?", fragte

Kathrin vorsichtig und hielt inne, sich auszuziehen.

„Mir geht es hervorragend. Du siehst unglaublich toll aus. Fast so schön, wie beim letzten Mal." Kaspers hielt seine Hand zwischen Kathrin und sich und schloss sie langsam. Es schien, als wollte er Kathrin in seinem Wahn in die Hand nehmen.

„Wie war es beim letzten Mal denn?"

„Unglaublich schön."

„Magst du mir einen Gefallen tun? Hier auf dem Tisch liegen Stift und Papier. Kannst du mir aufschreiben, was letztes Mal passiert ist? Dann kann ich mir das immer wieder durchlesen."

Kaspers nickte, ging an Kathrin vorbei und setzte sich an den Tisch. Er schrieb eine ganze Zeit vor sich hin. Kathrin fragte sich, ob sie die Schrift lesen konnte, oder ob der Brief, den er schrieb, nur mit großer Mühe zu lesen war. Bei einem Blick über seine Schulter erkannte sie, dass sich seine Schrift nicht zu sehr verändert hatte. Das war wichtig, damit es einen Abschied und eine Erklärung der „Selbstmorde" gab. Nach einer Weile reichte Kaspers den Text wortlos an Kathrin und diese las, was er geschrieben hatte. Im Endeffekt nichts, was sie nicht schon wusste. Lediglich, dass er Angst hatte, aufzufliegen, da Witte ihn und Bruns in sein Büro zitiert hatte, war neu. Damit hatte Kathrin einen Ansatzpunkt.

„Das ist ja schon ein starkes Stück, Stier. Das ihr so etwas macht, damit hätte ich ja nicht gerechnet. Aber

wie es aussieht, ist Witte euch auf den Fersen, richtig?"
Kaspers nickte stumm. Er war wie Bruns an einem
Punkt angekommen, an dem sich sein Gewissen meldete. Diesen Zustand musste Kathrin ausnutzen. Da
Bruns bereits tot war, konnte sie ihn jetzt nicht am Leben lassen. Ansonsten konnte er in einem hellen Moment eins und eins zusammenzählen und den Verdacht gegen Kathrin erheben.

„Und? Was sagst du zu diesem Vorfall? Gibt es irgendetwas, was du tun kannst, um deine Schuld zu beglei-
chen?"

„Ich weiß es nicht. Bestimmt gibt es etwas, dass ich tun
kann. Aber mir fällt nichts ein. Was würde Grüner
denn machen?" Kaspers sah Kathrin nicht einmal
mehr an. Er war mit seinem Kopf überall, aber nicht
bei der halb bekleideten Kathrin, die neben ihm stand
und ihn auf das Konstrukt, das er mit Bruns aufgebaut
hatte, ansprach.

„Grüner? Der hat sich für den Tod entschieden und
sich selbst umgebracht", erklärte Kathrin. Sie sah, wie
es in Kaspers' Kopf arbeitete. Nach einiger Überlegung
weiteten sich seine Augen und er begann seine Gedanken laut auszusprechen.

„Das heißt, wenn Grüner zu dem Schluss gekommen
ist, nicht mehr zu leben, gibt es für mich ebenfalls
keine Möglichkeit, lebend aus der Sache herauszukommen. Grüner wusste alles. Er war ohne Fehler.

Alles, was er machte, war richtig."

Kathrin zog die Augenbraue hoch. Lag es an dem LSD oder war es eine tatsächliche Vergötterung von Kaspers für Bruns, dass er so sentimentale Lobeshymnen sang? Wahrscheinlich eine Mischung aus beidem. Nur wie sollte es weitergehen? Konnte sie ihn nun alleine lassen, damit Kaspers sich etwas überlegte, oder musste sie ihn noch ein wenig in die richtige Richtung schubsen?

Die Frage beantwortete Kaspers selber: Von einem Moment auf den anderen war sein Blick von phlegmatisch zu aktionistisch gewechselt. Kaspers Entscheidung schien gefallen zu sein.

„Kolibri, wir sehen uns auf der anderen Seite", hörte Kathrin ihn noch sagen, bevor er in einer fließenden Bewegung aufstand und sich über das Geländer schwang und in die Werkstatt fallen ließ.

Ein dumpfes Knallen war alles, was Kathrin hörte. Als sie über das Geländer sah, erkannte sie, dass Kaspers auf einen Panzer, der gewartet werden sollte, gefallen war. Sie musste nicht extra nach unten gehen, um zu erkennen, dass er sich beim Aufprall das Genick gebrochen hatte.

Kathrin atmete tief ein und aus. Sie legte den Brief, den Kaspers vorhin verfasste, zurück auf den Schreibtisch. Sie hatte erneut die Handschuhe anbehalten, um keine Spuren zu hinterlassen Im Anschluss zog sie ihre Kleidung ordentlich an und schlich aus der Werkstatt.

Der nächste Tag im Camp war turbulent. Kaspers wurde von den Mechanikern gefunden und der Brief an Witte weitergegeben. Es war immer wieder geraunt worden, dass Witte Bruns und Kaspers in Verdacht hatte, mit Betäubungsmitteln zu hantieren. Das Bekennerschreiben, welches Kaspers am Vortag verfasst hatte, war der eindeutige Beweis für die Taten. In dem Schreiben hieß es, dass er eher den Freitod wählen würde, um einer Bestrafung durch Witte zu entgehen. Aufgrund dieses Schreibens wurde nun eine Suche nach Bruns durchgeführt. Witte verlangte, mit Bruns zu sprechen. Er wusste ebenfalls, dass Kaspers vielleicht in den Tod getrieben wurde.

Es dauerte trotzdem eine Weile, bis jemand auf die Idee kam, das Ausweichlazarett zu betreten. Dort fand man Bruns schlussendlich. Er lag zusammengebrochen in einer Lache seines eigenen Blutes, das Skalpell noch in der Hand. Witte wurde unverzüglich informiert und nahm den Fundort von Bruns in Augenschein. Witte schüttelte den Kopf und gab den Fundort an die Militärpolizei, die sich an die Spurensicherung machte.

Kathrin wurde erneut zu Witte gerufen. Er wollte mit ihr sprechen. Sie machte sich auf den Weg, wohlwissend, dass es mit den gestrigen Ereignissen zusammenhängen musste. Auf dem Weg musste Kathrin sich immer wieder dazu anhalten, geschockt zu tun, wenn sie erfuhr, was Bruns und Kaspers gemacht hatten. Sie wusste, sie durfte sich nicht verdächtig machen. Sie würde die nächste Zeit zur Genüge von ihren Vorgesetzten beobachtet werden. Als Kathrin bei Witte ankam, musste sie, wie schon bei ihrem ersten Besuch vor zwei Tagen zunächst warten, bis sie in das Büro konnte.

„Reinders. Sie wollten mich sprechen?", fragte Kathrin, während sie an den Schreibtisch trat.

„Schön, dass sie so schnell kommen konnten. Setzen Sie sich bitte", erwiderte Witte. Dieses Mal war er überhaupt nicht abwesend. Kathrin erkannte, dass er den Brief von Kaspers auf dem Schreibtisch liegen hatte.

„Das, was ich Ihnen jetzt mitteilen muss, fällt mir nicht leicht", setzte Witte an.

Kathrin sah ihn prüfend an. Sie musste so tun, als wüsste sie nichts. Wenn die Bombe platzte, musste sie schockiert sein.

„Sie sind vorgestern wegen Ihres Verdachts zu mir gekommen. Nun, ich habe vorgestern mit Bruns und Kaspers gesprochen. Heute sind beide tot."

Kathrins Augen weiteten sich. „Tot? Aber wie? Wieso?"

„Sie haben Selbstmord begangen. Bruns hat sich die Beinschlagader aufgeschnitten und Kaspers ist von einem Podest auf einen Panzer gesprungen. Genickbruch." Kathrin hörte, dass Witte diese Mitteilung so beiläufig wie möglich machte.

„Bitte was? Wieso sollten sie das tun?" Kathrin senkte den Blick und legte ihre Hände an den Kopf. Sie tat alles, um einen geschockten Eindruck zu hinterlassen.

„Nun, wir haben einen Brief von Kaspers gefunden, in dem er mitteilt, dass er und Bruns Ihnen K.O.-Tropfen verabreicht haben, um sie zu vergewaltigen. Es tut mir leid, Ihnen das mitteilen zu müssen."

Kathrin nahm die Hände vom Kopf und starrte auf den Schreibtisch und sagte nichts mehr. Witte sprach noch mit ihr, aber sie gab vor, zu geschockt zu sein, um etwas zu erwidern.

„Reinders, ich schlage vor, Sie fahren nach Hause und nehmen dort professionelle Hilfe in Anspruch. Für jemanden, der so etwas wie Sie erlebt hat, müssen wir zusehen, dass Sie zur Ruhe kommen. Ich werde alles Nötige in die Wege leiten, dass Sie die Hilfe erhalten, die Sie benötigen."

-28-

Anna starrte auf das Spielfeld herunter. Sie hatte den Code für Kathrin gewählt, wusste allerdings, dass die Nummer, die sie gewählt hatte, an Hendriks Stuhl stand. Es geschah: gar nichts. Weder bei Hendrik, noch bei Kathrin. Anna ging verwirrt nach unten. Was war hier passiert? War die Auswahl nur eine Finte, um Annas Loyalität zu testen? Was hatte das Ganze zu bedeuten? Ihr Gefühl sagte ihr, dass das nicht alles gewesen sein kann. Auf dem Spielfeld angekommen eilte sie zu Hendrik, um zu sehen, ob er sich aus den Fesseln befreien konnte. Sofern die Ankündigung recht hatte, müsste die elektronische Fessel entweder bei Hendrik oder Kathrin aufgegangen sein.

„Was ist hier los? Wieso ist nichts passiert?", fragte Hendrik verwirrt. „Hätte es nicht eine Explosion geben müssen?"

„Kathrin wird sich nicht selbst in die Luft jagen. Sie hat es so vorbereitet, dass sie als Einzige unbeschadet hier herauskommt", erklärte Anna.

„Wie meinst du das? Kathrin hatte doch auch eine Sprengladung unter ihrem Stuhl. Sie musste doch explodieren. Was ist hier los?"

„Ich habe Kathrin gewählt." Hendrik sah Anna entgeistert an.

„Lass es mich erklären. Die Ziffern, die auf dem Bildschirm standen, waren vertauscht. Hätte ich dich ausgewählt, wäre dein Stuhl in die Luft gegangen."

„Bitte was? Ich verstehe gerade nichts mehr", seufzte Hendrik.

Anna untersuchte den Stuhl, ob sie die Drähte lösen konnte. Anders als vorhin, bevor der Countdown gestartet wurde, konnte sie die Fesseln nun ein kleines bisschen bewegen.

„Hmm, die Fessel lässt sich etwas lockern. Kannst du deine Hand bewegen, um einen Hebel zu bekommen? Vielleicht kann ich dir helfen, dich zu befreien."

„Ich versuche es. Schau mal bei Kathrin nach, ob sie auch freikommt", erklärte Hendrik, während er seinen Unterarm hin und her bewegte.

Anna stand auf und drehte sich zu Kathrin um. „Nur, wenn du mir versprichst, dass du aufpasst. Hier kann jederzeit die Hölle ausbrechen. Wir wissen, wozu sie imstande ist."

„Das mache ich, sofern ich hier herauskomme", merkte Hendrik an und rüttelte weiter an den Fesseln.

Anna ging zu Kathrin herüber und schaute sich auch ihre Fesseln an.

„Welchen Namen hast du gewählt?", wollte Kathrin wissen.

„Weißt du das nicht? Kathrin, warum hast du den Ermittler vom LKA angefahren? Wir haben herausgefunden, dass du das Auto gemietet hast."

„Mir wurde der Wagen abgenommen, als ich einsteigen wollte?"

„Und das soll ich dir glauben? Als wir was trinken waren, hast du ohne mit der Wimper zu zucken mehrere Männer überwältigt, zum Teil mit ausgekugelter Schulter oder sogar mit einem gebrochenen Arm. Erzähl mir etwas anderes. Aber den Verdacht kannst du nicht mehr von dir lenken. Das Spiel ist aus, du hast verloren."

„Bist du dir sicher?", fragte Kathrin.

Im nächsten Moment sah Anna, dass sich die Fesseln von Kathrins Stuhl gelöst hatten und sie nur so getan hatte, als ob sie noch gefesselt war. Kathrin saß weiterhin auf dem Stuhl. In Annas Kopf schrillten alle Alarmglocken auf, sie versuchte aber ruhig zu bleiben. Sie durfte Kathrin ihre Nervosität nicht zeigen.

„Eines möchte ich zu gerne wissen. Warum? Weshalb hast du Tim und die anderen umgebracht? Warum hast du einen Unschuldigen mit Tollwut infiziert und diesen ohne Hilfe zurückgelassen?"

Kathrin zuckte mit den Schultern. „Warum wohl? Um dich kaputtzumachen. Das einzige Ziel war es, dich zu Fall zu bringen. Die ach so tolle Anna Kramer, der immer alles zufliegt. Du bist mir einfach so sehr auf den Geist gegangen."

Anna musste schlucken. Diese Kälte mit der Kathrin sprach, machte ihr zu schaffen. „Das alles nur, um mich zu Fall zu bringen? Aber das macht doch gar keinen Sinn! Wieso hast du mich dann bei dir aufgenommen?"

„Na warum wohl?", lachte Kathrin. „Wenn du keine Bindung zu mir gehabt hättest, wäre die Fallhöhe doch viel zu niedrig gewesen. Wenn ich dir nicht geholfen hätte, hättest du mich nicht in deinen inneren Zirkel gelassen und so hätte dich die Tatsache, dass ich eine Mörderin bin, nicht im Ansatz so getroffen wie jetzt. Diesen Verfall wollte ich mir nicht entgehen lassen."

„Aber kannst du mir verraten, was ich dir getan habe, dass du eine Mordserie planst? Diese Eskalation ist auf so vielen Ebenen falsch", hakte Anna nach.

„Wegen deines angeblich so schlimmen Vorfalls in Hannover. Ich hätte alles gegeben, wäre mir nur so etwas passiert. Du hast keine Ahnung, wie es ist, Männern ausgeliefert zu sein. Aber nein, die große Anna Kramer hat einmal mit sexueller Belästigung zu tun und macht ein riesiges Trara darum." Kathrins Blick hatte sich verändert. Auf einmal war Hass darin zu sehen. „Das hat mich einfach zur Weißglut gebracht. Ich habe mich gefragt, warum mir immer wieder die schlimmsten Sachen widerfahren und ich nichts dagegen tun kann und du im Vergleich noch immer irgendwie auf den Füßen landest."

Anna sah Kathrin an. Sie verstand, was Kathrin ihr

erzählte, konnte es aber nicht begreifen. „Die Verge-waltigung in Afghanistan war der Auslöser für deine Taten? Aber was hatten denn die Opfer mit der Sache zu tun? Was hatte Tim damit zu tun? Was Kühnert, Wollert, Eva Bunjes, was hatten all diese Menschen da-mit zu tun? Warum mussten sie sterben? Auch gerade in der Art und Weise, wie sie gestorben sind?"

„Spielt das eine so große Rolle?", fragte Kathrin zu-rück. „Am Ende zählt nur, dass ich dich fertigmache!" Kathrin sprang vom Stuhl und hockte sich hin.

Anna erkannte, wie sie aus ihrer Hosentasche ein Mes-ser zog und auf Hendrik, der inzwischen aufgestanden war, zu sprintete. Das Messer im Anschlag, bereit ihn zu erstechen, brach sie nach einem lauten Knall flu-chend zusammen.

„Scheiße, bist du vollkommen irre?! Wie kannst du es wagen?", fauchte Kathrin, als sie sich auf dem Boden liegend zu Anna umdrehte, die ihre Waffe in der Hand hielt. Mit einem gezielten Schuss in die Wade hatte Anna Kathrin zu Fall gebracht und eilte zu ihr, um ihr das Messer abzunehmen.

„Die Beurteilung, wer hier irre ist, solltest du vielleicht einem objektiven Beobachter überlassen. Kathrin, du bist festgenommen." Während Anna Kathrin ihre Rechte erklärte, nahm sie ihre Handschellen und legte sie Kathrin an.

„Was ist hier los? Was ist passiert? Ist jemand ver-letzt?" Anna drehte sich um und sah, dass Klaus mit der Waffe im Anschlag auf das Spielfeld gerannt kam. Ihm folgten Sanitäter.

„Nur unsere Täterin", teilte Anna mit. „Es tut mir leid, aber ich musste sie stoppen. Sie war drauf und dran, Hendrik mit einem Messer zu attackieren."

„Das ist unsere Täterin? Wie bist du darauf gekommen, Anna? Gute Arbeit. Die Sanitäter sollen sich um sie kümmern, damit sie durchkommt", erklärte Klaus und wandte sich an Anna und Hendrik.

„Gute Arbeit...", äffte Kathrin Klaus nach.

Anna schüttelte den Kopf. „Nicht drauf eingehen, sie hat ein gestörtes Verhältnis zu mir. Die Morde wurden begangen, da sie eigene Schicksalsschläge nicht überwinden konnte und die daraus resultierende Wut sich auf mich projizierte."

„Aber was hast du mit dem Klima zu tun?"

„Ich weiß nicht, aus welchem Grund diese Mordserie gewählt wurde. Kathrin, magst du uns mit deinem scharfen Verstand erhellen, weshalb die Klimabewegung für die Morde herhalten musste?", fragte Anna.

„Du bist doch so schlau, Anna. Sag du es mir", fauchte Kathrin, während die Sanitäter die Schusswunde verarzteten.

„Wenn ich eine Einschätzung abgeben sollte, du warst in Afghanistan mit jemandem stationiert, den du in deinen Aufzeichnungen „Grüner" genannt hast. Ja, ich habe deine Aufzeichnungen gelesen. Ich schätze mal, dass dieser Soldat aufgrund seiner politischen Einstellung so genannt wurde. Da du mir erzählt hattest, dass du vergewaltigt wurdest, ist es naheliegend, eine Mordserie thematisch beim Klimawandel anzusiedeln. Sollte die Mordserie in der Presse stehen, würde die Gesellschaft die Klimaaktivisten verurteilen und die bisherigen Bemühungen nicht mehr so stark verfolgen. Dies würde zwar voraussetzen, dass es dieser Soldat war, aber ansonsten hättest du ihn nicht in deinen Aufzeichnungen erwähnt."

Kathrin sah mit einem Mal nicht mehr feindselig aus. Ihr stiegen Augen in die Tränen. „Es ist alles vollkommen aus dem Ruder gelaufen... Ich wollte das alles nicht, verdammt! Als ich hörte, was dir passiert ist, hatte ich direkte Flashbacks zu der Zeit nach der Vergewaltigung und ich habe den Kopf verloren."

Anna kniete sich neben Kathrin und sah ihr in die Augen.

„Ich hatte einen unglaublichen Hass auf dich, dass du nur so eine kleine Sache hattest und da so etwas Großes draus wurde. Ich hingegen hatte auch so viel durchlebt und konnte mich nicht im Ansatz damit auseinandersetzen, geschweige denn, irgendjemandem davon erzählen."

„Bei dir ist es ja auch schon einige Zeit her und nun bricht alles aus dir heraus?", hakte Anna nach. Das Geständnis hier konnte in ihrem Bericht zu diesem Einsatz festgehalten werden.

„Ja, du solltest zerstört werden. Allerdings ohne Tod. Du solltest den Rest deines Lebens leiden. Dafür, dass dir immer alles gelingt und du immer wieder an mir vorbeigezogen bist."

„Bin ich das denn überhaupt, Kathrin?", Anna stand wieder auf und sah sie weiterhin an. „Ich bin nie an dir vorbeigezogen, da wir nie in demselben Rennen gegeneinander angetreten sind. Du hattest mit mir nie eine Konkurrentin, eher eine Komplizin. Aber ein Teil von dir ist in Afghanistan geblieben. Auch wenn ich dir verzeihen wollen würde, kann ich das nicht. Du hast so viele Menschen umgebracht. Aus einem so niedrigen Beweggrund wie Rache. Die nicht einmal im Ansatz berechtigt gewesen ist."

„Du kannst das halt nicht verstehen", sagte Kathrin leise.

„Das stimmt. Wie weit ist sie? Wir sollten zusehen, dass sie in Gewahrsam kommt. Damit dieser Albtraum endlich ein Ende hat."

„Ich nehme sie mit und bringe sie in die JVA", erklärte Klaus.

„Warte noch kurz: Wie bekommen wir die Fesseln von Hendriks Stuhl auf? Oder hattest du niemals vor, dass er freikommt?", unterbrach Anna Klaus.

Kathrin sah Anna resigniert an. „In meiner Hosentasche ist ein Schlüssel."

Anna suchte in der Hose nach dem Schlüssel, hatte

aber jederzeit im Kopf, dass vielleicht noch eine Überraschung auf sie wartete. Dieses Mal allerdings nicht. Es kam nur der Schlüssel zum Vorschein. Während Kathrin abgeführt wurde, machte sich Anna daran, Hendrik aus dem Stuhl zu befreien. Nachdem der Mechanismus geöffnet wurde, stand Hendrik auf und stand mit Anna und Klaus zusammen.

„Kannst du mir bitte mal erzählen, wie du hier hineingeraten bist?", fragte Anna. „Ich hatte dir doch noch gesagt, dass du vorsichtig sein sollst!"

„Entschuldige, das ging ziemlich schnell. Ich schätze, Kathrin hatte mich bereits beobachtet. Nachdem ich bei der Autovermietung nachgefragt hatte, spürte ich auf dem Rückweg zum Wagen auf einmal einen stechenden Schmerz in der Seite. Was mich wundert, da ich nur einen Paketboten gesehen hatte, aber niemand anderes", erklärte Hendrik, während er seine Seite zeigte. Eine Brandnarbe. Wie bei den anderen Opfern. Es wurde also erneut ein Taser eingesetzt.

„Einen Paketboten? Kann es sein, dass sich Kathrin verkleidet hat, um nicht aufzufallen?" Anna dachte darüber nach. Auch wenn sie Kathrin als Täterin gefasst hatten, gab es noch jede Menge Fragen, auf die sie keine Antworten hatten. Diese musste in den nächsten Tagen geklärt werden.

„Ich weiß es nicht. Als ich wieder wach wurde, saß ich bereits hier und Kathrin mir gegenüber. Wir sprachen nicht. Oder besser: Kathrin sprach nicht. Sie hatte nicht auf mich reagiert."

„Zum Glück bin ich noch zu euch heruntergekommen. Ich möchte nicht wissen, was passiert wäre, wenn ich vorschnell eine Wahl getroffen hätte", erklärte Anna, der jetzt die Last der letzten Tage von den Schultern fiel.

„Du hast alles richtiggemacht, Anna", warf Klaus ein und klopfte ihr auf die Schulter. „Also dein Einstand in Oldenburg sucht seinesgleichen."

Epilog

Es war eine Woche vergangen, seit Kathrin verhaftet wurde. In der Zwischenzeit wurde der Leichnam von Tim freigegeben und nach Hannover überstellt. Anna und Hendrik waren ebenfalls in Hannover, um an der Beisetzung teilzunehmen.

Anna war dankbar, dass sie nicht alleine nach Hannover musste und von Hendrik begleitet wurde. Auch wenn es anders geplant war, kamen sich Anna und Hendrik in dieser kurzen Zeit, seitdem sie nach Oldenburg gekommen war, näher. Nach der Geiselnahme in der EWE-Arena musste Hendrik zur Untersuchung ins Krankenhaus und blieb dort über Nacht. Glücklicherweise hatte er den gesamten Vorfall gut überstanden. Ohne Zeit zu verlieren, hatte Hendrik ihr noch im Krankenwagen angeboten, bei ihm einzuziehen, da die Wohnung, die Kathrin gemietet hatte, sicher weitervermietet werden sollte. Auch wenn Anna sich geschmeichelt fühlte, dass Hendrik sie sofort mit einziehen lassen wollte, waren ihre Pläne anders. Sie musste zunächst mit der Vermieterin reden, um zu schauen, ob sie noch in der Wohnung bleiben durfte.

Maik Wollers war wie durch ein Wunder auf dem Weg

der Besserung. Glücklicherweise war er aufgrund seiner Arbeit als Förster gegen Tollwut geimpft. Diese Impfung in Verbindung mit den Gegenmitteln, die ihm gegeben wurden, sorgten dafür, dass das Virus langsam aus dem Körper ausgeschieden wurde und die Infektion keine Folgen hatte.

Auch in die Dienststelle war Bewegung gekommen. Annas Team sollte unter ihrer Leitung für zukünftige Fälle eine neue Einheit bilden, die sich mit der Fallanalyse beschäftigt. Ihre zukünftige Aufgabe sollte es sein, die Vorgehensweise von Tätern vorauszusehen und damit Fälle schneller aufzudecken. Es war dem Team freigestellt worden, in diese neue Einheit zu wechseln. Anna hatte sich entschieden, in diesen Bereich zu wechseln, konnte es aber verstehen, wenn nicht jeder aus dem bestehenden Team mitkommen würde. Das waren aber Dinge, die in der Zukunft lagen. Heute war sie zurück nach Hannover gekommen, um sich von Tim zu verabschieden.

Die Beerdigung von Tim fand an einem sonnigen Tag statt. Durch den azurblauen Himmel wurde der Anlass zwar nicht schöner, aber ein wenig erträglicher. Es war für Tims Familie ein Schock zu erfahren, dass er ermordet wurde. Anna hatte es als ihre Pflicht angesehen, diese Nachricht persönlich zu überbringen, da dieser Tod nur aufgrund ihrer Versetzung geschah. Tims Familie wusste bereits, dass es passiert war, aber

Anna hatte sich die Zeit genommen und mit ihnen alles besprochen, was sie wissen wollten. Auch wenn es kein angenehmes Thema war, spürte Anna, dass Tims Familie dankbar für die Antworten war. So war es für Anna ein wenig leichter, an der Beerdigung teilzunehmen. Sie hätte es nicht geschafft, wenn dieser Umstand, dass sie noch nicht mit der Familie sprechen konnte, wie ein Gespenst über allem schwebte.

Nach der Ansprache in der Kirche wurde auf dem Friedhof der Sarg in das Grab abgelassen. Es war im Rahmen der Umstände eine schöne Beerdigung, auch wenn sie Anna viel Kraft kostete. Hendrik nahm ihre Hand, während sie dem Sarg aus der Kirche folgten. Es war eine kleine Geste, allerdings bedeutete sie Anna in diesem Moment viel. Sie war nicht alleine. Das war sie seit ihrer Ankunft in Oldenburg nie gewesen.

Als Anna und Hendrik draußen an dem Grab standen, spürte Anna, dass sie beobachtet wurde. Unauffällig drehte Anna sich um und sah, dass Sanders und Meyer ebenfalls zum Friedhof gekommen waren. Sanders begleitete den im Rollstuhl sitzenden Meyer. Anna ging zu den beiden, begleitet von Hendrik.

„Anna, Hendrik. Es ist schön zu sehen, dass ihr wohlauf seid", begann Meyer, als sie näherkamen.

„Hallo Erwin, schön, dass du aus dem Krankenhaus entlassen wurdest. Geht es dir einigermaßen?", entgegnete Anna.

„Doch, es geht. Mich würde aber interessieren, wie es

mit dem Fall weiterging."

„Nun, wir haben die Spur zu meiner Mitbewohnerin verfolgen können, die ich nicht im Verdacht hatte. Sie hatte die Morde aufgrund einer persönlichen Fehde mit mir begangen. Allerdings wusste ich von dieser Fehde bis zu ihrer Verhaftung nichts."

„Charmant. Hat deine Mitbewohnerin mittlerweile mehr erzählt oder konntet ihr noch etwas herausfinden?"

Hendrik nickte. „Ja, die Firma Col Ebris bezieht sich auf ihren Spitznamen bei der Bundeswehr Kolibri. Nachdem wir diesen Zusammenhang gefunden hatten, konnten wir in einem Gewerbegebiet im Osten der Stadt eine Lagerhalle, die von dieser Firma genutzt wurde, ausfindig machen. In dieser haben wir dann den OP gefunden, den wir in den ersten Videos gesehen haben."

„Außerdem war in der Halle noch ein Käfig eingelassen. Laut Kathrin hat sie darin Manfred Kühnert gefangen gehalten und ihn bei lebendigen Leib verhungern lassen. Aufgrund seiner Körperfülle hat das allerdings länger gedauert. Und alle Masken, die wir in den Videos gesehen haben, waren ebenfalls in der Halle", fügte Anna hinzu.

„Das sind ja einige Dinge, die diese Kathrin abgezogen hat", meldete sich Sanders zu Wort.

„Stimmt. Gleichzeitig hat Erwins Auftreten dafür

gesorgt, dass Kathrin die Nerven verloren hat. Sie hatte anscheinend sehr große Angst, weil du ihr tatsächlich auf die Schliche gekommen warst", gab Anna zurück.

„Dabei habe ich eigentlich nur so getan. Aber hattest du ihr irgendetwas erzählt?"

„Nein, nichts. Aber sie muss uns alle beobachtet haben. Hätte sie dich nicht angefahren, weiß ich nicht, ob wir sie überführt hätten."

„Der Zufall hilft regelmäßig mit. Aber es ist gut, dass dieser Fall abgeschlossen werden konnte. Wie wird es jetzt in Oldenburg für dich weitergehen?"

Anna sah Hendrik an. „Wir schauen mal, wie es sich entwickelt, aber ich bin zuversichtlich. Ich habe in Oldenburg nicht nur gute Kollegen, sondern auch Freunde gefunden, die mir zur Seite stehen. Wie es weitergeht, sehen wir, wenn es so weit ist."

„Das ist doch sehr schön, wenn du gut angekommen bist. Ich wollte mich auch noch entschuldigen, Anna. Ich habe dir Unrecht mit meinen Anschuldigungen getan. Das tut mir leid."

„Na ja, objektiv betrachtet war das ja auch nicht ganz von der Hand zu weisen, dass ich selbst etwas damit zu tun haben könnte. Aber ich bin nur froh, dass dieser Spuk vorbei ist."

„Dann bleibt uns nichts mehr, außer euch alles Gute zu wünschen. Unser Einsatz in Oldenburg ist beendet. Das heißt, nachdem Erwin wieder ganz gesund ist, schieben wir wieder Dienst in Hannover. Es war mir eine Freude", erklärte Sanders und streckte Anna und Hendrik die Hand hin.

Die vier verabschiedeten sich und Anna und Hendrik gingen zu ihrem Wagen, um die Heimreise nach Oldenburg anzutreten.

„Was meintest du eigentlich damit, dass du schauen willst, wie es sich entwickelt? Ich dachte, du hättest mir eine Abfuhr erteilt", fragte Hendrik, während sie sich ins Auto setzten.

Anna musste lächeln. „Wofür bist du bei der Polizei? Ermittle, was ich meine und wie es laufen wird." Ohne eine Antwort abzuwarten, fuhr Anna los in Richtung Oldenburg. Richtung Heimat.

Danksagung

Das Buch ist am Ende, die Geschichte erzählt. Nun geht es an die Danksagung.

Zunächst einmal danke ich Ihnen, liebe Leserin oder lieber Leser, dass Sie mein Buch bis hierhin gelesen haben und sich der letzten Seiten nun auch noch annehmen. Ohne Ihr Interesse oder Ihre Neugier wäre das Schreiben auch nur halb so interessant. Gerade die Interaktion mit anderen Leuten macht es für mich so spannend. Obwohl dies mein erster veröffentlichter Roman ist, macht es mir sehr viel Freude zu sehen, wie die Menschen in meiner Umgebung auf die Idee und das Skript reagiert haben. Das gleiche gilt auch für das veröffentlichte Buch und alles was da noch kommt.

Zu der Idee für den Krimi bin ich in einer Mittagspause gekommen und begann zunächst lose die verschiedenen Punkte der Geschichte aufzuschreiben.
Als ich meiner Frau sagte, dass ich angefangen hatte, eine Geschichte zu schreiben, wussten wir zu diesem Zeitpunkt nicht, dass sich daraus ein Roman entwickeln sollte. Es hat den einen oder anderen Abend gekostet, den ich in dieses Buch investierte, weshalb ich meiner

Frau besonders Danke sagen möchte.

Gleichzeitig geht ein weiterer Dank auch an meine restliche Familie, die mir sofort angeboten hat, den Roman zu lesen. Sie machten mich auf Dinge aufmerksam, die ich zu dem Zeitpunkt gar nicht mehr wahrgenommen hatte. Das nennt man dann wohl betriebsblind sein.

Zu der Geschichte ist noch zu erwähnen, dass es sich um reine Fantasie handelt und ich mir alles ausgedacht habe. Die Handlungen sind daher nicht auf das reale Leben zu übertragen.

Wie es mit den restlichen Figuren weitergehen wird, wird sich zeigen. Wenn es passt, werden Anna, Hendrik, Peter, Yvonne und Klaus erneut in Oldenburg ermitteln. Weitere Fälle warten bestimmt schon auf das Team. Die Frage ist nur, welchen Fall sie sich als nächstes annehmen sollen.

Wir dürfen gespannt sein.

Bis dahin, liebe Leserin, lieber Leser, alles Gute.

Sönke Würdemann